（修订译本）

# 商品美学批判

[德] 沃尔夫冈·弗里茨·豪格◎著

Wolfgang Fritz Haug

董璐◎译

# Kritik der Warenästhetik

Gefolgt von Warenästhetik im High-Tech-Kapitalismus

上海人民出版社

献给弗里加（Frigga）

水果无法从味道上加以识别。

——布莱希特，《三便士歌剧的模式》(*Der Dreigroschenprozess*)

# 目　录

**第二卷**

**高科技资本主义社会中的商品美学**

# 前　言

　　一本从 1971 年以来出版过十次、被翻译成多种文字，并且广泛地为人们所讨论的书，并不会给这个世界带来什么改变，只是促使出版社要求我增加与时俱进的最新章节。因此，我以新版本作为对这种想法的回应。当然这样的更新没有止境，尽管对于第一卷的基础部分我几乎找不到可以加以改变的地方。那些必不可少的推导概念的部分，以及我后来从安东尼奥·葛兰西（Antonio Gramsci）① 那里学来的"福特主义（fordistisch）大生产"这个概念，还有从产生这个概念的时代中选取的一些例子，都使得整个论述分析敏锐而流畅。在这些地方，只在可能引起误解的措辞上，或在与论述无关的表达上做一些修改就足够了。

　　另外在第一卷的第四部分，我描述了工人阶级和德意志民主共和国（DDR），对此，当时有一位评论家责备我的这番阐述"如履薄冰"般放不开手脚[1]。在新的版本中，对于东德，我不

---

① 安东尼奥·葛兰西（1891—1937）：意大利共产党创始人之一，20 世纪最重要的马克思理论家之一。他在 1929 年至 1935 年监狱服刑期间完成的著作《狱中札记》影响广泛。——译者注（本书脚注为译者译，原书注参见书后"注释"部分）

再将它表现为一个模糊的、如同布莱希特（Brecht）① 戏剧中所展现的那种东柏林（Ost-Berlin）景象。我更多地将它看作是南斯拉夫式自我管理的社会主义，对此我是抱着同情态度的。而对于欧洲带有明显苏联印记的国家社会主义，我看到的是它的衰败，对此我在另外两本书中都谈到过。[2] 因此，第一卷的第四部分必须重新改写。为此，我首先对 20 世纪 70 年代末期的社会景象进行白描，这是将福特主义大工业生产式的卖场美学在其历史性地消失前加以定格。

在第一卷的最后我设计了附加章节，采用的是预测的视角。它本身就具有动态性，并且开启了第二卷——它用接下来的四个部分来论述高科技时代资本主义环境下的商品美学。由于这部分的文字是首次公开出版的，因此我也为第二卷单独写了导言，并且将我的关注点集中在对例子的选择和分析角度上。对于和第一卷相同的引文或相应的引语，在第二卷也可以毫不费力，而且不用怀疑其准确性、清晰地找到它们的出处。当然，在详尽描述方面所做的努力也不会是没有意义的。另外，一些强有力且极端的材料尽管偏离了一般的常态，但它们的目的是为了更加便于读者的理解。例子是用来表现现实的过程，并从中提取了抽象化的概念。这些被提取的概念体现了事物之间的关系，从而也成为事物的抽象象征。在这里，为整个图景所展现的色彩毫无例外就是现实本身的颜色。于是，我努力用理性概念的穿透力滋养艺术的美感。也正因为如此，由此所展现的

---

① 贝托尔特·布莱希特（Bertolt Brecht, 1898—1956）：德国剧作家、戏剧理论家、导演、诗人，代表作品有《三便士歌剧》（*Die Dreigroschenoper*）、《刽子手之死》（*Hangman Also Die*）、《世界在谁手中》（*Kuhle Wampe oder: Wem gehört die Welt?*）、《第三帝国的恐怖与灾难》（*Fear and Misery of the Third Reich*）等。

图景象征了事物之间的相互关系，即将事物间本来存在的相关性呈现出来。

## 鸣谢

我要感谢卡塞尔大学（Universität Kassel）默默无闻的研究者，他们借2004年的反对大学收取学费事件成立了"开放大学"（Offene Uni），并建成数字图书馆；在那里的众多藏书之中居然有《商品美学批判》的最初版本——那还是我当年在旅行用便携型机械打字机上一个字母一个字母打出来的，数字图书馆里收藏的是这个版本的电子版，从而我可以在这些复制的数字文档上开展我的修改工作。我特别要感谢托马斯·帕普里茨（Thomas Pappritz），他对所有的文本——旧版的和新版的文本——都进行了校对，并且加以评述；还有彼得·耶勒（Peter Jehle），他为第一卷的第四部分提供了非常有帮助的完善性建议。

14

W. F. 豪格

2008 年 11 月于洛斯·奎麦多斯（Los Quemados）

# 第一卷
# 福特主义标准化大生产下的商品美学

# 导　言

《商品美学批判》这本书，是对这个充满物质欲望的世界其最终走向，以及资本主义社会中欲望的产生发展过程的社会分析。它的批判性体现在，展现了事物在可能具备的条件和可能遭遇的阻力下发挥作用的方式，及其历史性的发展进程。它不应该只是进一步增加了有关广告和人为操控等方面的数字。在这本书里，一直贯彻着一种方法，即通过从表面现象类推，从而得出有关这个社会基本特征的假设。这类理论一部分附着在事物的表象之中，可以通过描述而将其本质概括出来；另一部分则不断体现在每个部分的表现与所推测出的整体之间的即时关系之中。但是，这种理论并不因此就能区分出哪些是某个过程所带来的随机后果，哪些是必然产生的效果。有关这个理论的缺陷，我不需要费什么气力就可以找到相关例证。在我的另一篇与这个主题相关的文章《操控的美学》( Zur Ästhetik von Manipulation ) 中，就明显地暴露了这个假设中的一些错误判断，从而使得那篇文章的部分内容显得有些不合逻辑。在写那篇文章时，我脑子里已经预先有了一个设想，所以我在无意之中一直努力沿着自己的预设对"整体"进行盖棺论定，具体而言，我分析的是个别现象，然后

将从中概括得出的特征不恰当地推广到整体上去。因此，在这篇
论文中，尽管有一定的洞察力，并且提出了"商品美学"这个概
念，但却没法提出当时让我印象极其深刻的"批判性理论"。对
人为操控的批判必须首先理解使人为操控发挥作用的条件是什
么，也包括去探寻如何对抗它的影响。人为操控，在"客体"被
操控者所提供的"利益"牢牢吸引住的"任何时候"，就会发挥
作用。我假定，"大众会被他们所追逐的利益操控。操控现象一
定是以现实存在的利益来说话；尽管也会存在被歪曲而不可理解
的或偏离正常需求的利益，但那就会成为无法理解的外语［而无
法产生操控］"。因此，我用一句话概括了这个将科研过程和政
治视角合二为一的假设："幸福感和痛苦感的客观存在证明了操
控客观存在的合理性。"[1] 只有保持批判性的评判，才能找到其
对立面，才能知晓它从何而来，与哪些事物之间有什么样的关
联，从而找到其意义之所在。

对表象的理论化概括和"从已经完结了的现象的角度出发"
（马克思），尽管会与来自实际生活的表现领域——它往往呈现
出非常有意思的面貌——相碰撞，却对构造表象中所蕴含事物
的概念无论如何都是没有什么帮助的。马克思有一次在评论宗
教批判工具时指出："从宗教神秘莫测的神圣光辉中分析出其对
世俗人间的核心含义，比用相反的程序，即将那些真实存在的
生活关系装扮成在天堂的形式，的确要容易得多。但是后者是
唯物主义的，因此也是科学的方法。"[2] 所以，在接下来的内容
中，我将重点放在如何从基本的经济关系中分析研究现象的方
法上。与此同时，通过这些分析，还将研究从简单的个别元素
层面上升到复杂的相互关系的层面上。这部分内容从对简单的
交换活动的分析中导入概念开始；按照交换关系发展变化的顺

序展开，分析了这些交换关系最基本的功能和其中的利益关系，一直到垄断资本的形成；最后在一定范围内做出了展望，即唯美主义者如何将合法化了的政府权力，例如法西斯主义，勾勒到伪装的社会主义这样的框架内。这些探索是从多条线索展开的，并且按照人们习惯的那样，以从底层基础到上层建筑这样的顺序进行。

尽管马克思是在对相互关系的分析中附带得出有关商品美学方面的认识，但是除了在他的《巴黎手稿》(*Pariser Manuskripten*)中间有灵光一现的分析之外，他并没有对此进行详细分析，而只是在《资本论》中直接呈现了一些概念和功能分析，并以此为基础建立了对商品美学的认识。但是，某些经验认识是无法通过简单的描述、归类或者释义加以表述的，而是应该从其经济方面的基础入手，并且需要从商品美学的角度寻找因果关系。恩格斯对《资本论》的英文版读者就强调了这一点。"我们无法在读者那里回避的难点在于，我们要使用到一些词句，而它们在政治经济领域的通常解释与日常生活中的用法大不相同。"普通公众的经济理论"往往满足于不加辨析地将已有的商业和工业中的词句拿来就用，哪怕已经被完全误读，因为一些词句所表达的含义是被限定在很小的特定范围之内的"。[3]这种从根本上的重构会产生与原意完全不同的说法。

这里所提到的这种情况，使得引入一系列新的专业名词成为必须，这样才能使具体的表达能够把握那些特殊的经济形态或者其功能上的确定性。这些表达方式是随着研究的深入而逐渐形成的，例如"美学抽象""对感官的技术控制""审美层面的使用价值承诺"以及"美学革新"。这些新的用语是我在1969年和1970年完成的两篇文章[4]中引入的，在这些文章中，使用

21

了一些新词语作为分析论述的一部分，从而也构成了应该如何使用相应表达的范例，换言之，我在一系列论文和讨论中找到了这些新词汇及其用法。而在这些专业术语中含义最广泛的一个概念就是"商品美学"本身了。它指代从大规模生产的商品形态中产生、从实践中确定其真正交换价值并以物质形式表现出来的复合体，以及在这些条件下所产生的主客体之间的敏感关系。对于这种关系的分析，打开了在资本主义政治经济学中考察主体性这个维度的入口，并且也同时表现出这种主体性的特征、其功能所产生的结果，以及实现主体性所需要的先决条件。在这里面，一些论著阐述了批量制造的产品所具有的基本功能关联，这些论述与《商品美学批判》不仅有一些理论上的不同——本书认为从现象可以直接圈定概念的边界；而且在表述上也有不同——在《商品美学批判》中并没用从商品美学这个复合体中推导出某些外在表象，如广告或外形设计；也就是说，我在这里并不是将一个个表象单独挑出来加以分析的。

22　　　　由于对于美学这个概念，有的读者会认为它与艺术密切相连，因此我对美学的使用就会在这样的理解下引起误解。在这里，我主要使用美学在学术体系中被赋予的含义，即"感性的认知"（*cognitio sensitiva*），也就是将美学这个概念用来表示通过感知所获得的认识。我从现实要求出发，从两个方面来使用这个概念：一方面是对主观性释义的需求；另一方面是对感觉的客观性的渴望。在使用"商品美学"这种说法时，也受到两方面的限制：一方面是"标准美"，也就是说作为意义的表现方式应该与所表达的含义相匹配；另一方面，是在交换价值实现过程中所展示出来，并且印刻在商品之上的那种美，它引起观赏者想去拥有这些商品的欲望，并导致购买行为的发生。只要商品的美好之处吸引着人们，那么他们的感性认知一定会反映出某种感性的兴趣。在将有用的物品转换为商品的过程中，激发出了驱动力和某些行之有效的手段，从而将感性的物质世界逐渐塑造为人们感官上的愉悦感。"对感官世界的塑型"是另一个专业术语，它清楚地表达了这项研究的中心问题。之所以从这个角度来进行探讨，我是受了诺贝特·埃利亚斯（Norbert Elias）①的启发，在他关于"文明的进程"的理论中[5]，他研究了西方国家普通民众"情感模式"的发展变化阶段。埃利亚斯将一个个阶段性现象的特征条理化，从而得出他所研究的这个进程的发展规律。受此启发，我在商品美学批判中引入了对具体的经济功能循环过程的观察，对这些过程可以更详细地用情感模式的发展规律来进行解释。

　　我为自己所设定的任务就是，推导出商品美学表象中的经济内涵，并且系统地将它展开、表现出来。这项任务并不能通过实证分析的方法来完成。当我们提取经验材料的时候，就是一个选择性的过程，也就是所谓的抽样调查，对所抽取的样本进行分析。这样的调查研究流程对我而言，有着不可避免的缺点，即若读者不能随时考虑到这些被选择出来的样本其代表性有一定的局限性，就会在理解中产生错误的权重。因此，应该在发展过程的每个时点有其他的或者更好的例证。换言之，这样的例证材料应该是有说服力的，它要比想象中的还要中肯有

23

---

① 诺贝特·埃利亚斯（1897—1990），20 世纪德国著名社会学家，1918 年在布雷斯劳大学（Universität Breslau）获哲学博士学位，1930 年担任法兰克福大学卡尔·曼海姆教授（Karl Mannheim）的助教，从此开始其社会学研究生涯。他的著作有《临终者的孤寂》（*Über die Einsamkeit der Sterbenden in unseren Tagen*）、《文明的进程》（两卷本）（*Über den Prozeß der Zivilisation*）、《宫廷社会》（*Die Höfische Gesellschaft*）、《个体的社会》（*Die Gesellschaft der Individuen*）和《论时间》（*Über die Zeit*）等。

力，它超越了阐述清楚这个愿望，论述得比值得学习的典范还要明晰易懂。但是，这样做也会带来使用的方法不够学理化的危险，这种推导概念的过程可能不那么严谨。用作分析的材料可能会被清晰地解读，但也许通常是朝向预设想法的方向去解释；如果人们被深深地吸引到概念的推导过程中，并充分发挥了自己的想象力，也可能会产生妄想出来的理论。因此，在这里应该特别注意概念的形成过程。概念应该作为一种工具来使用，因而它们应该有能力把握各种现象的形式及其功能的确定方式；并且应该能够通过对不同的产生方式和影响方式的观察，展现出现象的产生过程及其功能。

开启这个系统性的开发研究领域，首先需要确定西方资本主义社会中的统治关系得以维持下来有什么重大的意义，这是一项牵扯对大量细节进行基础分析的研究工作。与霍克海默 [1] 和阿多诺 [2] 在《启蒙辩证法》（*Dialektik der Aufklärung*）中"文化工业"（Kulturindustrie）那一章言简意赅的结束语——"继续向前"一样，这些工作也是一直向前进行的。当批判理论无法继续向前的时候，也就意味着，它们通过它们毋庸置疑的、类推式注释断语生发出对自身的新的改写，使先前提出的规划付诸实施。

24

---

[1] 马克斯·霍克海默（Max Horkheimer, 1895—1973），德国第一位社会哲学教授，法兰克福学派的创始人，在 20 世纪 30 年代致力于建立一种社会批判理论。他认为马克思主义就是批判理论，提出要恢复马克思主义的批判性；他对现代资本主义从哲学、社会学、经济学、心理学等方面进行多方位的研究批判。主要著作有：《启蒙辩证法》（*Dialektik der Aufklärung*）（与阿多诺合著）、《理性之蚀》（*Eclipse of Reason*）和《传统理论与批判理论》（*Traditionelle und Kritische Theorie*）等。
[2] 西奥多·阿多诺（Theodor W. Adorno, 1903—1969），德国哲学家、社会学家、音乐理论家，法兰克福学派第一代的主要代表人物，社会批判理论的理论奠基者。主要的哲学、美学著作有：《多棱镜：文化批判与社会》（*Kulturkritik und Gesellschaft*）、《启蒙辩证法》（与霍克海默合著）、《新音乐哲学》（*Philosophie der neuen Musik*）、《否定的辩证法》（*Negative Dialektik*）、《最低限度的道德》（*Minima Moralia*）和《美学理论》（*Ästhetische Theorie*）等。

第一部分

## 1. 商品美学起源于交换关系中的矛盾

当两件物品的各自拥有者要完成交换行为时，就一定会涉及形成交换关系需要满足的前提条件，这正是这里所遇到的一个难题，推动交易进行下去的一个解决办法是构造交易的新方式，即引入货币的概念。

要使交换有意义，其中一个不言自明的条件，也是使得交易进行下去、使得交易关系形成的第一个难点是：只有当用以交换的物品有性质上的差别时，交换才有意义，也就是说该物品对于物品的拥有者来说是"多余的"，即不需要它，或用不到它；相反，对于没有拥有这一物品的另一方来说，必须要拥有它，对它有需求，因此要通过交换得到它。只有当这种恰当的互补关系能够结合在一起的时候，交换才成为可能。换言之，交换行为应该对双方都有价值。简而言之，交换关系必须是对于每个潜在的交换物，不拥有它的需求者与不需要它的拥有者碰到了一起才可能形成。当某人拥有我需要的东西，但他却不需要我所拥有的东西时，他便不会对我们之间的相互交换产生兴趣。

第二个难点，也是交易所具有的特征，就是等价，如果不实现这一点，交易也无法开展下去。这就意味着，两个物品必须被认为是具有同等价值的。但是，当每件物品的价值只能用其交换价值来表示的时候，那又如何能表明两个物品是等价的呢？也就是说，每个物品的价值，首先体现为它相当于多少个用来与之交换的其他物品。在交换关系之外，每个物品的外显价值就无法被表现出来；而在与其他物品的交换关系之中，该物品无论是什么类型或什么品质，它的价值将在交换关系的构造过程中被发掘。货币的出现解决了这个难题，这个解决方案开启了这样的思路：在寻求两个物品的价值关系时，先回顾这两个物品先前分别与第三个物品已经形成的交换关系。这个第三个物品就可以作为用来表达两个将要进行交换物品的价值表达物。两个物品分别与第三个物品的关系就形成了对于其价值的说法，这样就可以找到使两个物品等价的方法了。

货币作为被一般化了的、不断发展出来的"第三个物品"具有双重作用。首先，它承担了衡量的功能，使得价值形态得以比较。货币在价值表述中担当了基本单位。通过将每个物品的交换价值换算成货币这种独立的形式，就可以将两个物品之间非常复杂的交换关系分解成为两项交换行为，也就是"将换出自己所拥有的物品和换入他人的劳动产品"分解为"购买和出售两个相对应的、并在它们之间有清晰界限的行为"。[1]因此，现在不再是某种物品与另一种物品之间的直接交换；而首先在于某种物品换到了一定数量的"一般化物品"或者是"货币物"，后者对于所有其他物品都表现为具有通用交换价值的独立形态。正是因为货币的这种外在独立性，使得两个处于不同时间和空间环境下的交换行为，有可能分别转化为用货币表现的独立的交换价值，也就是用"一般财富的抽象表现形式"与所想要的物品进行交换。货币独立地充当价值比较的中介（即对比用的参照物），于是它出现在各种物品之间，促成它们之间的交换。从中我们可以对这一过程进行抽象的概括：所谓的交换价值是从某个特定的物品中独立出来，也是由某种特定的需求所引发的。当交换者拥有"物的形式"和"价值的形式"，或者这两种形式合二为一时，交换价值在一定范围内就是一个量的概念，超越了所有特定的性质的内涵。

货币使交易变得容易、快捷，并且普遍化。简单且直接的交换活动中存在的难题被货币解决了，但与此同时，这种解决方法也使本来就存在于交易中的矛盾变得更加尖锐。对于将两个物品进行交换的双方而言，他们的动机和目标锁定在他们所要换回的另一物品的使用价值上。这就是说，自己这一方的物品既是用来交换的手段，也是另一方达成满足其需求的目标，即一方的目标在另一方只是用以交换来实现自己目标的手段。因此在一个单独的交换行为中，出现了两次两个完全相对立的立场。每一方既站在交换价值的立场上，也站在一定的使用价值的立场上。每个使用价值的立场都对应着一个交换价值的立场，而交换价值要尽可能地体现使用价值。

站在使用价值立场上的一方，只要是处于交易之中，就会认为自己对使用价值的估值是明智的。而从交换价值的立场来看，这种使用价值只是交换的诱饵而已。因此，只要参与交易的双方分别都采取这两种立场，在这两种立场的势均力敌中就会产生矛盾。

这种关系因为货币涉足其中而发生了改变。在货币作为中

26

介的交易中，不仅将交换拆分为"出售"和"购买"两个行为，而且将它分为两个相对的立场。购买者站在需求的立场上，也就是在使用价值的立场上：他的目标是某种使用价值；他的交换手段，就是以货币形式存在的交换价值。而对出售者来说，同样的使用价值却变成了手段，他要将其拥有物品的使用价值转换成货币，也就是将物品中所隐藏的交换价值独立出来并转变为货币的形式。从交换价值的立场来看，每个物品的特定形态都不再被重视，它们的意义仅仅在于必须通过货币得以实现的交换价值，而其使用价值的表现形态只是过渡阶段和监狱般的禁锢。从对使用价值的需求这个立场来看，当所购买的物品是有用的和可以享受的，那么就实现了物品所对应的功能目标。从交换价值的立场来看，其目标的实现在于从交换价值中升华成货币形态。只要在交换逻辑成立的范围内，对于出售者而言，不被当作生活必需的物品——无论是物质的、还是非物质形态的物品，如果被他人当作生活必需，那么这些物品越是对他人的生活有实际作用，它们就越不会被单纯地当作实现交换价值的中介和手段。当某些产品对一些人来说是生活物资，而对另一些人来说只是价值中介时，这两者之间的立场就存在着如同白天和黑夜一般的差别，尽管彼此一直是在循环更替的。只要将这两种立场分离开来，就立即展现出显著的矛盾。这其中的利益冲突可以在产品生产中，也在后续的产品自身的发展历史，以及产品作为产品生产者的交换手段的发展历史中得到确认。在需求和支付能力的相互偏离中，这种冲突在全世界范围内都会对人们产生越来越大的影响；如果有支付能力的需求落后于生产，那么这种冲突会周期性加剧，甚至导致危机出现，并且可能迫使多产的大众沦为雇佣劳动者，从而降低了他们的物质生活水平。

　　我们的研究并不是要讨论这种矛盾，也不是尝试寻求如何管理与之相关的市民的反应，而是着眼于针对这种本质矛盾的所谓的"流于表面的解决方案"，即将美学表象桥接起来，这样的解决方案在以分工为基础的私有经济社会中体现了保证社会系统正常运转的特性，而且是具有历史渊源的。

　　商品生产并不是以创造某种特定的使用价值为目标的，而是为了出售。使用价值只是在商品生产者想到购买者的期望时才被考虑到。在购买者和出售者之间不仅是目的和手段的对立，并且在同一时间发生的买卖活动中还产生了对双方而言截然不同的时间维度，以及完全不同的意义。从交换价值的立场来看，随着出售行为的实现，这个过程就结束了，目的也实现了。而从使用价值的立场来看，同一时间发生的交换行为仅仅是开始，是实现其使用和享受目的的前提条件而已。

　　使用价值和交换价值的分别持有者处于相互矛盾对立的关系之中，他们共同向各自的出路运行，这便推动了商品本身的使用价值形态发生了新变化。这使得在商品的生产过程中会有双重产出，即产生了第一层意义上的使用价值，及第二层的、额外的使用价值的表现。因此，到出售行为结束时，也就是从交换价值的立场上来看，通过出售达到了目的的时候，使用价值至此也只是作为购买者所获得商品的使用承诺存在。从交换价值的立场上来看，交换已经结束，即所谓的买卖合同履行完毕，而此时从使用价值的立场看来，只是到达了该商品的使用价值承诺阶段。如果只观察单独的购买行为，就会看到由于对使用价值外在形态的经济功能的强调，从最初开始，就仅仅是所谓的使用价值的外观在越来越强有力地发挥作用。商品美学

28

更进一步的意义是，感性的外观和人们对商品使用价值的感知已经与物品本身分离开来了。外观对于完成一项购买行为非常重要，而且事实上，商品的外观比商品的内在本质更重要。当某个商品看起来不像它的"本质形象"，就不会被购买；如果这个商品看起来像它应有的样子，就会被买下。美学表象也进入了这个出售和购买这个体系中，商品的使用价值承诺被设计为独立的销售功能。从而它更接近经济性，并且被作用于竞争，最后将致使技术统治的出现，并在原本独立的创造过程中形成对审美的依赖。商品在审美层面的使用价值承诺成为实现货币用途的手段。使用价值立场与交换价值立场之间利益对立的强化，导致了使用价值的外在表现的出现，它以夸张的面目登场，因为对它而言使用价值并不重要。感性成分在这样的相互关系中成为经济功能的承担者：无论对于主体还是客体，它都发挥着经济方面的诱惑作用。能够把握外观形态的人就能够借助于感官掌控受其迷惑的人。

早在资本主义的史前史时期，在交易的利益关系中，通过将使用价值经济高效地放置于交换价值之下，就已经体现出朝着对感官世界加以技术统治的方向发展的趋势。随着私有商品生产的发展，产生了大量的交换价值，而这些并不是重要的社会生活物资，即不是满足需求的手段；由于那些与潜在的购买者需求相符的商品其特性只是用来实现交换价值这一目的的手段，因此正如年轻的马克思在《巴黎手稿》中所义愤填膺地指出的——私有商品生产所制造的每一件产品都"只是一个用来诱惑他人的诱饵"，从交换价值的立场来看，可以完全用它换回"它所吸引到的钱财"。另一方面，感性的人们"每一个真实存在的或潜在存在的需求"都是他们的"短处，如同苍蝇被引向了粘蝇的胶棒"。所以，商品拥有者以"最和蔼可亲的方式"施予恩惠而满足所有的急需、需求和需要，其目的是立即呈上账单。[2] 正是因为货币拥有者的感性本性从交换价值立场来看是无足轻重的，因此这种想入非非、任性和情绪化就会被偷偷地加以注意、被强化并被操纵，从而工业资本家就能够让货币拥有者"顺从他们自己堕落的奇思异想，在他们和他们的需求之间纵横捭阖，勾引他们病态的欲望，窥伺他们一切的弱点"。[3]

## 2. 强烈的吸引力成为商业资本主义实现其使用价值的途径

在实现特别的美学魅力之前，首先要完成对交换价值立场的确认。一旦交换价值以货币的形式独立存在，那么也就形成了交换价值立场的独立。当交换价值以货币的形式存在时，这就意味着它不再与任何感性需求相联系，剥离了所有感官方面多姿多彩的品质。于是，使用价值无穷无尽的积累也变得毫无意义，因为使用价值的边界已经由其可用性来确定了——而交换价值的积累，只是数量上的积累，没有范围，也没有界限。货币最初只是用来实现相互交换功能的价值表达物，不过后来拥有了新的品质，成为世界上的一种权力物，即抽象化了的财富，拥有了独立的交换价值。货币形成了新的变现价值，这也对货币独立于交易过程作出了贡献，货币本身就成了使用价值。高利贷和商业贸易都是历史上货币体现其使用价值最早的两种形式。随着人们开始注意到商业资本的一些特征，从那时起商业资本也就开启了早期资本主义在欧洲的伟大时代。

购买和为了实现盈利的销售是商业资本主义的基本活动。因为商业资本在远程贸易中具有优势，因此早期资本主义在最初就可以实现跨地区的交易，但是这些交易并不是跨文化的。商业资本的特别之处和新颖之处使之可以成为开启资本主义商业贸易往来的钥匙。[4] 为了深入地方市场，或者打入目前为止还没有商品交易的市场，从而在那里开启商业贸易，商业资本需要特殊种类的商品。从这个角度上来说三类商品引发了特别的轰动，并且在全球范围内带来了关系格局的变化：首先是军火类商品；其次是纺织品；第三类是刺激类和奢侈类消费品。没有什么比军火和烈性酒更能在这个"新世界"为欧洲历史带来强烈的刺激，并且成为实现商业资本主义使用利益的手段了。欧洲势力就是通过这样的商业贸易而登上了世界的权力舞台，他们先后是威尼斯、荷兰和英国。

### 3. 贵族们追逐爱情、享受奢华和中产阶级头脑清醒时的心醉神迷；巧克力、茶、烟草、咖啡

马克思有一次评论道："商品爱金钱"，也就是商品将它的价钱作为"爱情宣言"向金钱招手示意[5]，这个隐喻动摇了其所在的社会历史基础。因为凭借某种强烈的吸引力，产品转化为具有某些变现价值的商品，而这种吸引力犹如爱情的魅力。因此，相应地，所有这类商品通过与众不同的方式、以高昂的售价向购买者投送秋波，这和从另一角度来看，购买者在追求自己的爱人时表达爱意的方式如出一辙。追求爱情的人会让自己显得优雅而且可爱。所有的首饰和服装、香氛和色彩都是用来展现美丽和值得被爱的手段。于是，商品在赢得人们的爱情时

借用了人类的美学语言。后来，这种关系又颠倒了过来，人们也会去借用商品的美学表达方式。也就是说，在这里出现了第一个反向耦合，即由变现动机所引发的对商品的使用价值的构造会作用于人们的感知层面。因此，这不仅改变了它们原有驱动结构的表现方式，而且还强调了这样的重点，即强烈的美学吸引力、交换价值和原始的性本能是相互联系在一起的，如同在金鹅童话故事中被欲望所驱使的人们所展示的那样。并且当这种美学表达有价值的时候，它们也能带来财富。这也正如贵族成员"在他们追求享受时形成了更大的循环往复：人们对他们所使用的产品极尽恭维之词——他们所用的产品正是对这些挥霍的败家子其欲望的廉价赞美，从而使得这些贵族们认为自己那些已经被不断削减的特权……仍然归己所有"。[6] 一旦冉冉升起的中产阶级向贵族放高利贷，并使他们用这些钱来购买多姿多彩的进口服装和时髦服饰用品，贵族的基石就一块接一块地倒向普通市民了，资本主义会对所有没有生产能力的寄生虫造成伤害，将他们推向行乞的队伍或工厂中，直到参与资本主义大生产的廉价体力劳动者开始崛起。拥有强大感官吸引力的奢侈品，当在对其所有者的财富进行再分配的时候，根本无法体现出这些奢侈品的使用价值由此得到解放，也就是说它们不具备原始积累的特性。这个在历史上一贯如此的过程出现在资产阶级社会的建立形成进程中，并且这样的过程会毫无例外地表现出来。"每个人，"马克思在《巴黎手稿》中说，"都千方百计让他人形成**新的**需求，使之因为有了新的依赖，而投向新形式的**享受**，从而成为新的牺牲品，并且走向经济上的毁灭。"[7] 中产阶级市民以此作为信条。中产阶级所服务的那些游手好闲的人和追求奢华的人会被和他们一样的人所憎恨，当然更会被比他们阶层低的人所憎恨。对于早期资本家而言，享受"只是附属品、是奖赏、是产品不重要的属性，当然它本身也是可以**计算的经济方面的享受**"。在资本主义的人格里，只要是将资本拟人化了，那么"在资本语境下的享受……其中享受的个体都可以归入资本化的计算中"[8]，由此，针对不可控制的突发事件进行保障的平衡性做法便是，将人们的本能欲望纳入商务生活的约束中，让享受行为特别恰当地与中产阶级市民的日常行为相适应：烟草、咖啡，尤其是茶叶，在 17 世纪迅速地占领了非常大的市场。圣职者和贵族在那段时间享受着巧克力和精美的甜品。巧克力出于天主教教会的利益而成为有价值、来自殖民地的商品，因此被讲坛上的布道者当作相对于罪恶的烟草和茶叶而不断传颂的商品。同样，可可作为可以对抗鼠疫和霍乱的良药而被宣扬。

中产阶级市民式的艺术就是一边喝着咖啡，一边听着雄壮的大合唱、轻歌小曲或是诗歌吟诵，以此作为休憩放松的生活方式；对于茶叶也是如此。"这往往是通过东印度贸易公司发起的广告攻势，将对酒神的颂歌转移到对茶叶的倡议和消费上来，从而能够提高茶叶的销售量。茶叶因此在这里被称作'上帝的植物'，可以和神的食物媲美，所以每天最好能够享用 40 到 50 杯。一位在汉堡定居的荷兰医生为了帮助他的病人戒酒，而特意为他开了大量的茶叶，这让人们怀疑这位大夫是不是收受了茶商的贿赂。"[9] 这位荷兰医生"出于病人和荷兰商人的利益"，将用来饮用和吸食的茶叶作为戒酒的方法，这是符合他所在阶级的做法的。1718 年，一位巴黎医生在给医学院讲课时揭示了这样一条基本原则：咖啡是在醉酒之后用来对付宿醉的药品。商人将咖啡从伊斯坦布尔带到欧洲，在伊斯坦布尔咖啡被作为

"土耳其饮品"来代替当地被禁止的酒类。中产阶级市民们即便是在醉熏熏的时候也要有清醒的头脑。1652年，伦敦第一家咖啡馆开业了。50年后，按照蔡思纳（Zetzner）的统计，在那个城市里已经有1000多家咖啡馆了，同时，在咖啡馆里到处都可以看到烟斗。[10]大概也是在同一时间，伯纳德·孟德维尔 35（Bernard Mandeville）①为大众的奢侈消费品，例如咖啡、茶、烟草和鲜红色的围巾，赋予了更重要的宏观经济意义。模仿的欲望让孩子和未成年人也"逐渐习惯消费这些物品，最开始这些东西对他们虽然不是不能忍受的，但也是令人尴尬的，而最后他们已经不能离开这些东西了……并且他们还会常常感到很遗憾，他们的生活必需品总是迫不得已地大大增加。因此，人们应该思考一下商人们从茶和咖啡那里究竟一共赚了多少钱！"人们其实思考得更远，孟德维尔进一步向前，捕捉到其中的道德缺陷，"大量的交易"和"大量的工作都是依赖于千万户家庭而存在的……只要想想到处存在的两个愚蠢的，但还没有到令人作呕程度的习惯——吸鼻烟和抽烟——这两种行为所产生的后果远远比其使用过程要更具有伤害性"[11]。可能这样的线索还没有完全显现出来，但是如同研究20世纪60年代后期学生运动的理论家们所指出的那样，为满足奢侈享受的购买行为和控制行为绝对不属于晚期资本主义的特殊现象。

---

① 伯纳德·曼德维尔(1670—1732)，荷兰医师和政治哲学家，在英国伦敦定居，创作了《蜜蜂的寓言》(*The Fable of the Bees*，1714)。《蜜蜂的寓言》是经济学中最著名的寓言故事之一，讲的是一群蜜蜂过着挥霍、奢华的生活，它们的蜜蜂王国兴旺发达。后来，从遥远的地方来了一只老蜜蜂，劝导这个蜂群要节俭持家。在老蜜蜂的劝导下变得节俭朴素的蜜蜂王国经济衰落、社会凋敝，终于被敌手打败而逃散。经济学家约翰·梅纳德·凯恩斯(John Maynard Keynes)用它来诠释"需求创造供给"理论，强调了消费对社会经济的拉动作用。

## 4. 资本主义的大规模批量生产和商品转化为货币的问题——批量生产产品的美学

商品生产的资本主义化开发了能够产生相对剩余价值的技术，也促进了通过提高生产效率从而提升利润的行为，尤其是形成了机器化大生产和大工业生产。同时，它也趋势性地将所有社会成员都与经由市场而进行的商品分配联系在一起。商品生产的资本主义化也极大地扩展了需求、技术和大规模工业生产的生产力。现在对大型商贸起决定作用的首先不再是昂贵的奢侈品，而是大规模生产制造出来的相对便宜的物品，尽管单件商品带来的利润较少，但是可以通过大批量的销售实现一定的利润。关于变现的问题，大宗和利润率现在决定了工业资本特有的使用价值。在这里，我们对生产领域里以下的盈利功能感兴趣：首先是通过提高工人的生产效率从而节省生产每件产品所耗费的劳动时间——这里就包括不断消除手工劳动（因而手工劳动是在赞美某个奢侈品时被尤其高度看重的组成部分），并且最终要开发出大规模生产标准化产品的技术。其次是降低固定成本部分，也就是降低生产中用于原材料、辅助材料和其他添加物的成本。第三是用人工催熟技术缩短必要的熟化时间，从而最终减少生产所需用时。

可以看到，所有的变化都修正了生产活动的外在表现形式，从而也产生了更多的功能，这些额外的更具生产力的表象掩饰了那些变化或者弥补了那些变化。对外表的精心处理或者粉饰，掩盖了所用材料的腐坏变质和对其的加工处理。烈性酒不再为了达到所要求的成熟度而需要在橡皮桶里陈放几年，从而使得酒液呈现出棕色，现在可以通过焦糖来上色，这样从外观上来看是那么回事。同时还可以通过大量的添加物来节省为达到一定成熟度所必须花费的时间，这样做甚至已经跨越了商品造假的界限，比如恩格斯就列举了甜酒尤其是葡萄酒造假的例子，具体而言即通过开发出土豆烧酒蒸馏技术，以及与之相关的民间流行的白酒蒸馏技术，使得普鲁士的大地主们获得了强大的繁荣，从此社会也随之发生了相应的改变，在这样的背景下出现了其他酒类的造假活动。"过去狂饮烂醉需要比现在多花三四倍的价钱，而今天连那些最没有钱的人也能每天都买醉"，其中普鲁士白酒因为含有高比例的杂醇从而更烈、更易醉，因此在工人阶级中备受推崇。[12]

　　在经济活动的循环过程内，我们首先感兴趣的是：在这里一定会出现形式的转变，从而必定实现价值和剩余价值。在这里，任何一个障碍或停滞都有可能导致破产。于是期待交换价值得以实现的已经不仅仅是商品本身了，还包括商品资本。破产的威胁所带来的持续不断的压力与经济活动不可抗拒的目标即实现利润，它们相互交织在一起，使得商品转化为货币的**变现**成为令人狂热的活动。在经济活动的循环中，每一个障碍都会引发成本，并且减少商品的价值。资本家在竞争的压力下，是无法通过提高价格应对这些故障的。"最终的买家如果听到资本家说：我的商品在过去的六个月里没有卖出去，因此在积压的这六个月里，不仅占用了我的很多资金，而且还导致了额外的费用，他们会嘲笑这位资本家的。买家因此会说，你太糟糕啦（Tant pis pour vous）！除在你们这些卖家之外，还有别的卖家，他们的产品是前天刚刚生产出来的。你的商品是滞销品，而且多多少少经过了时间的侵蚀。你必须卖得比你的竞争对手更便宜。"[13] 成为滞销品的威胁随时架在商品资本的脖子上，具体而言这些威胁即是针对资本家。滞销品的存在形态就是经济生活中的死亡者，也就是以商品形式出现的失效了的固定资本。通过运用这种最强有力的表现方式，马克思引入了对其中所涉及问题——商品的变现问题——的讨论。商品必须孤注一掷，而在这中间它们可能会折断自己的脖子。[14] 在这里被资本家由衷渴望的是，令附体在商品躯体中的交换价值能够转化为金钱的形式。于是，资本家的一切注意力都转向是否会发生诸如《资本论》中所提到的"奇迹般的转变"[15]，这正是商品要发出秋波的地点和时间点。"是否真的存在某种商品灵魂，"瓦尔特·本雅明（Walter Benjamin）① 在他的一篇文章里将波德莱尔（Baudelaire）② 看作高度发展的资本主义时代的诗人，他这样写道，"马克思曾在不经意间以玩笑的口吻谈到过这个概念。它应该是非常感性的，人们在精神世界与之相遇。由于买主感受到了它的存在，于是通过购买商品而能将商品灵魂放在手边或是家中，以此紧紧地偎依着它。"[16] 正是在被夸大的使用价值的表象中产生了使用功能的表现方式，而通过使用功能可以为变现问题寻找答案，从而促使在商品中所蕴藏的交换价值转化为金钱。出于对金钱的渴望，在资本主义生产中，商品根据购买它们的普通大众的渴望，而产生自身的形象。之后，这些形象会在广告里面从商品中分离出来而被广泛传播。

39

---

① 瓦尔特·本雅明（1892—1940），德国马克思主义文学评论家、哲学家。主要著作有《机械复制时代的艺术作品》（*Das Kunstwerk im Zeitalter seiner technischen Reproduzierbarkeit*）、《单行道》（*Einbahnstrasse*）、《柏林童年》（*Berliner Kindheit um Neunzehnhundert*）和《德国悲苦剧的起源》（*Ursprung Des Deutschen Trauerspiels*）等。
② 夏尔·皮埃尔·波德莱尔（Charles Pierre Baudelaire，1821—1867），法国最伟大的诗人之一，象征派诗歌先驱，现代派的奠基人，代表著作有诗集《恶之花》（*Les Fleurs du Mal*）和散文集《巴黎的忧郁》（*Le Spleen de Paris*）。

**5. 垄断的首要效果，同时亦作为手段：使用价值（"品牌"）美学垄断——类似赝品；为了名称和借助名称而斗争；罗西对罗西-罗西诉讼案；针对外观形象的竞争；赫尔穆特·施密特在政治争论中的观点仅仅是为了在人们心目中留下深刻的印象；戈培尔是品牌专家**

本雅明所说的商品在购买者心灵中的移情效果，会碰撞到市场的边界。只要在市场上，许多生产厂商就出售某种类型的商品展开竞争，那么商品美学便是与商品实实在在的躯体密切相连的。与此同时，如果对于某类特定的商品，商品美学不是别的，而完全表现为其普遍使用价值的化身，或者不用特别标明这类商品的来源，那么所有可以视为它同类的产品其使用价值标准也都可以借助同样的商品美学得以表达。同样，仅仅通过隐藏达到目标的手段，就能够使这种相互关系自身发生一百八十度的逆转。相关关系的逆转于是形成了某些特别的、新的和原创的功能。使用价值的创造只是实现对其加以变现这一目的的手段而已，从而在这里所产生的效果是，独立的资本努力将使用价值变成附属。"这是商品商标的黄金时代，"保罗·巴兰（Paul Baran）① 和保罗·斯威齐（Paul Sweezy）② 引用

---

① 保罗·巴兰（1910—1964），美国马克思主义经济学家，主要著作有《增长的政治经济学》（*The Political Economy of Growth*）、《关于落后问题的政治经济学》（*On the Political Economy of Backwardness*），以及与保罗·斯威齐合著的《垄断资本：论美国的经济和社会秩序》（*Monopoly Capital: An Essay on the American Economic and Social Order*）等。
② 保罗·斯威齐（1910—2004），美国马克思主义经济学家，主要著作有《资本主义发展论》（*The Theory of Capitalist Development*）、《论向社会主义过渡》（*On Transition to Socialism*），以及与保罗·巴兰合著的《垄断资本》等。

了一篇发表于 1905 年的文章中的段落，"那时几乎每个能生产出有价值的产品的人，都能够确定需求的大概轮廓，于是，他们不仅在几年后超出了之前的所有边界，而且还形成了一定程度的垄断。……到处都有在广告中居于领先地位的机会——大量平凡无奇的、没有名气的、没有得到认可的产品，受到了被特别装饰的产品或是被保护的标准注册商标的食品类商品的排挤，后者得到在全国传播的广告的支持，而广告本身对于公众而言如同质量担保。"[17] 大量没有品牌名称、毫无特别之处的日常产品仅仅意味着平庸的使用价值，被视为变现利益得以实现道路上令人讨厌的梗阻，从而被市场排挤。正因私有资本将某种使用价值置于附属地位，商品美学不仅在性质上赢得了新的意义，而且蕴含着新兴类型的信息，并且它还促使商品本身通过包装而得到提升，通过广告而得以进行跨地区的传播。将商品打造成品牌商品是实现近似垄断地位这一目标的手段。因此所有可用的美学手段都将发挥作用。而起决定性作用的一步是要将所有的消息传播汇聚到一起，也就是说，通过形式美学的、生动形象的、语言表达方式上的装饰，最终形成品牌特征。与商品情况有关的日常用语首先要实现的目的是与竞争对手的品牌区隔开来，圈定自己得以承认的领域范围。由于只在本地推广的品牌商品，就像在其他地方销售的当地商品的品牌特点，以及方言的特点一样，在外人看来都带有些许不明所以的滑稽，于是跨地区传播的品牌名称便是将竞争引到对人的普遍特性的理解上，并且这一点最为重要。[18]

　　大型集团公司和它们的广告代理商非常专注于这个目标。"完全忘掉'香蕉'这个词吧！"1967 年，联合水果公司（United Fruit Company，UFC）在联邦德国（Bundesrepublik）

的广告语说："你要关注的是金吉达牌（Chiquita）①！"[19] 对于 41
生活在今天的资本主义社会的人们而言，有一些商品种类不再
拥有自身的使用价值。在原来的使用价值的地盘上，被法律保
护的商品名称粉墨登场，并且在使用说明中，或只有在有法律
规定时才会看得到的产品成分构成说明中，人们会发现当使用
价值这个概念被清除后，所谓商品的价值和意义也进入了隐居
状态。这是实用型商品顾客在人口中所占比例锐减的重要原因。
垄断者不仅凭借品牌商品，往往还通过简单的化学或技术知识
实现垄断。以往每位家庭主妇都知道的常识如今变成了秘密配
方，因而人们更加迫不得已地被引向了品牌商品。"毫不犹豫地
选取 XY 牌吧！"

　　在经济层面上，对品牌商品的宣传强调了品牌是代表高
质量的标志，这样的传播必须能够促使该商品所设定的目标顾
客开展购买行为，并且还要实现跨地区销售政策所提出的目
标。商品上的质量标志和直接以及间接的使用价值承诺，肯定
不会对商品的独特性质产生任何实际影响，而只是将其表示出
来。[20] 对此做道德上的谴责或者是将它归咎于某一个单独的 42
生产者似乎毫无意义。在现存的经济体系中，从变现功能出
发，对商品尤其是品牌商品的功能确定应该是理性的；而且变
现能力是由竞争对手直接推到面前的问题。毫无疑问，品牌商
品的特殊性质一定只是以它的外在形象为依据，而外在形象又
会成为垄断价格的基础构成部分。这种现象在 1970 年前后出

① 金吉达国际有限公司创立于 1899 年，总部设在美国辛辛那提市（Cincinnati）。该公司宣称要将对优质新鲜的蔬菜、水果的体验带到世界各地，为消费者提供新鲜、健康、美味的果蔬产品，特别是将优质香蕉运往全球。2014 年 10 月，该公司被巴西一家财团以 13 亿美元的价格收购。

现在炼乳食品行业，炼乳食品是一个同质性很强的产品，仅在联邦德国（西德）就有 33 个不同品牌和 30 种不同价格——每罐价格在 0.74 马克到 1.28 马克之间浮动。价格最贵的是 3 个在跨地区广告中花销最大的品牌：利比（Libby）、幸运三叶草（Glücksklee）和雀巢（Nestlé）。大型集团公司同时还经由它们的子公司用较便宜的价格销售同一种但贴有不同商标的产品，也就是所谓的廉价品牌产品，以此吸引那些比较贫穷或者至少是非常节俭的购买者。另一个案例是德国联邦法院所引述的关于废除美乐家（Melitta）① 价格联盟的判决依据：美乐家在明登（Minden）的本茨父子公司（Bentz und Sohn）生产并销售"美乐家 102 型"（Melitta 102）咖啡滤纸，价格为每包 1.10 马克，含 40 张滤纸；一家位于汉堡的原料进出口有限公司也是美乐家集团旗下的子公司，该公司生产同样包装的咖啡滤纸，使用的商标是"布丽吉塔"（Brigitta），售价为 0.75 马克。在面条、大米、咖啡粉和香槟酒等其他食品品类中也可以找到相应的案例。"因此香槟酒的'质量差异'只是偶尔体现为瓶子上的名称和标牌的不同而已。"[21]

　　1971 年 6 月 20 日葡萄酒管理法案在西德生效，该法案清晰地规定了葡萄酒商品品牌的构成和对商品的命名。为了区别于其他品牌，在葡萄酒的名称中必须标有真实产地，也就是酒庄所在地。在这个新法令实施前，在联邦德国全境大约 72000 公顷的种植园范围内，存在着大概 36000 个产地名

---

① 美乐家公司于 1908 年成立于德国明登，创始人是美乐塔·本兹（Melitta Bentz）女士，她发明了咖啡滤纸，建立了一个生产一切与咖啡相关产品的家族企业，现在美乐家公司是在全球享有盛名的企业，主要生产咖啡滤纸、咖啡机及咖啡系列产品。

称。而从现在开始，"产地"必须至少占地五公顷——此前平均大小只有二公顷。随着新法规的出台，一大批葡萄酒名消失了。"在莱茵兰-普法尔茨州（Rheinland-Pfalz）原本大约有 20000 个产地名称，这其中至少有 15000 个从登记册上注销了，黑森州（Hessen）原本的 1000 多个产地名称保留下来了 150 个。"[22] 导致这场决定性的"清扫名称长廊"[《葡萄酒报》（*Das Weinblatt*）]、在品名领域"清理门户"[《明镜周刊》（*Der Spiegel*）] 行动的基础是，这项法规也像其他经济领域的规定一样，体现了它对相应领域所存在问题的认识，并且采取对应的行动，改变了到目前为止"标识混乱"（《葡萄酒报》）的品牌结构，从而消除了葡萄酒这类产品中所具有的寡头卖主垄断市场的特征。"对于"从始至终一直贴着标有产地标志的葡萄酒"少数派别"，"折扣店、超市连锁和大型购物商城已经不再需要特地花上百万马克为它们策划大型广告了，因为现在商店中接近半数的酒瓶上都已经标示出产地和生产年份了。卖场需要的是'大量同类型的葡萄酒'，但它们都应该拥有一个'极具诱惑力的'名字"（《葡萄酒报》）。这条法律规定了必须遵守的命名规定，而在此之前只有假的名贵葡萄酒才会关注命名问题。这也不免让人们注意到另外一些与之类似的领域，在那些领域中为了促进销售而对商品进行包装，对此所采用的手段往往是像包装赝品一样为相应的商品打造出一个炫目的招牌，使这个品牌商品迅速变得卓尔不群。有报道讲述了唱片、磁带业普遍采用的对歌手声音进行改进和混音的技术，这类技术有时会用在那些并非出于声音方面的原因而被消费大众熟知的"明星"身上，对他们的声音加以改造，这些报道读起来与关于葡萄酒赝品的报道如出一辙。"早在德国滑冰运动员莫里卡·基柳斯（Marika

Kilius）进入录音棚之前，已经准备好了多盘可回放的磁带，磁带里是录制好的乐队的演奏，然后再将人们所期待的基柳斯的声音混合进来。在第一盘磁带上录制的是乐器的节拍部分，第二盘磁带上是乐器的旋律部分，第三盘是以合唱形式出现的伴唱。为了让基柳斯的声音更加悦耳，还必须要进行额外的人工修正。尽管她的演唱充满力量，但是听起来却太粗糙、太生硬了。于是制作人施密特（Schmidt）决定'要让她的音色柔软下来'并且将她的声音融合于更为丰满圆润的伴唱中。为此，他……将合唱部分变成了两个合唱队的共同演唱……但这对这位制作人来说还不够。于是施密特让合唱部分的领唱布吕克娜（Brükner）为基柳斯领唱，并且让两个人共同演唱整首歌曲。这样做的目的有两个，首先专业歌手的陪伴能使这位滑冰运动名将在麦克风前放松精神，从而能进入状态，找到歌唱的感觉。此外，是为了最终形成有吸引力的、能够热卖的音频产品，于是最终完成的音轨是将基柳斯的双声道声音与双重合唱还有背景中一个女性领唱的声音合而为一。"[23] 美国哥伦比亚广播集团（Columbia Broadcasting System，CBS）在短短的时间里就卖出去了 30 万张以此方式录制完成的唱片——《牛仔做梦时》（*Wenn die Cowboys träumen*），这个销售成就"很大一部分是通过学生的零花钱来实现的"[24]。

当顾客必须在相互竞争的不同品牌商品之间做出选择时，他们是在名称、形状和图案之间进行挑选。因此，对于要在竞争中幸存下来的售卖者来说，名称、形状和图案就关乎生存了。在 20 世纪 60 年代就有一桩关于弗兰克白葡萄酒酒瓶上商标的案子。丹赫酒庄股份合作公司（Deinhard & Co KGaA）针对新的葡萄酒法案提起了诉讼，因为他们认为这条新法案"触犯了关于保护财产所有权的法律"。新出台的葡萄酒法案第二项条款中 59 节禁止在包括葡萄酒在内的饮料上标识诸如"珍藏酒"（Kabinett）、"晚收酒"（Spätlese）和"精选酒"（Auslese）诸如此类的字样，因为这些词语指出，尽管标签不同，但所有这些类型的葡萄酒都是用达到最佳自然成熟度的葡萄酿制的。这就意味着"丹赫珍藏酒"（Deinhard Cabinett）这个商标在法律所允许的三年有效期之后就不能再含有"Cabinett"（珍藏酒）这个字眼了。通过咨询哥廷根大学（Göttingen Universität）法学教授戈茨（Götz）先生，这家公司将焦点放在对品牌商品的品名合成词的所有权上，从而对新颁布的法律提出质疑。"Cabinett 这个商标具有几百万马克的价值，并且在国内外的消费者那里拥有很好的名声，如果在商标中去掉这部分，现有的一切都将被毁掉。"[25] 花费"几百万马克"来进行品牌构建，从而使得这个词语从人们的日常认识和日常词汇中跳出来，并努力使其私有化，成为指代某一个特定商品的专有名称，这样的过程展现的是在资本领域稀松平常的购买过程，由此"购买"所得到的当然就是出资方的私有财产。这些通过品牌传播从而成为品牌名称的词语，在一定程度上应该能够代表公司的财富。

　　当资本巨头之间因名称或围绕名称而展开战争的时候，有的人也在为维护自己的名字而进行斗争。这就是来自慕尼黑的罗斯玛丽·海尼克（Rosemarie Heinicke）对自己的艺名"罗西-罗西"（Rosy-Rosy）的保卫战。对于这位"以她的胸围而出名"[26] 的女士而言，其胸围是她的商标，她不仅出售她的身体外貌的观赏权，而且还出售其形状。也就是说她通过技术手段将其胸部形状做成塑料模型，但这一模型并不是完全按照她本人的乳房复制而成的，而是在塑造的过程中，通过修正形状、分部分复制，进行了美学加工，从而形成经过塑型的新外观。罗西-罗西是这位女士名字的昵称，为了将这个昵称转化为品牌名称，使乳房成为商标，乳房形状的复制品成为商品，她必须就她的名字提起诉讼，为此她将普福尔茨海姆市（Pforzheim）的一家纺织品邮寄商店告上了法庭。这家邮寄商店22年来一直为其销售的"性感内衣"贴有"罗西"（Rosy）的品牌标志。这场冲突中值得注意的是，包装物和被包装物同时争夺一个品牌名称，因为在罗西-罗西名称下所要展露的正是被罗西这个名称通过某种方式所涵盖的，罗西-罗西的吸引力通过某些包装被承诺，从而引起他人的渴望。达姆施塔特（Darmstädt）地方法院负责商贸事务的第四法庭在这起包装针对物品的品牌争端中，否认存在引起混淆的可能，驳回了海尼克的起诉。

　　大型集团有时也会为它目前已有的某种产品引入一个竞争性的新品牌，以便通过企业的内部竞争来防御来自企业外部其他对手的挑战。这类计谋在德国的一个案例是汉高集团（Henkel）的"白巨人牌"（Weißen Riesen）洗衣粉。汉高集团当时在西德洗衣粉市场的占有率为50%左右。汉高集团风闻高露洁集团（Colgate）将要带着"白骑士牌"（Weißer Ritter）进入西德洗衣粉市场，于是迅速地策划了"白巨人"品牌，并且申请了名称保护。"当美国人来到这个市场时，'白'这个商标对他们来说已经不再受到专属保护了；因此只能改变了项目计划中的白骑士，变成骑士阿贾克斯（Ritter Ajax）。不到两年，这个美国骑士就经由大西洋撤回了——这证明，市场上的广告斗争是多么残酷，在一个产品上的广告投入占其销售价格的10% 到15%。"[27] 汉高在自己内部就展开了四个品牌之间的相互竞争：宝莹（Persil）、法克特（Fakt）、白巨人和普罗蒂克珊

（Prodixan）。宝莹只有在被包装好了之后才是那个大家都认识的宝莹，否则只是洗衣粉。食品和享乐品行业以高营业额遥遥领先于所有其他行业，在这个行业的巨大领域中，一些品牌商品尤其会通过其名称、形状和图画而被刻上高级的烙印。这个在经济小品文中被表述为"销售促进"的手段"就是包装，相比其他行业，它在食品业中发挥的作用最大"[28]。

48

　　某些类型商品成功的品牌外观特性还会蔓延到其他类型的商品中。烤面包机和电吹风就采用了受人欢迎的收音机和剃须刀的形状。商品所有在美学上相互借鉴的外观形状汇聚在一起，就形成了生产资本的外观形象，每一个商品的特征从其外观形象上大放异彩。"在'外观形象'之下大致表现的是对企业所创造的所有物品、服务和设施的总体印象和总体体验的理解。"[29]外观形象所表现的含义以及为扩大市场影响力而采用的手段都不是以物品、服务和设施本身的品质为基础的，而是最终直接建立在消费大众对这些物品、服务和设施的"欢迎程度"之上；这一点体现在本加德（Bongard）广受赞同的论述里，他指出所谓的外观形象，"通常以一种'印象'表达出来"，它是一种"心理事实"[30]。"这个概念的变体或者与之部分等同的概念，"本加德继续写道，"是名声、偏见、刻板印象、众望、形象或模式。"[31]而这其中没有什么与事实的构成成分有关。本加德围绕这个论点举了西德汉莎航空公司（Lufthansa）的例子，这确实是一个相当富有启发意义的案例。汉莎航空公司在20世纪50年代面临一种非常典型的状况，即它不具备任何技术或服务上的优势，从而使它能够区别于与之竞争的外国航空公司。由于没有自己专属的飞机制造公司，汉莎航空公司只能采用和其他航空公司一样的飞机。在这样的客观情况和技术条件下，以

49

及在国际价格约定联盟——这种价格政策使得公平竞争成为没有竞争——的环境中，"促使汉莎航空公司在实际运行中任何一种能够使之与外国竞争对手区分开来的可能性都变得相当重要……那就是两者在外观形象上的差异了"[32]。著名的乌尔姆设计学院（Ulmer Hochschule für Gestaltung）接受汉莎航空公司的委托，为它设计了"总体形象"，这其中也包括标志性的棕色设计。通过统一的机身图案、空乘人员的制服、飞机票、行李标签、飞机餐包装盒、账单、飞行时刻表和登记手续办理柜台等等，汉莎航空公司形成了自己的风格。从"品牌技巧的层面"来看，本加德也从另一个角度进行了明确的阐述，他指责汉莎航空并没有全面实现乌尔姆设计者的所有设计细节。[33] 后来《时代》（Die Zeit）杂志参与了相关讨论，为汉莎航空公司辩护说，它的"外观形象"形成了品牌技巧层面的连贯风格，这使得它与"外国竞争对手之间形成了有实际意义的独特差异"。[34]

对于富有成效的品牌商品而言，其成功来源于极具创造性的装饰，这也使其变成了垄断商品，从而不再面临竞争的压力。这类被装饰的产品实际上是在第二个领域与其他公司相应商品的使用价值展开竞争的。由此看来，竞争事实上是进一步转移到外观形象层面。在外观形象与外观形象的竞争中，国民经济领域的花费高达数十亿马克。[35] 垄断的成功技巧已经从相对狭小的经济领域脱颖而出，在政治领域也大放光彩。因此本加德自然而然地用"外观形象"这个关键词来指代垄断者的竞争所在，外观形象"不仅是经济领域中企业的形象，也可以是政治党派的形象，还可能是某个电影明星或某块肥皂的外观形象，简言之，它就是可以在任何领域里出现的某种观念的体现，即观念物"。[36] 从表现得兢兢业业的品牌技巧的角度出发，这

类观念物应该表现出在代理商和委托方立场中所期待的现实情　51
况。因此，起决定作用的是委托方、利益、经济力量、幕后的
利益方和某些功能。从操控的角度出发，这种观念物最终只有
一种形式，就是它无论如何都能够顺带对商品的客观特征、生
产和变化产生影响，并且最终作用于购买人群的观念。观念物
的作用对象就是某种观念或意见的形成，它的作用手段和影响
途径是从观念对象的前提条件和最终目的中产生的。也就是说，
它必须把握某种观念的内在驱动力和组成部分，对其加以组装，
调整其影响，从而对某个方向加以强化，并在另一些方向进行
弱化等等。

　　关于品牌技巧的成功运用如何在选举竞争中展现其吸引力，
西德前国防部长赫尔穆特·施密特（Helmut Schmidt）与民调人
员有过一段谈话[37]，这是一个非常有意思的论据，在这里谈话
者将自己的经验和盘托出。以施密特的理解，政治领域如同市
场中的工商企业一样，政客相当于他自己和他所属党派纲领的
供应商。只不过他"不是处于任意一个市场竞争中"，即没有身
处若干资本家们之间的比较、竞赛当中，"而是处在与某个特定
的邻党的竞争。所以，事实上，政治领域的竞争在很多情况下
与工商业中的竞争大相径庭，它完全不同于那些将汽车生产出
来、再在市场上卖出去的领域，政客不是处于其他竞争对于不
断修正的影响之下。他们只是在就印象展开竞争，其他政客们
可能通过他们为公众留下的印象而形成了公共舆论。如果一位
政客因其论点而更受欢迎，那么他就是有竞争力的。因此，他
需要考虑，他是否必须做调整"。"这是，"赫尔穆特·施密特补　52
充说，"一场很局限的竞争。"政治领域的竞争无法完全参照经
济领域。相反，施密特为政客所归纳的"受欢迎"的条件和技

术，倒是可以首先应用在垄断者和他们的商品之上。

被局限在印象之间的竞争意味着什么？显然，这意味着竞争主要不是相互竞争的供应物在其客观属性上的竞争，即并没用发生使用价值之间的竞争。竞争的首先是供应物和供应者的外观形象。那么，外观形象是如何发挥作用，以及如何产生的呢？"政客必须定期时不时地在公众前露面，成为可供选择的对象。"选举可能是一种偏好，但是根据"民主"的基本法则，"被选举人应该是符合选举条件的，让选举人心甘情愿投票的"。如何产生这种心甘情愿？如何让人符合选举要求？显然这并不是通过施政纲领，也不是通过实实在在的政绩。"那些虽然政绩累累，但是在电视上露面不够的人是不会得到选票的。"——"例如，某个人在电视观众那里不'受拥戴'，那么他就根本得不到支持，他的能力，还有他的人格特征都变得与选举无关紧要。"根据赫尔穆特·施密特的经验——同时这些经验也被作为行为准则——被选举人是谁，这是什么党派，他们有什么目标，做出了哪些成绩，都是不被考虑在内的。被计算在内的是外观、印象和"受欢迎"程度。如何影响选民？要"通过操纵"让选民"觉得是他们自己做出了……打算选谁的决定"。政客如何欺骗愚弄选民？"对此，他必须对选民们的愿望、利益和好奇之处了然于心。"在这里所说的就是"品牌技巧层面"天真、无所顾忌的表达。如果打算"让自己受欢迎"，那么就要通过运用这些技巧而使得"受欢迎"成为自己的个性特征。那些有关社会的利益、使命、必要之事、利益冲突，甚至是阶级斗争，对政客自成一体的品牌技巧所带来的绩效都不会有任何影响。按照赫尔穆特·施密特的经验和理解，客观的属性和差异很少被纳入考量，这些属性很少会对他的职业生涯为什么"受欢迎"和在哪里"受欢迎"起到作用，这些条件在认识中完全被独立出去了。在行为条件和升迁条件这个狭小的范围内，如同赫尔穆特·施密特的个人发现一样，掌握幻影般的印象竞争是有其正确性的，但更重要的是这在各式各样的职业发展道路上都具有可操作性。品牌技巧在其发展过程中也对政治产生了最强烈的影响。对此，格哈德·弗伊特（Gerhard Voigt）分析了戈培尔（Goebbels）如何在他的宣传技术中采用了"品牌技巧"，戈培尔受到来自广告专家，特别是美国资本市场的决定性的影响。[38] "这些愤世嫉俗且无所顾忌的广告技术，"格奥尔格·卢卡奇（Georg Lukács）① 在其著作《理性的毁灭》（*Zerstörung der Vernunft*）里指出，"恰恰展现了希特勒法西斯主义的意识形态。"[39] 格哈德·弗伊特列举了一些说话规则，它们与显著体现垄断者品牌技巧的表达方式相同。"戈培尔最僵化的演讲规定可能是征用'宣传'（Propaganda）这个词作为德国国家社会主义工人党（NSDAP）和纳粹国家（NS-Staat）政治广告的专有名词。根据《对商业广告法律执行的第二条法令》（Zweiten Verordnung zur Durchführung des Gesetzes über Wirtschaftswerbung）的规定，从 1933 年 10 月 27 日开始，'宣传'作为国家社会主义的概念被固定下来，从而禁止在一切商业活动中出现。"德国商会的广告委员会因此通知其会员，凡是"商品标识"中的"宣传"这个词，例如"宣传牌咖啡""宣传牌

---

① 格奥尔格·卢卡奇（1885—1971），匈牙利著名的哲学家和文学批评家，在 20 世纪马克思主义的演进中占据十分重要的地位，主要著作有：《青年黑格尔与资本主义问题》（*Der Junge Hegel und die Probleme der Kapitalistisohen Gesellschaft*）、《历史与阶级意识》（*Geschichte und Klassenbewusstein*）、《理性的毁灭》（*Die Zerstörung der Vernunft*）、《社会存在本体论》（*Zur Ontologie des gesellschattlichen Seins*）等。

什锦"等，都不能再出现。"这项禁令……却引起了意想不到的发展，那就是'宣传'这个词为商业广告找到其目的。""正是在这一点上，"弗伊特总结道，"也就是政治和商业分离开来的地方，却又暴露出两者在手段上的一致性。"

## 6. 商品美学的非现实性和与之相对的广告赠品的现实存在性；商店失窃与广告赠品是一个问题的两个方面

尽管商品"受欢迎"的手段和现象在很大程度上与政治纲领和政党"受欢迎"的手段和现象是一样的，如同赫尔穆特·施密特从他的从政经验中体会到的，但是这两者的一致性仍值得怀疑。政治既不是一件消费品，也无法出售它。[40] 在谈到政治必须是可出售的时候，这首先已经不再是广告圈子里专业人士用他们的行话所打的比方了，也不是为招揽广告业务所做的比喻了。因此，我们需要研究令人喜爱的广告、诗歌、政治鼓动和宣传，以及商业广告中的"受欢迎"各有什么区别。不过，赫尔穆特·施密特贴切地感受到了在垄断资本中越来越重要的特征：印象竞争代替了使用价值竞争，也就是能帮助形成印象的技巧拥有无比重要的价值，它与客观真实以及人们的利益相对，重温本加德的说法，它就是不涉及本质的"观念物"。看上去仅仅是印象竞争就决定了流通领域的景致，于是一些持批判观点的观察者觉得商品的使用价值被忽视是可以理解的。"对比今天商店的标准和 1914 年之前的情形。质量的大幅度下滑不仅体现在商品本身，也包括商品所呈现出来的方式和形态。商品的展示风格受益于越来越完善的技术，这些技术只是对原料在外表上进行一些特别精致的处理，就能让它变成最终的成品。这些商品提供了越来越熠熠发光却越来越稀薄的表皮，这一点可以与路易十五（Louis XV）的风格相媲美。长此以往稀薄的外观所产生的后果就是，人们认识到现在的商品磨损得更快了，为此广告就得忙个不停地吹嘘。商品本该提供的将系统内在功能体现出来的绩效越来越少：商品不再能绵延不断地为购买者带来幸福感了，也就是说商品几乎已经无法创造幸福了。商品的真实成分越来越稀薄，而且可以预见，商品世界已经到了这样的临界点，它们将无条件地被现实所破坏。"[41]很久以来在商品美学中的表现就已经到达这个临界点了，商品不再具有使用价值；也就是说商品也并不具备商品美学所承诺的其应该具有的价值。只要商品美学在购买者那里"受欢迎"，并且能够决定购买者的行为——尤其是付钱者的行为，那么消费者就会陷入坦塔罗斯（Tantalus）[①]般可望而不可及的痛苦境地——总是被反映自己需求的最美妙的海市蜃楼般的图景所欺骗，而当伸出手去抓时，得到的却总是一场空。"购物成瘾的买主就是坦塔罗斯。"[42]

　　冲动的购买者所渴望的纯粹是某种图景，于是他们需要对商品在功能上的"毫无用途"进行辩护，而过于殷勤并且丰富的广告赠品为这场辩护提供了证据。一位广告顾问在"大规模尝试前"就在《工业速递》（Industriekurier）中恳切地提醒说："广告赠品应该被装扮得比它本身更炫丽。"[43] 精致的广告赠品被赠予给特殊的大客户——他们往往本身就是有钱人，而

56

---

① 坦塔罗斯是希腊神话中主神宙斯之子，起初很受众神宠爱，获得别人不易得到的极大荣誉：能参加奥林匹亚山众神的集会和宴会。由于坦塔罗斯变得骄傲自大，侮辱众神，而最终被打入地狱，永远受着能够看到目标、却达不到目标的痛苦折磨。坦塔罗斯的痛苦喻指可望而不可及的折磨。

不是公务人员，这些大客户要么是企业的"业务伙伴"，要么通常是另一家企业采购部的领导或总经理的秘书。送给男性大客户的往往是安在聚会派对啤酒桶上的黄铜配件，而给女性大客户的则是装饰手提包的银饰。这些赠品是为受赠者特别定制的，通过夸张的使用价值从而实现有针对性的"广而告之的提醒功能"。这样一来就实现了广告赠品的理想价值，也就是"在广告赠品中体现为之做广告的产品（或所提供的服务）的特征"，并且与其说广告赠品是间接的象征，不如说是直接的纠缠不休。

精致的广告赠品通过否认它的某种特殊目的来起到做广告的作用；它的理想形象就是成为一件超现实主义的艺术作品，而不是去做广告。广告赠品只是通过赠品获得者的赞同，来展现广告所宣传的商品或公司。为了实现广告赠品的使命，广告赠品在理想的状况下应该是格外小心谨慎的，而不会使赠品的获得者发出诗人一般的抱怨："当人们注意到其中的企图时，就被败了兴致。"对此，一位生产商要求在广告赠品中"完全禁止使用'广告赠品'这样的说法"。[44] 所以在高雅的、充满美国式灵感的隐晦说法中，广告赠品被称为"联络品"（Contacts）。"于是，后来"，引文中提到的这家企业也采用了时髦的伪装表达——"沟通工具"（Kommunikationsmittel）。[45] 广告赠品实现了将"实际情况"和"表象"引人注目地重合在一起的功能。广告赠品代表的并不是它应该代表的某些内容。但是，这种呈现方式却又不只是展现了表象，而是一种正被展现出来的存在。广告赠品是"通过展现它自身的用途"从而实现它的目标的。通过使用广告赠品，并且从中证明它是使用价值的体现，从而使其可以发挥作为别的产品使用价值承诺的功用，而这个别的产品才是赠送者所真正提供的标准商品。在资本家们或资本代理者们之间的这种关系中，会将使用价值承诺抛向目标购买者，不过不是以表象的方式，而是通过实际物品的代表物和所呈现的其他实际物品的方式来实现的。在广告那里被夸大了的纯粹的使用价值表象，正是这里所强调却完全不同的使用价值。广告赠品作为代表的存在形式是表象的物化形式；表象在这里恰恰以非表象的方式表现出来。对它的充足丰裕的展示是与对赠送者真正生产制造的标准产品的展示相伴相随的。

58

广告赠品与赠品广告是不同的概念。后者是直接面向购买人群的，而前者是针对富有的大宗客户。广告赠品凭借代表着使用价值的、可以起到招揽客户作用的丰裕的实物来吸引大宗客户；赠品广告则是将品牌商品的小试用装分送给潜在的零售购买者。赠品广告主要是要将品牌产品的装潢和包装分发出去；但是由于空包装很少会被人们心怀感谢地接受，因此赠品中要装有少量体现其使用价值的物品，从而起到物质上的吸引作用。有一家从事"贺礼服务"的公司将这种广告方式变成了一种业务，尤其针对刚刚结婚的顾客，于是该公司"将'广告'和'礼品'两者和谐地包装在一起，从而增强了……广告的作用"。在这里，我们可以看到，在结合了资本家的实用主义世界观和报刊文章作者的理论主义之后，某个商品的"用于销售促进的包装"这个概念是如何通过一些复杂的、非物质化的活动体现出来，这些活动承载了广告包装的作用。以下的描写讲述了如何以中产阶级的审美习惯，或是人们易于接受的方式设计诸如此类的过程。试用小包装并不只是随便送出去就了事了。"这家坐落于法兰克福的公司充分利用了这种充满感情

的'给你，你再传下去'的赠送方式所发挥的积极作用。这家
公司选出大约400名女性业务员，她们已婚而且能够和刚刚
毕业的年轻新娘聊到一起。她们被派出去拜访不久前刚刚宣布
结婚，或预告了婚事的新娘新郎……在与年轻的新娘聊天过程
中……业务员需要介绍贺礼套装中所包含的产品的特点。为了
让所有这些努力产生水到渠成的成效，必须按照严格的标准挑
选这些女性业务员。她们不仅必须长得漂亮，而且还应该有魅
力、聪明并且有亲和力。"[46] 这个活动主要是为了将包装转送
出去，因此"女性业务员"的外貌、态度和言谈举止就作为这
个活动鲜活的包装而发挥作用。"给你，你再传下去"所接力的
不是别的，正是这些女性业务员所发挥的包装作用，她们所表
现出来的独立判断、她们值得信赖的经验、她们有吸引力的个
性就组成了这个包装，她们也因此而被支付报酬。这些"女性
业务员"作为人的状态经由资本的计算成为了外化的表象，从
而使人们轻易就相信赠品广告。另一方面，对这些女性业务员
而言，这项工作意味着她们将自己的体力和精力出租给了资本，
因为她们拥有姣好的外观，可以精心装扮，她们展现给消费大
众的不仅是漂亮的，"而且同时也是有魅力、聪明和有亲和力的
外表"。

　　具有讽刺意味的是，这些试用品一方面引起了零售顾客对
商品的兴趣，另一方面赠品广告却也造成了资本家意想不到的
后果，这就是商店窃贼的兴趣。在1971年这一年里，联邦德国
的商场和自助商店被窃贼偷走的商品总价值在8亿马克到10亿
马克之间。[47] 另外，根据联邦刑事犯罪局（Bundeskriminalamt）
的统计数据，在1970年，至少有147315起商店失窃案件，比
1969年增加了26.7%，几乎是1963年的四倍。在卡尔施泰特

商城（Karstadt）①，被发现的失窃案件增加了50%。这家集团公司因此深受触动，在齐根（Siegen）召开的大会上提出了有关商店失窃的问题，并且为此聘用了来自科隆（Köln）的沃尔夫冈·德波尔（Wolfgang de Boor）教授提供咨询建议，这位学者主持着一家有关冲突研究的研究所。在关于商店失窃的讨论中，商品美学的功能性复合体被置于资本方的关注中心，在这里人们终于找到了事实的真相：原来商品被偷窃的原因与其被购买的原因如出一辙。联邦刑事犯罪局的副局长维纳·海恩（Werner Heinl）谈到了商品美学与商店失窃之间的联系，他指出："自选商店中的广告质量常常决定了那里失窃事件的数量。"[48] 德波尔把那些广告称为"充满诱惑力的物品，有煽动力的财富"，并且下结论说，这使得"无论是购买者还是小偷"都被同样的冲动所驱使。在由工商业咨询机构为零售商所出版的小册子《与商店失窃做斗争》（*Kampf dem Ladendiebstahl*）中，维克托·赛特林（Victor Scheitlin）将商店失窃案件增多的原因归咎于"新时代下商品的呈现方式——这些商品被装饰得如此诱人，从而会引起购买冲动"。自助商店就有这样的特点。不仅是因为"在超市中不再存在作案人与商品所有人之间的人际关系"，而且他们之间再也不会发生关系，这首先意味着：不存在推销时的对话；那些商品、装潢和陈列方式已经取代了销售谈话，它们自身已经以物化的形态发挥了所有的推销功能。"自助"在这种条件下就成了不通过付出等价物就将商品占为己有的局面。因此，原因是显而易见的：商品美学的功能复合体尽可能强有力地促成购买行为的发生，它的功能典范就是实现购

61

———————

① 卡尔施泰特商城是德国最大的百货商店。

62　买驱动，即便购买驱力不可能直接产生。在绝大多数情况下，人们不是因为广告中所出现的直接诉求"购买吧！"，而采取购买行动的。只有在直接导致"购买欲望"产生时，才会促成购买行为，而同时也可能会引发商店偷盗事件。在这里，商品美学必须和赠品广告一样，是将某一商品通过一个过程，转交给购买中的付费者。购买力的展现犹如一种权力欲的实现。当然，通常来说，这只是一种模棱两可的情况，或者只是销售促进中的一种附属现象。商品美学实现其功能只能通过唤起需求这个唯一的途径。美学层面上的使用价值承诺的核心功能是加剧对某一商品的需求，并且强烈地点燃对这一商品的渴望。商品美学的成功体现在一种需求上，即迫切地要获得"广告宣传"中的商品的需求。这种形式的获得不会使得需求被完全满足。它只是为世界提供了一幅图景，商品的目标对象在其中飞翔，狂热地追逐着商品。因此不仅只有销售数量可以被视作商品美学

63　成功的体现，偷盗率亦是一种体现。[49]


**7. 垄断的第二个效果：美学方面的革新——商品使用中的过时现象；扔掉旧东西，买进新东西；旧唱片很无聊；领带变得宽大；自 1967 年经济危机以来，男士成衣制造业的出路：仍然穿着灰色套装的人是胆小鬼；年轻人是理想的顾客，因此人人都必须被迫变得年轻**


随着生产效率的提高，现在摆在寡头垄断面前的是新形式的变现问题。如今私有资本组织起来的生产力量不能再将众多的竞争对手定义为自己的行动界限，而应该直接以生产关系的范畴作为对自己的定义，这种生产关系能够将社会需要有效地

转换为具有支付能力的需求。在一个诸如美国社会这样的社会里，如同巴兰和斯威齐所评论的那样，总体需求中有一大部分涉及"耐用消费品的更新换代之类的需求，只要这些东西用坏了就要换新的"。[50] 由于资本遭遇到其产品过于经久耐用之类的问题，为全社会老百姓减少体力劳动的生产活动却带来了驱逐资本主义的结果。不过，有一种技术，尤其是运用在耐用消费品——汽车、家用电器、灯泡、纺织品等领域中的一种技术，可以用来应对这样的局面。这种技术极大地改变了私人消费品领域的使用价值标准，其变化方向是缩短商品的寿命和负载能力。这种缩短使用时间的技术是在"人为废弃"这个概念下加以讨论的，翻译过来就是"产品早衰"。这些商品是带着一种时间引信来到这个世界——引信会在计算好的时间里引爆，从而从内部导致自我毁灭。[51] 另一种技术是减少商品的含量，却用同样的价格出售。变薄了的毛巾，以及其他采用诸如此类"技术"的商品，就是通过质量变化导致产品早衰和通过数量变化造成产品减少这两者的综合形式。特别适合于采用数量上减少策略的商品是食品，还有个人消费品中那些可进行数量比较的物品——它们被装在品牌包装中销售。在面条的价格和外包装的装饰保持不变的情况下，其中的含量却减少了，因而在务实的商品顾客那里就形成了一个新的词语，或是新概念："填装高度"。这个词语代表着在商品包装中通常会有一部分是空着被销售出去的。由于留白的空间，即填装高度会被人们注意到，并且显然这是会被消费者有意识地察觉到的，因此有些公司开始向第一眼看上去无法发现的"双层底"这个方向发展。汉高集团旗下的卡萨那公司（Khasana）的"21号面霜"（Creme 21）就是以这种方式与拜尔斯道夫公司（Beiersdorf）的"妮维雅

64

牌"（Nivea）展开竞争的。"21 号面霜"的包装瓶容积为 150 毫升，每瓶面霜以 2.9 马克出售，它看上去要比妮维雅牌同样是 150 毫升、售价为 2.6 马克的产品大一些。这种效果正是凭借从外观看不出来的瓶壁上厚度约为 6—13 毫米的瓶腔达成的。当然在资本主义的商品市场也同样体现着物理学的定理：作用力产生反作用力。拜尔斯道夫公司随即向市场投放了一种有双层底的妮维雅牌包装瓶，从而超越了汉高公司；这个瓶子看上去与汉高-卡萨那的 150 毫升包装瓶一样大小，但是里面却只装了 100 毫升的内容，而售价为 2.5 马克。[52]

　　使用价值在质量和数量上的缩减通常会通过美化外观来得以补偿。但是使用物本身仍然要维护着资本的利益。更加毫无顾忌的技巧不只是在产品真实的使用价值上做文章，从而缩短消费者的使用时间，提前引发新的需求；而且这些技术同时也要从根本上运用在商品的美学层面。定期地推出商品的新包装从而在消费领域缩短这个还正在使用的商品的使用期限，将使该商品在还是完好无缺时就被淘汰掉。因此这项技术可以被称作美学方面的革新。美学革新的发展和在商品世界尤其是在个人消费品领域的全面而系统化的运用，使得使用价值的重要性屈居于品牌之下，并且正因为如此，导致某些品牌的商品在竞争中胜出，从而居于垄断地位——即有意识地通过品牌实现美学上的垄断。不过，从历史上看，美学层面上的革新和其他与之类似的技术一样，并不是垄断资本主义的发明，在经济功能运行良好的时候——这是美学革新的基础——会定期出现美学层面上的革新。约瑟夫·库里舍（Josef Kulischer）在《经济通史》（*Allgemeine Wirtschaftgeschichte*）中引述了 18 世纪采用的一则规定，从中我们可以看到，美学革新在那个时候就已经作为一种技术而被有意识地加以利用了。在1755年颁布的针对萨克森（Sächsen）棉纺织业的规定中对所谓的"工厂"的健康发展进行了界定，在这里所说的"工厂"指的是中小企业，它的生产是以中转分包商的方式组织起来的（分散的小作坊作为资本主义经济制度下的中转分包商来完成商品的生产）；那么，工厂要健康发展就必须符合这样的要求："除了精细纺织之外，商品本身还要随着时间推移，不断推陈出新，按照更为优雅的品味来生产。"[53] 值得注意的是：这里谈论的不是购买者的利益，他们的福利出自使用价值层面，而是企业主的利益，也就是从交换价值角度来看的，如何再生需求。

美学革新并不是垄断资本主义的发明，还体现在它早就控制了消费品工业中所有起决定作用的领域，而且对于工业社会中的资本组织有着生死攸关的重大意义。但是以前它没有表现得如此有攻击性。大型商场橱窗中的广告条幅像政治口号一样表达了资本的愿望，同时它们也是对顾客的命令。例如"扔掉旧东西！买进新东西！"就是一条环绕着家具商城的标语。西门子（Siemens）和飞利浦（Philips）这两家电子产品业的巨头公司共同出资组建了德国留声机公司（Deutschen Grammophon-Gesellschaft），而宝丽多唱片公司（Polydor）联合德国留声机公司组成了"宝丽金"（Polygram）集团，它们向零售商分发的广告海报上写有这样的口号："旧唱片很无聊！"这张海报动用各种艺术手段创造的画面对公众发挥着使用指南的作用：海报上展现了"旧"唱片的废墟，这些旧唱片被用力弯折、烧坏、融化、弄碎。因而愿望之树冲破了汹涌澎湃的垄断市场的边界。

购买者从美学层面上的革新那里体会到的是尽管一无是处、却又迷惑诱人的遭遇。美学革新让商品改变了外观，也对商品本身进行了改变，使它成为感性-超自然的东西。因而出现了垄断资本主义环境下所特有的拜物教的特征，这反映在商品外观和商品外形上的变化。用来维护拜物教的表象在声明：这些事物是不断发生变化的。"领带变得更宽、更鲜艳了"，《世界》(Welt)杂志用殷勤的语气说道。[54] 不恰当地根据外形来做决定的现象也体现在报纸的经济版面，报纸的编辑拥有更多的信息，因此他们会让购买者和使用者知道哪些是合适的。领带与裙子、衬衫、裤子、鞋子、家具等商品一样，都体现出商品世界中包含着一个"能自然化的自然"(natura naturans)① 部分。由美学上的差异产生的商品的更新换代应该像天气变化一样是自然而然的。但是，在资本家的立场上，对这样自发的变化过程却有完全不同的看法，对于他们而言，他们的资本和订单中的"能自然化的自然"部分恰恰是给他们带来恐惧和风险的部分！他们必须不断地通过新产品来证明他们是有社会"必要性"的，他们提供的商品的使用价值一如既往地重要，只有这样他们才能够实现他们利益视角下的特定目标。对于投入在相关行业的资本而言，所有正在被使用的领带、在一个社会中所存在的每一条领带都是它们的限制和噩梦。于是，负责外观设计的裁缝们得到了设计新式领带形象的任务，以促使通过新的样式引发新的"必要性"。他们的动机就是通过美学革新实

---

① natura naturans 是拉丁词，字面意思是"能自然化的自然"，即能产生的或能动的自然。与它相对的词是 natura naturata，字面意思是"被自然产生的自然"，即被产生的或被动的自然。这两个词都来自经院哲学，前者指上帝，后者指被造的世界。斯宾诺莎在他的《伦理学》(Ethica in Ordine Geometrico Demonstrata)中引入了这两个词。根据他的观点，natura naturans 指实体和属性，因为它们是由自己来说明的。而 natura naturata 指样式，它们是从实体和属性中衍生而来的，必须由实体和属性来说明。

现显而易见的审美层面的过时，这样新的样式才会引起人们的兴趣。他们的特定目标就是让目前市面上所有物品都变得过时，宣告它们退出市场、被淘汰、被排斥。经济的不可预见性和利润导向迫使人们这么做。1966—1967 年间的经济不景气就导致了在男士上装领域攻击性的美学革新。"男士成衣制造业在这一年，"《明镜周刊》在 1967 年报道称，"将继续是整个服装行业中营业额下降最多的一个领域：本年度的营业额为 6 亿马克，比上年减少了 20%（全行业平均下降了 10%）。现在苦难降临到这个曾经是常胜将军的行业中了，从 1950 年以来，这个行业的销售量翻了三番，大型企业的营业额曾达到了 1 亿马克。"[55] 这个行业立即通过跳跃式地增加给予成衣业广告联盟有限公司（Werbegemeinschaft Fertigkleidung GmbH）的预算来做出反应。对于有效使用价值的调查得出了人们已经知道的一些信息："大部分男性市民一如既往地'不引人注意'，他们希望看上去'不受流行样式左右'、是'严肃稳重的'。"用数字表示并被加以强调的信息有："大约 60% 的服装是灰色的。"这个行业的广告联盟委托汉堡吉尔德广告公司（Hamburger Werbeagentur Gilde）展开美学革新广告攻势，准确地说就是让人们手上已有的、正在穿着的变得过时，特别是让那些虽然仍然合身但主要是灰色调的衣物显得不合时宜。吉尔德广告公司为此设计了能够调动出人们潜在恐惧的口号，从而动摇人们到目前为止所接受的有关体面、井井有条、精心打理的外貌标准。这句口号宣告："仍然穿着灰色套装的人是胆小鬼！""旧风衣让人显得肥胖！""陈旧的西装让男人看起来憔悴！""总是穿同一件外套，就像被再次加热的食品——很乏味！""旧"在这里确切地说就是不时髦的，而灰色是与胆怯、肥胖、憔悴和乏味一个意思。[56] 在这里，商

68

品更新换代中的美学变化与人联系在一起，通过商品可以改变人们的外观。在经济危机的压力下，利润机制产生了一种流行趋势，从而彻底改变了男性的外观形象。这个过程继续为成千上万的男性带来了完全不同的新视角。"只有大约2%的男性，大部分是年轻的小伙子"知道1967年当季的时髦服装，并且会购买，他们首先是在精品店看到的，或者更多情况下是从国外知道这些服装的。于是，这个关于男性服装美学革新的广告攻势就在诸如此类的"理想顾客"中展开了。广告攻势通过传播西装套装、衬衫和风衣，同时也宣传了那些理想顾客的年轻特质。年轻亚文化提供了美学资源，从而使成衣业能够借助于商品更新克服经济危机。这个广告攻势同时所宣传的还包括，年轻属于新的标准形象。整整一代男人因为他们的年龄这样的自然属性随着被淘汰的上一代商品也成为过时的了。对于年轻的崇拜和必须具备年轻特质是要进行美学更新的原因，这实际体现了生产关系变为生产力的束缚，同时也展现了如何回避这种束缚的技巧。诸如此类的回避技巧带来了社会的非理性主义，即便是在日常使用非常琐碎的物品时都有体现。在纺织、汽车、食品[57]、家用电器、图书、药品和化妆品等行业中，定期进行的美学革新都会反复地改变着使用价值，使得使用者头晕目眩。在这样的背景下，人们无法从使用价值立场出发。而这样的趋势在资本主义中不可回避。这是资本主义目前所提供的最不恶劣的情况。只要不是因为战争的原因导致对于军事产品的需求飞跃般地扩大，生产力就不再会触碰到生产关系那日渐狭小的边界，那么在寡头垄断所组成的资本主义社会中，美学革新就被牢牢地固定下来。美学革新向全世界抛出可以使用的东西，人们的需求在这些可以购买的物品中得以清楚地表达，这中间也包含着永不停歇的美学上的变化。美学革新承担着需求再生的功能，它简直成了行使人类学力量和影响的机构，也就是说，美学革新不断地改变着人类这一物种的感官组织：不仅是在具体的设施和物质生活方式方面，也在感觉、需求满足和需求结构上。

71

第二部分


## 1. 对感官的技术控制：基本状况

通过范例式的分析，我们现在至少可以大致研究：商品美学是用什么样的途径和什么样的形式改变人们的感知的；同时，人类的感知又是如何反作用于商品美学的；商品散发着满足某些需求的光芒，需求结构和欲望结构是如何在这些商品持续变化的压力下发生变化的。不过，在这里首先要对人类主宰自然的一个特殊的分支提出问题，也就是关于商品美学表象的控制、专断以及无边无际的再生产能力展开讨论。本节采用了"对感官的技术控制"这种措辞，但是这个概念包含着更多的含义。这种用法意味着通过技术手段产生的外表形成了诱人的迷惑力，从而对人们加以控制。这样的操控力并不直接表现出来，而是在美学造型的迷惑力中得以体现。迷惑力不是别的，就是这些美学造型牢牢抓住了人们的感官。通过控制感官世界，使得个人的感知直接被魅力所控制。在柏拉图（Platon）著名的洞穴之喻中就将这种迷惑力关系中各个要素集中在一起，尽管组织者是谁，还有组织者从控制关系中得到什么"利益"（*cui bono*）都统统仍处在抽象思考的黑洞中。面对柏拉图所描绘的场景，人们并没有真正重视其高超的艺术性，还有其中所指出的技术方面的花费。"这个比喻是说人们住在洞穴式的地下室里，只有微弱的光线从通道照到洞穴里。生活在里面的人从小就在脖子上和脚踝上戴着镣铐，因此他们只能在一个地方待着不动，也不能转头，只能朝前看着洞穴的墙壁。在他们背后的上方，远远燃烧着一个火堆，在火堆和这些囚徒的中间有一条隆起的道路，还有一堵低墙，这是建立在魔术表演者和观众之间的屏障，表演魔术的人把手高举过墙展示他们手中拿着的各色各样的道具。这些戴着枷锁的囚徒只能看见投射在他们面前的墙壁上的影像：不同的石头和木头的形象，以及各种各样的表演；表演者如同在生活中一般，时而说话，时而默不作声。"[1]这样设计的目的在于，在囚徒背后所进行的魔术表演的影像会投射到像屏幕一样的洞穴的墙壁上，而这些看到投射影像的人们却会把影像当作真实的东西。在这个设计中，幕后人员向前方所表现的各种形象会通过从背景投射出来的各种人造光线，以剪影的样子映照在洞穴的墙壁上。囚徒身上的枷锁只是附属物，但是却令人神往，即便没有其他的束缚，人们也会坚定不移地将目光投向"屏幕"。如果为这些囚徒松开枷锁，使得他们有力量对抗那些曾操控他们的人们，并且得以转移目光，看穿那些设计，那这便是通往自由和真实的第一步。

　　对感官的技术控制不仅用在获得他人的劳动成果上，通常也用在社会和政治控制中，这并不是资本主义社会的发明，至少在圣像崇拜时代就已经表现出对感官的技术控制了。所展现的幻象都脱离不了当时的历史文化背景。这些不过是令人想起中世纪晚期那些已经终结了的阴森可怕的神秘主义美学而

73 已——它呈现在那个时代供奉圣像的神圣的天主教教堂里，既是财富的表现，也是获取财富的手段。由朝拜圣地而产生了部分的剩余产品，也就是产品过剩，表现为各种各样的祭祀款项、供奉和善捐等形式。因此，教堂会营造一种兢兢业业的形象，以获得这些财富。或者在这里还可以想到天主教的反宗教改革，这是教会中受到威胁的旧势力运用歌剧、建筑和绘画方面的所有手段所进行的文化斗争，从而对抗新兴的资本主义社会借助资本主义精神对宗教所进行的改革。中世纪的表象产品与资本主义的表象产品，它们之间的一个基本区别在于，在资本主义的表象产品中变现功能被放在首位，美学技术的使用、功能的变换和再塑造都围绕变现这个中心来进行。因此所产生的结果不仅局限在某些神圣的或体现权力的场所中，而且还创建了一个完整的感官世界，这其中没有哪个因素是不经过变现过程的，并且所有因素都体现了资本主义世界中变现的价值。

## 2. 在资本主义世界中，纯粹的表象拥有更高的地位

产品本身与纯粹的表象的重要地位是在资本主义社会中一直存在的矛盾，这对矛盾体现在各个层面中，我们的研究着手于这个矛盾在交换关系中的发展。资本主义建立在系统的、近似公平的交换这样的基础之上：所有人类的目标和目的——在这里人被作为赤裸裸的肉体来看待——在这个交换系统中都被当作借口和手段。这不是一个理论层面的想法，而是在实际的经济生活中就是这样运行的。资本变现的立场也是其目标，从资本变现的角度看来，所有的生存努力、欲望、驱动力、期望，74 都只是可加利用的手段而已；那些可以控制住人们的驱动力正

是各行各业的社会科学研究者所努力钻研的，并且试图发现它
们的作用；在资本主义社会占主导地位的变现立场与人们想要
的以及人们愿望的截然对立，尽管它的重要性已被人们意识
到——它是人们的生活必需。因此可以抽象地说，人们通过资
本所要表现的就是某些外表性的东西。这就是为什么资本主义
需要一个表象闪耀的世界。换言之，在资本主义社会中，只要
人们一直生活在这样的社会当中，他们所设定的最终目标不过
就是对表象的追求而已，因为在这样的社会中，表象具有较高
的地位。在这个矛盾关系中，资本的变现立场使得它的绝对要
求表现为人们被感官驱动的本质。只要在资本控制中，就会从
感官驱动的本质中出现阻力，从而否定感官驱动的独立性。如
果资本控制通过感官驱动的要素来进行，那么就会长久地出现
外在决定性和对外部的依赖性。那些负责让资本主义社会运转
起来的公务员、资本家或者产业工人，除了其他方面所存在的
差异之外，他们与生俱来的共同命运就是感官的即时性必须被
打破。也就是说，并不是野蛮的力量促使人们为他人干活，这
种情况只有在自然力量对抗自然力量的情况下才能出现。在这
里是将表象所控制的感官感受来作为相应的报酬。因此不仅在
资本主义社会中，人类的宏大目标变得现实，并且由于虚幻的
景象在媒体中被接连不断地呈现出来，个体的行动目标也可以
在媒介世界中得到实现。

## 3. 美学抽象和它的哲学前奏

　　在这里进一步研究在资本主义社会中发挥作用的表象的
构造、影响力和产生影响的原因。使用价值的抽象化、由此产

生的交换价值得以建立的前提条件以及交换立场，为相应的抽象化开辟了道路，使得不仅可以从理论层面对它加以解释，而且更重要的是，令其变得可供利用了。功能的空白地带，也就是系统需求，其实是一种能力，即能立即构建这种空缺的能力。这种抽象在自然科学中是非常基础的：对使用价值进行抽象就得出质量，例如将某个物体在空间延伸所形成的体积单独剥离出来，使之成为单纯的"广延之物、无生命之物"（res extensae），于是这个原本在空间中延展的物体，就被精简至可资比较的数量关系。笛卡尔（Descartes）① 作为抽象思维的理论先驱，指出美学抽象有着自身的逻辑，它被作为一种技术应用在感官-真实世界的发展中。笛卡尔做出了这样的假设：存在着一个操控一切的全能的上帝，就像那些重要的电视节目对轻信者发挥着作用那样，这位上帝伪装出一个完全感性的世界。我们应该想象一下，所有的造型、颜色、声音和"一切外观"都是事先安排好的。笛卡尔写道，"我要把自己看作一个没有手、没有脚，既没血没肉又没有感官的人"[2]，而只剩下一个人类以绝对无法超越的技术所创造的歪曲的意识。笛卡尔还列举了一些毫无诗情画意的例子来说明这个问题。第一个例子是：一根蜡烛——从形状到颜色上都是一根蜡烛原本的样子——被放在暖气旁，于是它开始融化，改变了形状和颜色，它的新的塑型破茧而出——它可以被塑造成所有可能的感知形象，并且被重

76

---

① 勒内·笛卡尔（René Descartes, 1596—1650），法国哲学家、科学家和数学家。他对现代数学的发展做出了重要贡献，因将几何坐标体系公式化而被视作解析几何之父。他还是西方近现代哲学思想的奠基人，是近代唯理论的开拓者，提出了"普遍怀疑"的主张，也推出了著名的哲学命题——"我思故我在"（Cogito ergo sum）。主要著作有《哲学原理》（Les Principes de la Philosophie）、《几何学》（La Géométrie）、《第一哲学沉思集》（Les Meditations metaphysiques）等。

新装扮。

第二个例子：我们从窗户里往外看去，看到有个人走在外面的大街上，而这个人有可能是装扮成人的模样的机器人。[3] 所有这些例子和假设都可以深入发展为学说，从而成为科学，而这其中有一点是可以确定的，即这主要是一个意识过程；所有意识的内容都可能是欺骗性的。因此人类仅仅可以被抽象为一个可能发生伪装的意识过程。那么有形的物体是什么呢？有形的物体可以被抽象为"广延的、灵活的、可变的"，即 *extensum quid*，*flexible*，*mutabile*。[4] 在这里并不是对早期资产阶级理论的自发论证，早期资产阶级有意要从（主要是在进入资本主义社会之前）欺骗中解放出来，并且最终将他们所掌握的控制权放在自己这边，将欺骗留在剩下的另一边。所以，每一个美学抽象的过程都可以看作经济发展和技术发展之间的妥协关系。

77

## 4. 商品的美学抽象：外表、包装、广告形象

购买者和出售者之间的矛盾，使用价值立场和交换价值立场、变现立场之间的矛盾，会主导正在进行的货币与商品间的交换；可使用的物品被当作价值的承担者而生产制造出来，并且在价值交换的轨道中运动，这会导致一对相互矛盾的力量出现。在拉力测试中，变现立场所对应的目标是生产制造商品的控制条件，剥去商品的外表和意义层面，就会形成有一定功能的特殊的中间形态。这个中间形态是社会关系的表现，也是社会关系功能的承担者，即这种中间形态处于购买者和出售者——或是消费和资本——的特征面具的关系之中。这对相互矛盾的关系形成了相应的功能，经济功能反过来又造就了技术

和相应的现象。这个过程可以具体地表现为，如果一切都向功能主义这个方向发展，就会产生不成比例的经济后果，如果这种经济后果被故意地不断蔓延，而发展又跟不上，就会导致经济的萎缩。变现功能发挥着对商品进行美学抽象的作用，这种功能通过将美学层面的使用价值承诺放置在中心位置，从而唤起购买行为。

在对商品进行美学抽象的过程中，物品的感性和意义层面从物品实体上被分解出来，这两者是作为交换价值的承担者发挥作用的，现在可以单独发挥作用了。[5]首先是在商品的生产过程中，与功能相关的造型和外表与商品本身一起被创造出来，它们如同商品的皮肤与身体的关系。因此这些外形也产生了功能性的区分，并且商品的这些外观会再次出现在包装上，而包装不仅是用来保护物品在运输过程中不会受到损害，而且也是作为商品的脸面——它代替了商品的物体本身——被主要用来吸引潜在购买者的目光，它如同精灵国王的女儿穿着羽衣云衫，不断被编织着，不断改变着造型，以便向着市场和变化多端的形式迎面飞去。[6]为了使得业务进展更顺利，北美的银行率先将其支票表格涂上了与其业务来往密切的欧洲的流行色。

之后，商品的外表从商品中被剥离出来，形成了第二个外表，比起第一个外表，第二外表通常完美得无与伦比；它完完全全引起了与商品的物质实体的分离，如同五彩缤纷的精灵飞向全世界，飘进每个家庭，并且切实引起商品的流通。在这些炫目包装抛出的媚眼下，没有人能够自我把持。有魅力的以及借助法力无边的技术而实现的完美外形[7]使得商品具有高度承诺的使用价值，并且这些商品被抛向顾客，使得顾客纷纷打开钱包购买这个被乔装打扮的使用价值的等价物，从而实现了资本方通过销售商品而变现的初衷。

## 5. 人们狂热追求被过度装饰的表象，由此产生了镜像反映，并且人们纷纷沉醉于其中

外观比其表象下的内容承诺了更多、更广泛的东西。也就是说，实际上人们沉醉于其中的是表象。《一千零一夜》的故事中所描述的美丽幻象——这些难以用语言表达的幻象让人们"沉浸"于其中——是与商业资本联系在一起的。这就是有关黄铜城的故事。[8] 黄铜城被由黑砖所砌成的高墙所环绕，城门精美地镶嵌在高墙中，通常人们无法将它从城墙中区分出来；这座城池由于它的屋顶用的是铸铜材，因此得名黄铜城；它坐落在沙漠中央，如同一个奢侈品销售商塞满资金的保险箱。由于找不到城门，因此哈里发（Kalif）① 为他们的特使做了一部梯子。攀爬梯子的人沿着梯子往上爬，"一直爬到最高处，然后他站直了，眼睛直直地盯着这座城池，双手鼓起掌来，并且大声喊道：'太美妙了！'但这样一来他就跌落到了黄金城里，表皮和骨头都摔破了。对此圣人领袖埃米尔·穆萨（Emir Mûsa）说：'聪明的人都这样做了，如果是一个傻瓜又会怎么样呢？'"不断有人从梯子上爬上来，重复着刚才的那一幕，直到远征部队损失了 12 个人。最后爬上梯子的是阿比德·艾斯萨满德（Abd es-Samad）酋长，他是唯一一个知道怎样去黄铜城，又怎样返回家乡的人，"这是一个有智慧的人，而且走过很多地方；……是一位年纪很大的老人，随着岁月和时间的流逝，他已经相当衰老

80

———————————

① 哈里发是伊斯兰国家政教合一的领袖的称号。

了"。然而，他也陷入这个魔法之中，因此整个部队全军覆没。这个人"一直念叨着伟大真主的名字，请他保佑自己安全到达城墙上面"，最后他终于奋力爬到了梯子的顶端。"在那里，他一边拍着双手鼓掌，一边用眼睛直盯着城池里面。这个时候城市里所有居民都向他高喊：'哦，阿比德·艾斯萨满德酋长，不要这样做！您别摔下来！'……而他却开始大笑起来，而且越笑声音越大。"之后，他告诉大家，他仿佛看到了令人炫目的人造幻象："当我站在城墙上时，我看到了10个年轻的女人，她们看上去像月亮一样美，并且向我招手，我应该走向她们，而且在我看来，我的脚下仿佛是一潭深水。"他那虔诚的信仰和岁月的积淀在性感的幻象前被瓦解，在这个所有女性出门都要用面纱掩面的文化中，这些年轻的女性便格外有吸引力。"当然，"总结一下，"这只是个骗人的把戏，是黄铜城里的人虚构出来的，就是为了让那些想到这里看一看或者想进入这个城池的人远离这里。"

81　　在这里所说的人们跌落进去的幻象是从交换价值拥有者的角度出发设计出来的。促使人们沉浸其中的是欲望的驱动力。那些跌落下去的人指向站在使用价值立场上、容易轻信的人们。黄铜城的故事也可以是使用价值和交换价值另一种方式的对立，这次是那些站在交换价值立场上一方的覆灭。这个城市的市民只是已经干瘪了的尸体，其中的原因是：黄铜城的拥有者和居民尽管占有着无可估量的交换价值，但是经营日常生活所必需的使用价值在这里却是非常匮乏的。七年里，这里没下过一滴雨，植物都干枯而死，人们也纷纷地被渴死和饿死。

　　人们所跌落进去的幻象如同一面镜子，那里以欲望为中心，并且将幻象当作客观存在。这一切就如同生活在垄断资本主义的商品世界里，那是一个迎合广告性和娱乐性幻象的世界，当一切都被操控时，即便发生了一些本应引人注意的事情，也不会引起什么关注。这里充斥着大量的图像，这些层层叠叠望不到尽头的图像如同镜子一样发挥着调动情绪的作用，它们将人们内心深处隐藏的情感提取出来，并且令其越来越浓烈。在这些图像中，将会不断地提起那些人们一直不满意的某些方面。而后幻象会告诉人们它们将是令人满意的，因为它们能从人们的眼睛里猜到或读出人们的愿望，然后将聚光灯照射在商品的外观上和更加虚幻的表演中。商品从幻象中而来，凭借幻象，人们找到了意义，他们将幻象视作对他们自己和世界的解释。从商品中而来的其他部分很快就没了用处。理想的图景首先会对人们进行探查，而后根据所有艺术规则对图像进行加工处理，那么每个总是面对这类令人满意的商品图景的人都会采取什么态度，或者说是如何变得卑躬屈膝的呢？那些总是能不断得到他所想要的东西的人——尽管主要是以一种幻象的形式得到——会有什么变化？商品美学的理想是带来表象，这些表象不会带来人们所谈论的、所追求的、所念念不忘的、所想要的和一直希望的东西。消费者在被服务的过程中毫无反抗，因为这种伺候迎合了消费者对最刺激、最引起轰动的事物的追求，也迎合了消费者对最简洁、最舒适的事物的追求。因此对待贪婪要像对待懒惰一样殷勤。[9]

82

## 6. 被腐蚀的使用价值及它对需求结构的反作用

商品美学是按照人类特性而设计的，因此逐渐出现了迎合人们驱动力的趋势，这里所说的驱动力就是人们对满意、乐趣

83 和快乐的渴望。驱动力引起了紧张，并且推动人们进行调试。有些文化批评者认为这样的过程简直就是人类全面的腐败。格伦（Gehlen）[1]指出，正是"对于过于舒适的生活条件的适应"导致了退化。在商品对人们的阿谀奉承中充满了各种各样的诡计：商品为人们提供服务的同时也是通过这样的方式对人们加以控制。因此，最后被资本主义伺候的人们在无意识之间变成了自己的仆人。他们不仅被宠爱、被提供消遣、被供应饭食，而且被收买。

布莱希特的《巴登的教育剧》（*Badener Lehrstück vom Einverständnis*）展开了关于人类是否对自己有帮助的研究。剧中出现第三个小丑的桥段引入了这样的问题：当资本主义制度为人们提供帮助的时候，会出现什么样的情况。被伺候在这里意味着被截肢。也就是说，坐下了的人也许再也站不起来了。帮助意味着导致了依赖性（并且被无情地利用）。这就是后期资本主义商品生产的原动力。首先是让满足生活基本需要的活动变得容易；而这之后，当使这些必需活动变得容易的商品不存在时，相应的活动就变得更加困难了，如果不购买那些能够提供帮助的商品，这些必需活动就无法进行下去。最后什么是必需的和什么不是必需的活动之间便没有了区分，对于两者人们都无法放弃。所以在对"伪造的需求"的讨论中，就发生了立场的转移。

在这种情况下，驱动力和需求仍然是先进的吗？从"物质

---

[1] 阿诺德·格伦（Arnold Gehlen, 1904—1976），德国生物学家、社会心理学家、哲学家、人类学家。主要著作有《人类：他们的特性和在世界上位置》（*Man: His Nature and Place in the World*）、《技术时代的人类心灵》（*Man in the Age of Technology*）和《原始人和晚期文化》（*Urmensch und Spätkultur*）等。

利益"中还能提取什么重要的东西吗？

所谓时而被压制的满意感，在这里表现为被腐蚀的使用价值。这一点首先主要出现在将表象看作商品本身这个领域中。被腐蚀了的使用价值会反过来对消费者的需求结构产生影响，消费者也会转向腐败了的使用价值立场。因此资本主义盈利驱动的原动力所带来的副作用导致了人类学范畴内翻天覆地的变化。人们通过不断地被驯化，从而沉溺于享受之中，在这个过程中，他们被出卖，臣服于占主导地位的力量，并且与这种优势力量保持一致。即便在他们所得到的真实的使用价值之中，往往也隐藏着极大的破坏力量。例如，在人们纷纷放弃了公共交通工具，转而使用私人小汽车之后，私人汽车对城市的破坏作用不亚于一场轰炸，并且造成了人们之间的相互远离，这使得人们如果没有小汽车就无法跨越这样的距离。

但是，在这里我们不能就此将这个过程草率地归类到有计划地腐蚀大众的阴谋活动这一范畴中。商品美学的理想模式是，将所提供的使用价值进行全面的最小化，与之相连的是通过对它的包装和为它所展开的广告，而将表象的魅力最大化，并且最终通过对人们的愿望和渴望的呼应从而使商品尽可能显得咄咄逼人。与商品美学的理想相反，从商品中消失的并非商品真实的使用价值——从这点来看，对于人们使用商品时所发挥的不同作用需要分开来研究；而且，与此同时，在这样的商品美学中也蕴含着矛盾。资本的代理者无法通过商品美学实现他们的希望；只能在他们所创造的条件下或所构造的表象下，去做消费者所希望的事情。在商品美学的阿谀奉承中，主人和奴仆之间的辩证关系造成了一种两败俱伤的结果。尽管资本在商品美学发挥重要作用的领域中，控制着人们的认知，进而控制着

84

人们的行为，最终在交换所提供的充满同感的服务中控制着交换价值；但是这种表面上发挥作用的力量实际上是要臣服于真正起控制作用的、真正被服务着的仆人的。由于通过幻象而提供的腐败的服务所赢得的控制地位消除了它自身的原动力，这便引发了新的研究，即对性感的表象作为商品本身的作用以及通过将其他商品性感化而引发的用途的研究。

85

## 7. 以性感的表象为例研究商品美学的双重意义

性感而充满魅力的表象发挥着作用，从中我们可以看到商品美学的双重意义。首先，如同在研究最初所发现的，商品美学是解决资本所涉及的变现问题，或通过销售获取货币问题的途径。其次，商品美学也是用来解决使用价值和交换价值之间矛盾的虚幻答案。

将性作为商品在历史上也有着完全不同却又相互联系的发展阶段。娼妓与简单的商品生产或服务提供都属于同一个层次；介绍妓女的皮条客处于资本主义中间经销商这个层面上；妓院则是在制造工厂这样的层面上，所有这些形式都是将性作为商品，这其中使用价值通过直接的、充满情欲和肉体感觉的接触得以实现。性感的感性世界只有在美学抽象——如果人们不将其作为道具的话——的形式下才能够实现工业资本式的变现。单纯的外观，或是单纯的声音，或是将两者的结合，都能被录制，并被大规模复制，而其复制的版本数量并没有技术上的上限，在实践操作中，其上限则来自于市场规模的限制。当性压抑或性欲望不能被满足时，纯粹的性表象的使用价值体现在对观赏欲望的满足。通过某种使用价值——其特殊的本质是表

象——所实现的满足感，可以被称作"虚假满足"。这种通过性
感的表象所获得的虚假满足感其特征是，在对性感表象的需求
得到满足的同时，这种虚假满足感又再生了对性感表象的新需
求，并且这种需求被迫局限于虚假满足之中。虚假满足所导致
的负罪感和焦虑感会使得接近性欲望客体的道路变得困难，于
是表象就成了性商品的替代，起着刺激的作用，并且在对充满
情欲和肉体感觉的接触变得困难时，也发挥着一定的满足功用。
通过这种虚幻却没有阻力的满足，所导致的结果就是那些直接
的欲望被完全截断了。这种能够实现大规模变现的使用价值的
形式，在这里也会对需求结构产生反作用力。因此普通的窥阴
癖增强了，成为司空见惯的行为，而且人们把它在自己的驱动
力结构中固定下来。

　　与对驱动力的虚假满足同时，也产生了对驱动力的抑
制，这种抑制力导致在大脑中产生了个普遍性欲化的感性世
界，这被马克思·舍勒（Max Scheler）[①] 称为人类的**精神状态**
（*Gehirnsinnlichkeit*）。商品通过映射性感图像的各个侧面从而发
挥作用。在这里商品的形式所呈现的并不是性活动的客体，而
是由日用品整体形态与商品形态以某种方式逐渐融合在一起呈
现出的性形式，从而使性欲需求和满足这种需求的产品合二为
一。某种程度上，仿照弗洛伊德（Freud）[②] 对焦虑不安情绪的
分析[10]，性与货币类似，也就是说它可以自由地兑换任何物品。

———————————

① 马克思·舍勒（1874—1928），德国哲学家和社会学家，也是哲学人类学的主要
代表。主要著作有《同情的本质与形式》《自身认识的偶像》《论现象学与同情感理
论以及论爱与恨》《德意志仇恨的源起》《知识的形式与社会》等。
② 西格蒙德·弗洛伊德（Sigmund Freud，1856—1939），奥地利精神病医生及精神
分析学家，精神分析学派的创始人。主要著作有《梦的解析》《精神分析引论》《图
腾与禁忌》等。

因此，通过性欲而发挥作用的使用价值，其交换价值也与性欲融为一体。在性欲望的层面开发出来了许多日用品，幕后的性欲快乐往往成为商品的外衣或者是展现商品的闪闪发亮的背景。随处可见的商品性感化的过程也将人纳入其中。这个过程为人们提供了表达到目前为止一直被压抑的性兴奋的工具。这尤其抓住了正在成长的年轻人，让他们通过新的产品来满足自己的需求。在新颖时尚的服装的帮助下，年轻人可以表现出性感的样子。在其中值得注意的是对历史起点的回归。如同商品曾经从人那里借来魅力展现自己一样，现在是将服装所表现的性感刺激返回给人们。并且纺织业的资本也因此从中获取利润。但是变化中的力量并不一定能够捕捉到在不断摸索中发展出来的对性欲的释放。[11] 只要商品美学继续发挥着经济功能，也就是说只要商品美学继续带来利润收益，那么它的趋势就一直包含着双重意义：一方面商品美学通过不断辨析人们的愿望，将他们探查清楚，最终服务于人们；但是另一方面，商品美学只是用表象来满足人们，于是与其说它让人们感到饱满，不如说为人们带来了饥饿。作为充满矛盾的错误解决办法，商品美学又再生了其他形式的矛盾，而且这些矛盾可能会走得更远。

# 第三部分

## 1. 销售对话——买方和卖方的角色面具

在美学的使用价值承诺成为包装以及最终变成广告图像之前，它们在销售者的口中和行为里已经与商品分离了。在工业资本主义批量生产的商品和与大批量销售的要求相匹配的售卖系统出现之前，大多是通过人工引导来发挥后来由物品所起到的商品美学的功能，顾客与戴着角色面具的出售方相遇。"孟德斯鸠（Montesquieu）在去拜访司法官（palais de justice）的时候，'必须经过由无数年轻的女售货员所组成的人群，她们尽力用诌媚的声音吸引他'。"[1] 曼德维尔（Mandeville）在他的著作《蜜蜂的寓言：私人的恶行、公众的利益》（*Fabel von den Bienen Oder: Private Laster—öffentliche Wohltaten*）中再现了 18 世纪初"一位时髦品销售商和一位想买他东西的年轻女士"之间了不起的"讨价还价的"艺术，在书中，曼德维尔探究了"这里提到的人们内在的和彼此完全不同的行为动机"：[2]

从销售商的立场而言，"最重要的是尽可能多地出售商品，并且能够以某个价格出售，从而保证他能实现他所在的那个商

业领域的平均收益水平。而从这位女士的角度来看，她也希望
最好能够像她想象的那样拥有每一件时髦商品，并且每尺绸缎
能够比通常的售价便宜四到五格罗森（Groschen）①。在销售商
先生对这位女士不断献殷勤的过程中，只要她不是一名残疾人，
她会从这些奉承中得到这样的印象——自己是一个举止优雅、
讨人喜爱的人，而且非常有吸引力；她也长得清秀，如果她不
是一个大美人的话，至少她的外貌应该在她的熟人圈子里比其
他年轻女性更加令人赏心悦目。她之所以能够要求商家以比给
别人更便宜的价钱将东西卖给她，仅仅是因为她具有上述的良
好特征，因此她要努力将自己有优势的一面展示出来，让自己
尽可能显得聪明、善解人意。如果在这种情况下，她美好的想
法没有实现，那么她一方面没有理由像暴君那样发脾气，另一
方面她可以更自如地表现出友好和顺从，仿佛她还有其他的机
会。在她的车完全停下来之前，有一个外貌非常英俊、如同优
雅绅士一般的男人走了过来，以最忠诚的方式向她打招呼，这
位男士穿着整洁，而且非常时髦。当他发现这位女士看上去有
打算走进他的商店，他立即恭维她，并且不动声色地从女士身
边迅速地走到柜台后面，周到礼貌地站在那里。现在他非常周
到地为她服务，用时髦的方式赞赏她，并且接受她的吩咐。这
位女士可以完全按照自己的意愿不停地说这说那，或来回挑
剔，而不会遭到直接的反驳，因为对于这位男士来说，足够的
耐心是他的职业秘诀。她希望他做的还包括不断说出最殷勤的
话语，一直摆出最友好的面孔，在友善的忠诚中展现愉快的情
绪，并且两个人都应该兴高采烈；这当中虽然有做作的成分，

① 格罗森是奥地利货币的最小单位，相当于 1/100 先令。

但无论如何这样的局面是受人欢迎的，仿佛这就是最原始的本性。当两个人心照不宣地达成了共识，他们的交谈一定非常愉快，一切都是那么彬彬有礼，尽管这只是就一些琐碎的东西进行交易。只要她还没有决定应该选择哪件商品，他都会给她提供建议，并且小心翼翼地赞同她的选择；一旦她最终做出了选择，他立即表现出最有决断性的态度。他保证她所选的正是这些商品中最好的，他夸赞她的品味，并且表示他越看这个商品，越感到惊讶，为什么自己之前没有发现它，只是将它和其他商品混在一起。凭借学习、举一反三和极大的热情，他学会了不动声色地直接看穿顾客深深隐藏的内心，评判他的顾客的智力水平，并且发现他的顾客自己都不曾知晓的弱点。在这个过程中，他学会了很多其他的窍门，使得他能让顾客高估自己的判断，同时也会高估他们所想买的那个物品。他与她相比最大的优势在于，在整个交易过程中的重要部分——讨论价格时，他对价格的掌握精确到分，而她对此完全不知情。在整个交易过程中，价格是最让他深信不疑的地方，他的这位顾客对此完全不明所以，而且他可以完全自由地根据自己合适的情况，对他的这位顾客撒谎，编造商品本身的成本和他采购这件商品所支付的其他费用，即便他自己都觉得离谱。他不断地挑起她的虚荣心，从而使她相信根本不可能的事，比如他比起她来要差很多，而她是多么高高在上。他会说，他原本决定这件商品绝不低于某个价格出售，但是她相信，只有她能改变他的这个决定，而其他的顾客根本不可能做到这一点。他向她保证，他受到了损失，但是看到她是这么喜欢这个商品，却又不愿多付一些钱，他还是打算向她让步，只是请她下一次不要再对自己这么残酷了。这位觉得自己是那么聪明、那么巧舌如簧的女士，现在完

90

91

全相信自己的谈吐真的非常讨人喜欢；于是她出于礼貌，谦虚得体地否认了自己的天资聪颖，并且用一两句幽默的评论回应销售商的恭维。最终这位销售商让他的顾客自觉自愿地相信几乎所有他对她说过的话。这个故事的结局是，女顾客非常满意地在每一尺绸子上节省了八个格罗森，但其实她支付了与其他任何一个顾客完全一样的价钱，而且她往往可能会多给半个先令，好像正如销售商所说的那样，这些商品只是平价出售了。"

销售者的角色面具展示的是在时尚装扮外表下的谄媚顺从和彬彬有礼。而购买者的软肋在于她的无知和对自身优越性的盲目相信。相应地，这位女性顾客对想象出来的优越性的自豪感，并且被销售者引人注目的行为所打动，也都属于此列。出售者通过展现自己令人印象深刻之处从而在对方那里形成好感。他所用的技巧不过是对顾客的不断迎合，而且这种回声变得越来越响亮。出售者一直表现得非常谦卑，并且从他的角度来看，这种做法发挥着刺激顾客的功能，能够将被强化的镜像抛回给顾客。在这里出现的两个角色面具——无论是时尚商品出售者还是他的顾客的，都通过远离生产领域而得以展现。两者都不是生产者。他只是一个经销商而已，是被强化的销售功能的人格化；而她只是打算购买奢侈品的顾客。在这两个非生产者之间的关系中，通过远离生产领域和固定的角色分工，两者位置的不对称性被进一步加强了。而如果是在两个生产者之间，他们所展开的买卖对话应该更为平等。在角色面具不是通过某种分工的形式确定下来的地方，有一些人终其一生都会一直戴着某些仿佛是与生俱来的角色面具，因为每一方的行为都得到了恰如其分的回应。但这并不意味着，在上述的对称关系中，不会表现出非常有趣的现象。

在《销售人员培训课程》(*Trainingskurs für Verkäufer*)[3]中，我们可以找到面对充满怀疑的购买者应当佩戴的角色面具的描绘。教材中有一章的题目为"充满怀疑的顾客：如何识别他们和如何对待他们"(Der misstrauische Kunde. Wie man ihn erkennt und wie man mit ihm umgeht)，在这里首先讲述了"表情和手势"，恰当的做法应该是"不要有过多的动作，要保持平静（这样不会暴露自己的弱点），不张扬外露，低调内隐，不皱眉头"。为此，培训教材中还描述了这样一个社交情境：两位销售人员相遇了，其中一位是批发商代表，而另一位是零售商店的售货员。与这部分的主题相对应，教材中描写了充满怀疑的顾客的表现，他显得"有保留，保持观望态度，少言寡语，但是突然会像面试官那样抛出令人意想不到的问题；或者会用盘问的方式发问"。这类顾客"总的态度"表现出这样的基调："敏感、警惕、怀疑、沉默寡言、固执、充满了顾忌和不信任"。出售者和购买者之间的社会关系形成了诸如此类的单调的角色特征，并且两个主体"客观"的角色面具也由此而形成。对于这里所引述的充满怀疑的顾客，培训教材指出训练有素的销售者可以用一些秘方对待他们："不要着急；给他们时间；表示理解；……表现出开放、明晰、正确、愉快、乐观的态度；通过给予合理的建议来说服对方，并且赢得信任。"这样的画面是通过出售方对另一方的暗中观察和在自己这一方加以伪装而得以确立的；通过这样的表现，使出售方从一开始就能预料到，对方将会对自己所表现出来的坦率个性、清晰的言谈和令人愉快的信赖做何反应。

所有这类面具表现出来的坦率直白其实质都是沉默寡言、紧锁内心世界。在顾客走入商店之前，他们已经被设定为某种特定的类型而赋予相应的期待了，也就是说销售对话是根据各

种各样的类型预先设计好的。顾客可能的表现被作为信号捕捉
到，从而找到从销售变现的角度出发最妥帖的回答方式。在培
训中所学到的每一种销售对话从表面上看只是在进行一场谈话，
但其实它更像是一场战争，人们只有知晓战争的另一方，才能
做出恰当的应对。对这种只有一方握有清晰信息的战争来说，
让购买方一直处于不知情的状态中，是出售方的最高战略。在
这个过程中还包括形成感觉并谈论感觉，这是与商品-货币交换
的经济过程并行的，而且表现出另一种规律性。商业资本在销
售商品时，一切出发点都围绕商品-货币的关系展开，这种关系
越是向购买者的认知领域移动，购买者的角色面具就越会显出
不确定的特性，他们的角色特性就越来越使得他们无法决定自
己的行为，也无法对所关注的东西做出判断。他们越来越清晰
地表现出过于情绪化、过于轻信的愚蠢特征，购买者显然是被
闪闪发亮的外观表象弄得晕头转向了。所以，在这种相互对抗
的关系中，起控制作用的是与购买者相对立的出售变现的立场，
想要得到某些东西的人则被称作"消费者"。"消费者"的面
具——它隐藏了表达着利益矛盾关系的购买者的角色面具，是
出售者所希望的无意识状态之中的重要组成部分，而这种无意
识状态从销售变现的角度来看是需要费心费力努力达成的。因
此就像从大众媒体不断提及，并传达到全社会的一种说法中所
讲的，劳动者不再是雇员，而是消费品的购买者，等等，出售
方在销售谈话中努力使用一种语言——这是从资本获取利益的
角度来看还没有命名的语言——但是这种语言并不能代表购买
者的利益立场。相关的销售者培训文献使得起到催眠作用的谈
话规则变得更加严格。"有的商店店主禁止他的销售人员在任何
情况下使用'购买'这个词。"[4]诸如"钱""合同""签字"等

94

都同样属于被禁止之列，因为这些词语展现了处于控制地位的利益集团只考虑自身的收益，而对其他一切都漠不关心的态度。因此，"合同"这个词在表现得顺从迎合的语言中就变成"权利凭证"；"签字"则是"'请您帮我一个忙，在我打勾的位置写上您的尊姓大名'。当人们正要写下自己名字的时候，立即会听到这样的补充：'请您用力写，因为下面有好几份副本！'……有关'打勾的位置''尊姓大名''用力写''副本'这类说法都会让人们感觉其中的内容是无害的。并且通过这种方式可以将人们的注意力引开，使人们不会想到自己正在进行有法律效力的签字"。销售人员培训师施坦格尔（Stangl）推荐了一些技巧，在销售谈话中运用技巧能够引导购买者的话语和感觉，而且施坦格尔也对其中的原理进行了解释。[5] 销售谈话呈现出系统性模糊和关注旁枝末节的特点，为的是使人们不会过于关注主要事务，这些特点在广告中也得到确认，通过广告，大型公司把注意力放在购买者身上，而大众媒体也会重点关注广告客户。"一起来搅奶油吧！"这是凝乳公司 B&B 在一份面向零售商的专业杂志上的广告。[6] 天主教的教区报纸和新教的礼拜日报纸在为自己招揽广告时，会暗示这份报纸通过发表有关信仰的内容，以及刊登含有引述圣经内容的文章，将能够唤起教徒们对新教的忠诚，并且会将这种忠诚关系转移到广告上。[7]

　　购买者和出售者之间相互对立的经济角色面具强化了某些在此之前并不确定的人格，通过这样的塑形，便出现了有利于出售方利益的矛盾解决方案。出售方的角色面具包括在销售对话中所展现出来的对于他所销售商品的使用价值的热情，而在欣快的表面下，真正存在的是他对其商品的交换价值如何变现的深深忧虑。这种面具式的热情使得购买者不再显得傻乎乎的，

95

96

也不再一直疑神疑鬼了，因为出售者的经济人格面具给他留下了非常好的印象。从建立在交换的矛盾关系这一基础上的角色中，形成了在相互交往中，对利益关系中的一方加以赞美，而对另一方进行贬低的能力，这是由交换行为所引发的，并且上升到了文化方面，甚至是宗教的上层建筑的高度。在这里，我们看到仅是在出售普普通通的商品时，售货员与顾客之间的销售谈话艺术就已经达到了它的最高层次。[8] 通常这样的谈话艺术会在资本主义的发展中逐渐枯萎。[9] 不过，在这种艺术中，却又会发展出依托商品物化、具有实际销售功能、围绕着商品展开的商品美学。尽管商品美学已经从平凡朴素的商品生产中形成，与资本主义的发展不同，商品美学极大地受限于商品的物质体，或者更确切地说，商品的外表。在《图伊小说》( Tui-Roman ) 中，布莱希特刻画了一名面包师，他是名朴素的商品生产者，在努力工作中把自己的眼睛弄坏了。"由于他知道，如何将非常小的面包圈做出诱人的卖相，因此他赚了很多钱。由于要用眼睛费力地看东西，所以他几乎全瞎了，后来，他死在了他的面包作坊里，留下了大笔财产。"[10] 针对如何化解使用价值和交换价值之间的矛盾，人们采取了一种将自身物化了的似是而非的解决方案，而这种方案从销售谈话中获得了鲜活的启发，并且这两者有共通的功能，当然前者对潜在的购买者与商品之间的感知关系有更深的侵入，这是因为它的物质实体性，而且也因为，与销售谈话不同，顾客绝对无法在使用价值生产过程中做出即时应答。

## 2. 销售者的塑型进程

在布莱希特的《图伊小说》中，提到了商人对雇员的塑型要求，尤其针对女性雇员，而自 20 世纪以来，这种现象愈演愈烈。"他们要求女性售货员和女秘书要看上去漂亮；因此这些女性雇员几乎要花掉 1/3 的薪水用在购买美容品上。她们涂口红，这样让她们看上去血液循环顺畅，并且这也会让她们显得性感……。因为这些女性通常必须穿高跟鞋，所以她们的臀部看上去总是高高翘起的，仿佛她非常渴望与香烟盒或手套的买主或是老板拥抱。"[11] 高高翘起的臀部使她很有诱惑力，这是从女性销售代理那里转移给商品、使之也变得诱人的一部分。大家都知道这里面附加的算计是：由于货币的拥有者对诸如此类外观美好的事物的渴望多于后者相对前者的渴望，于是便会引发购买行为。渴望的感觉和图景的展现停留在抽象-总体的层面，并在这里四处漂荡，但却不能进入具体-个体层面。"值得注意的是，"布莱希特在这里加了括号，"人们却豁免了男性销售员和男性司机，没有要求他们妆点自己的鼻子。"但是这并没有减轻女性将自己打扮得赏心悦目的压力。另一方面，"由于担心被当做旧货从而不再有用，无论女士们，**还是**男士们都必须染头发，"克拉考尔（Kracauer）[①] 在他 1929 年关于雇员的研究著作中指出："而且四十多岁的雇员要通过锻炼保持身材苗条。一份杂志在最新出版的一期中刊登了一篇标题为《我怎样才能变得美丽？》的文章，它仿照报纸广告的方式，给出了'人们可以无论暂时还是永久都看上去年轻而美丽'的方法。时尚和经济在这里联起手来。"[12] 在这一调查所反映的年代里，社会大众，尤

98

---

① 齐格弗里德·克拉考尔（Siegfried Kracauer, 1889—1966），德国著名电影理论家，主要著作有《电影的本性》《宣传和纳粹战争片》《从卡里加利到希特勒》等。他同时还是一位社会学家、文化批评家，早年曾任《法兰克福报》记者。这里谈及并引述的是他的社会学研究《雇员们》（*De Angestellten*）。

其是雇员阶层——他们中间又以男性或女性销售员为主——在强大的社交恐惧动员下所做的事情就是，贯彻新的外貌、派头和展现自我的标准。克拉考尔捕捉了"精挑细选"的过程，"它是完全在社会关系的压力下形成的，并且一定会通过唤起相应的消费需求而得到来自经济领域的支持"。克拉考尔从中看到了这个过程的内在本质："在柏林形成了雇员榜样……这些人的说话方式、服装、手势表情和外形容貌都一模一样，因此这个过程的结果就是形成了所谓好看外貌的标准"，而这正是柏林一家有名的商场的人力资源部门所最为重视的。"在我们这里和在美国人那里是一样的，"一位劳动局的官员对克拉考尔说，"人们必须有一张友善的面孔。"于是，社会大众"纷纷涌入街头林立的美容院""使用美容品"，在成为"夸夸其谈的骗子"的过程中，雇员们也清楚地看到好看的外貌将能提升他们对自身劳动力的销售能力，"劳动力"是他们在交换活动中可以提供的唯一的商品；特别是对于那些还没有找到职位的人来说，在求职的过程中，他们能更加清晰地看到漂亮的外观对他们自身产生的经济功能。"如今"在求职的过程中，"应该说外观是一个决定性的因素"。脸上的皱纹和灰白的头发都会导致"劳动力"这个商品的"出售能力的降低"。无论是对商品的外观，还是对人们的外貌——也就是对资本主义社会中雇员的外形——的严格要求，它们所发挥的作用与商品的美学在商品拥有者身上所发挥的作用相同。克拉考尔尝试找出，在雇员的劳动力市场中，"劳动力"这个商品其外貌"究竟必须包含哪些魔幻的力量，才能够让企业的看门人为求职者打开大门"。克拉考尔解读了对于外貌要求的具体内容，从而证明了有关商品美学的分析以及从永久利益的角度来看商品美学对人的模型化的影响。关于什么是人们公认的"令人愉快的外表"这个问题，前面已经提到过的那座大型商场人力资源部门的负责人给出了引人深思的答案："并不完全只是漂亮。更为重要的是有彰显道德感的淡玫瑰色的皮肤，您知道的……"这样的外貌要求组合对于克拉考尔"如同当头棒喝，使他顿时领悟了被橱窗装饰、职位要求和画报充斥的日常生活。人们的道德应该是被涂成淡玫瑰色的，人们的淡玫瑰色应该是由道德打底的。雇主有这样的愿望，并且必须进行相应的精挑细选。雇主们希望将生命通过被粉饰的外表展现出来，将根本不是淡玫瑰色的真实内在包裹起来"。将道德的内容混合进来是有其专属作用的，即"可以避免欲望的爆发。未经装饰的朦胧的道德为现存的状态所带来的危险和淡玫瑰色所带来的危害是一样的，不道德的事物会发出诱人的光芒。通过强调两者，而使得它们相互联系起来……，并且随着合理安排的持续深入，就会越来越多地连续出现充满道德感的淡玫瑰色的装饰"。

100

　　将某一个阶层全体成员加以塑型的、令人不快的推动力一直向着"外观必须漂亮"的方向前进，于是，特别是在销售人员当中，通过商品美学实现的销售功能被人格化了。[13] 这家大型商场的人事经理作为代理人，根据经济社会的法则精挑细选销售人员。她的品味判断力与所有符合一定品味的商品生产者一样，一定是建立在来自销售额数据反馈的基础之上的。对于她来说，将大众审美品味与销售人员有品味的装扮风格联系起来，从而在其外貌上体现出来，这是直接服务于销售过程的一个要素。商品生产领域对待大众审美品味的作法与电影业在这方面的作为别无二致，布莱希特在《三便士歌剧的模式》(Dreigroschenprozess)中的分析，就涉及电影资本的代理者对大众审美品味的重视："通过经验可以确定大家的审美"，并且这个行业也像个体一样"凭借着非常敏锐的直觉"行事，这将"指导**他们做出正确的分析**"。[14]在这个功能闭环中，我们可以看到受顾客"欢迎"的外观就能够促进销售，于是这样的外观就成为这家大型商场在购买劳动力时的审美标准。对于商场的资本方来说，能够实现其商品资本变现功能的是销售代理者的外貌，也就是能够实现其商品的销售功能的劳动力。在这里，将外貌和行为举止加以塑型的推动力还要包括"多得不可想象的、分散在社会各处的大众"[15]，来自他们的脉冲也构造了销售额数据。

接下来的内容与外貌无关。销售，无论销售什么东西，都必须遵守自然规律。当销售不是直接与自身的利益有关时，资本的要求就有双重内容。因此，在自有资本和外来资本之间，它们各自变现功能的人格化是不一样的。将这样的要求清晰地传达、有效地贯彻主要取决于劳动力市场的竞争状况，以及商业资本的普遍竞争形势。当商业资本在劳动力市场有较强有力的地位，并且与此同时在它的商业领域中面临来自其他资本的强大竞争压力时，商业资本会对依赖于其的销售者提出清晰、绝对的要求。那么，资本家如何说服销售者以实现最好的销售额呢？在这里既不是依赖于销售者的基本理性，也不依靠自私自利的特性。资本家可以通过解雇或降低工资这样的威胁，作为经济压力的杠杆对销售者进行操纵。在商业资本处于较强势的市场地位时，他没有必要动用积极的经济杠杆，即采用销售额佣金制。而当商业资本在劳动力市场处于较为弱势的地位时，也就是说当他的销售人员可以毫不费力地找到其他职位时，他就会动用诸如此类的手段。当有售货员"后备军"在等待着从商业资本那里获得职位时，资方就了解了自己的强势地位。不过，商业资本方明白，号召他的销售员为了雇主的利益而更加努力销售是事倍功半，甚至完全无用的。销售人员为什么要超级努力地工作，结果只是填满了他人的口袋？于是，商业资本方需要找到更高明的说辞，并且让他的销售员们认同它。他开发出了对销售的狂热，并且对这种确实有市场的对销售的盲目崇拜进行布道。他紧紧盯住的目标就是提高销售额，因此尽管这一点与他的销售人员没有任何关系，但他们必须将这个目标内化，而且要如此深刻地内化，以至于它在无意识当中被作为最终目标在他们心中确立下来。这些销售人员必须成为自动销售机器，他们在任何地方都应该是有效的、绝对化的自动销售装置。简而言之，销售人员由于他们的非独立性，以及处于他人的利益链条之中，因此他们必须将销售功能内植到他们本性的最深处。

在市场关系与这种理想模式相互适合的时候，这种理想长时间深深地隐藏在资本的本质中。当然它对于商业资本来说是外在的强制性的法则，并且，当市场关系是按照以上所描述的特征进行构造的时候，主要通过商业资本的代理者传达给依靠工资生活的销售人员。日本贸易公司处于非常激烈的竞争压力之下，为此这些公司开发了培训课程，以促使对销售的盲目狂热自觉自愿地变成目标。[16] 各个行业领域的结构特征使日本每家贸易公司所承受的竞争压力变得更加激烈，没有哪一家企业比其他企业更为特别，在市场上存在大量同质性的企业。尤其是由于缺乏独特性，对销售人员就更需要提出附加的要求。在这样的情形下开发出来的课程，被命名为"Moretsu"，意为"热烈积极"。这些课程是通过一家教育公司进行开发的。教育的目标就是培养销售人员对销售的狂热，并且将这种驱动能量在他的销售活动中完全发挥出来。"在这里，销售能量被召唤出来，胳膊肘仿佛是铸铁材质，大脑仿佛是计算机，身体结构

103

仿佛是骏马一样。"简而言之，"他们希望培育出'销售机器人'"。这个培训课程每天从一个小时的清晨体育锻炼开始。在早饭后进行"忘我"训练。"通过用棍棒敲打旧家具设备，听到材料发出的巨大声响来实现这一点。"接下来是详细地讨论他们所在公司的销售财务报表。受到课程负责人批评的人，要在泥土里打滚，并且会受到对于自己不受赞许行为的毁灭性指责。"经过很短一段时间后，参加培训的人就形成了这样的感觉，必须不惜一切代价去完成销售计划。"他们在敲击家具的过程中，发泄了他们的攻击性，通过销售功能的人格化，在他们体内形成了其他阻止他们自杀的阻力。通过让他们感到害怕，从而使他们变得勇敢。通过狠狠地敲打、大声地叫喊这类仪式，他们自发形成的感情冲动就像恶鬼一样被驱逐了。这符合布莱希特在《小市民的七宗死罪》（*Sieben Todsünden des Kleinbürgers*）中的一句话："战胜自己的人也赢得了报酬"，尤其是通过非常严苛的方式。只是这里的报酬是指通过劳动所赚得的工资。能够将这种形成阻碍的恶鬼从自己身体里鞭挞出来、高喊出来、驱逐出来的人，就能够在销售中将商品鞭挞出商店，或者更进一步地说，在他鞭挞商品的躯体时，也将商品的精神，即商品的价值唤醒，并使它最终摆脱罪恶的躯体。

104

## 3. 售卖地点、售卖行为和将商品融入某个体验过程；大众的冲动式购买，以及注意力涣散且追求娱乐消遣的大众

在出售产品和销售商品这一方，被唤起的变现利益驱动着每一种、自始至终都有销售活动蕴含其中的要素，并且通过这

些要素的分化，实现各自的作用，发展出最有盈利能力的组合。生产和展示商品，设计销售地点、那里的建筑和采光[17]、颜色、音响背景、芳香的气味，对销售人员的外貌和行为举止提出要求，策划售卖过程，这中间的每一项都是使商品形态发生变化的元素，也是商品在其中活动、受到影响的环境，这一切都为基本的变现计算所控制，并且被功能化地加以塑造。通过这些设计，使一些特殊的资本从中获得利润，并且这些利润推动着诸如此类的过程不断向前推进。与零售商一样，商店和橱窗的美化也是商店建造公司和商店装修公司竞争的对象和手段。因此，美学革新以及销售技巧领域都成为经济方面的强制力，这是每个商贸资本无法逃避的。这种机制带来了这样的趋势：商店的美化装修周期在不断缩短。因此，在1970年，就已经变得"商店不再像过去那样要经过20到30年才变得陈旧了，如今只要5到7年后就必须重新装修"。[18] 在一个名为"欧洲商店"（Euroshop）的独特的展览会上，展示了卖场装修公司和销售活动设计公司的品牌。"许多公司希望让自己的商店看起来更时髦、更漂亮"，一家市民类报纸的商贸版看似天真地说道。我们在此可以进行补充：因此这些处于残酷竞争中的零售商可以通过销售美学这样的手段获取利润，"在这里所谈到的商店里的体验区和购买体验实际上是为了提升销售额。……不断有技术上的新改进，所以也不断出现更加精致的销售空间造型，这令商店装潢设计者们着迷"[19]。这是一种旧有的关系，如同在资本主义社会中人对人的服务。商店建筑资本通过价格不菲的美学手段，帮助商业资本在激烈的竞争中对抗其他商业资本；而且对所有想跟得上形势的商业资本来说，使用这个不断变得越来越精致的武器已经成为必须了。商店建筑资本在广告中用一种含有威胁意味的语气说："希望实现销售目标的人必须要能够传递体验。"[20] "购买体验"对于购买者来说发挥着额外的吸引力，因此这也成为商业资本的竞争武器，而且现在已经不能不用这样的武器了。1967年，《法兰克福汇报》上的一篇文章追踪了位于苏黎世火车站大街（Züricher Bahnhofstraße）的"哥伦布"商店（Globus）在商品陈列方面的革新，并且得出这样的思索——"这是一种启示"。那家商店当时的经理有一个非常有说服力的姓氏"考夫曼"（Kaufmann）①，在他的商店里实现了"商业贸易的哲学，并且在不久之后，他就将这样的哲学展现在他扣人心弦的著作《打开消费者心灵的钥匙》（*Der Schlüssel zum Verbraucher*）里了。"[21] 商品不应该再按照传统的分类进行陈列，"而是应该根据购买者的需求目标、愿望、梦想按主题分类"。不应该将商品简单地放在购买者面前，而是必须"通过商品将顾客引到'体验'之中"。将价值从商品的使用形态中提取出来，并转化为价值的货币形态，在这个神奇的过程中，发挥驱动作用的是资本对如何实现这种奇迹般形态转化的担忧，即怎样才能将顾客的最初体验转变为神秘莫测的崇拜，而又将这种崇拜转化为实现利润的诱饵。"顾客不应该，"在考夫曼的商业贸易哲学中有一条基本原理指出，"站在远处。他应该是参与者。"商品"可以随意看"、可以参观、可以购买的过程，以及所有与之有关的各种要素，都一起被看作是一个戏剧化地汇聚各种元素的艺术作品整体，它的作用可以从大众的购买意愿那里预测。因此，销售地点和舞台一样有着向大众传递体验的功能，从而激发更强烈的购买意愿。"在这个舞台上导入了销售。

---

① Kaufmann 在德语里即为商人的意思，这位经理名为 Peter Kaufmann。

因此这个舞台也是最重要的促销元素。"在经过美学革新而成为
"体验舞台"的销售场所，也要使不同商品的摆放折射出大众的
愿望和梦想，从而引诱出被隐藏的意愿，并且吸引人们去购买，
这些都属于在不同时期需要通过不断尝试找到答案的行为，它
们的共同特征就是体现了"购买行为"的变化趋势。"现在模特
从头到脚都应该发挥模特的作用，也就是包含了整个外形形象。
新的衣装也包含了在颜色上进行重新搭配的长袜和鞋子，而且
还要有相配的手包和新颖的妆容。是的，模特从服装服饰领域
拓展到了其他领域，如家居布置。"精品商店"在市场上试探性
地出现了，"它们像雨后春笋一样迅速发展起来"，其中的原因
大概是因为这类商店的利润比零售业的平均收益要高。在这样
的环境下[22]，商店首先必须尝试去找到什么是意味着美好而且
健康的"较高生活标准"。在精品商店领域，店主们的革新被看
作是敢为天下先的行为，不过很快——"哥伦布商店的体验舞
台仿佛成了麦加圣地（Mekka），每年来自世界各地的零售商们
都去那里朝拜"。他们期待从那里能通往最神圣的圣殿，通向
激励人心的主旨和既定的目标，并且找到新的入口。这个故事
暂时以出头的椽子先烂的结局而告终。考夫曼不得不先暂停尝
试，因为"哥伦布商店的体验方案无法实现它本来的设想"：在
1970年，哥伦布商店每名销售人员实现了平均29000瑞士法郎
的销售额，而与此同时，在联邦德国的大型商场，每位工作人
员的销售额在70000到84000马克之间。考夫曼的继任者卡尔
威蒂（Calveti）讲求实事求是的原则："体验式购物"。他新提
出的解决方案是："必须从商品出发而不是从舞台开始。"而当
威尔特海姆购物村（Warenhaus Wertheim GmbH）在西柏林选帝
侯大街（Kurfürstendamm）新店开张时，仿佛是在庆祝"哥伦

107

布的七座黄金城"东山再起。"在一系列典雅大方、配有家具的商场和精品店里，囊括了所有满足高雅需求的商品种类。于是，顾客可以在那里找到一家'第五大道时尚店'（Trend Shop Fifth Avenue）、一家充斥着美国西部牛仔风格的'圣菲省奇泽姆牛车道'（Chisholm-Trail Santa Fé）商店、一家'贵夫人'（Madame）美容院。时髦的靴子可以在'鞋屋'（Boots-Inn）买到，而最新的唱片在'布鲁斯酒馆'（Blues Inn）有售。"[23] 资本语言是从华尔街（Wall-Street）学来的，在那里诱骗性地否认了销售变现的立场。因为如果犯傻的话就要为此付出代价。威尔特海姆购物村的企业领导层将这样的新式商店作为一种商店类型，"这样的商店尽管提供了各种类型的流行商品，但却是有意识地根据高价值的'中档流派'（Mittelgenre，一个时尚的品牌）风格来布置的。因此，威尔特海姆购物村和其他商店一样，更加偏爱来自收入较高阶层的年轻人群"。[24]

同时，市场上也出现了与"体验式购买"战略相对的购买者战略，只是这类购买者往往没有意识到它的存在。从交换价值立场，或者更进一个层次，从销售变现的立场出发，如果能够引起货币占有者的购买行为，而他们"没有产生"——如同一家市民类报纸在其经济版面中谈到资本主义精神时说的那样——"任何关于这种购买行为是否有必要的思考"，那就是理想的状态。[25] 为了实现这种理想状态，或者是在努力实现这种状态的过程中，资本在它关于购买行为的实践知识里创造了一个独特的词语，这个概念就是"冲动式购买"。为了实现冲动式购买，就要包括对商品的装饰、陈列、价格设计等做特别的工作。这些特殊的安排关注的是如何与注意力涣散的顾客偶遇。于是，商品没有被设计成人们正在寻找的某件物品，而是表现为顺便买下的东西。比如，一家制鞋公司——沃萨纳责任有限公司（Wosana GmbH）——实现了"最高的销售增长率（1971 年时约为 100%），超越了食品贸易和诸如药品、美容品等消费品市场（大约为 20%）"。[26] 他们有意识地将他们的价格按照"冲动式购买"可以支付的额度进行估算，为此，他们费尽心力使终端销售价格定在 20 马克之下。通过装饰和包装方面的设计，使商品呈现出好像已经被买下了的状态。为此，"沃萨纳的一部分产品被包装在透明塑料包装袋中，并且包装袋上有可以提的把手"。穿过透明塑料呈现出来的商品考验着人们的欲望，于是诸如此类的商品不再需要通过有关使用价值的全面考验，这种考验在目前这种包装形式下已经显得多余。包装袋上的把手也使人们可以方便地拎起所购买的商品。一切都设计得不会让人觉得有任何麻烦不便之处。这样做是因为在购买活动中，任何的停顿都可能成为开始思索购买必要性的断点。顾客们没有机会意识到这类断点，于是也不会对自己的购买活动思前想后，其实这种购买行为与"体验式购买"一样，都是建立在分散购买者注意力的基础之上。不经过思量的购买行为完全是顺手而为的、在路边偶遇的，体验式购物在其发展中将顺带购买放到了其美学努力的中心位置，因此商品资本呈现出吸引着追求消遣、注意力不集中的顾客的外观。在杜塞尔多夫（Düsseldorfer）于 1970 年举办的"欧洲商店"的展览会上，这种新的销售风格作为通用的标准浮出水面。"可以预想，"联邦德国最大的商店设计公司说，"通过越来越强有力的努力而将商品和娱乐消遣结合起来，这会使得销售过程登上活力的巅峰。"[27] 通过娱乐，或称为"消遣"，使得商品额外的美学吸引力的承担者登上了销售地点的"体验舞台"。[28] 因此销售人员也有了新的功能。在展会

110

上已经提到了这一点："未来的零售商不再只是零售商，而且也应该是表演大师。"[29] 有一家大型商场尝试性地在自己的广告中强调了这一点："请您放松一下吧！"这是一家西柏林的商场在1971年秋天做的广告。"在我们这里。在一家大型购物中心的奇妙世界。您可以花很少的钱而获得非常多的愉悦。而且不需要现金！只需要您的金色顾客会员卡！ 购物愉快！"[30]

举办娱乐活动是从商品中发展出来的诱惑购买的附加手段，因此必须计算顾客的数量。在"消遣商店"里同"体验的舞台"一样要保持对后台变动数据的关注，即必须观察每位员工所实现的销售额和销售额中的利润。商品和销售过程之间的界限开始模糊，如同很久以前使用价值与商品美学之间的界限被淹没一样，因此当卖出一个商品时，不仅是同时销售了商品的装潢和为它设计出来的名声——这些都由顾客来付账，而且也将为销售活动而作出的装饰同时售出。在商品这一边有意识地进行着这样的努力：将重点从具体有限的商品转移到消费的体验中去。这样看来，对商品的美化意味着，商品将逐渐溶解在充满享受的购物过程中，或者是融化在从它那里提取出来的外表中。在实现这种趋势的进程中，也就是将销售的过程作为物质化与非物质化混合的商品的过程中，使用价值将不再存在。通过将纯粹的消费过程作为商品去出售，市场将不会被阻塞。为了实现这种趋势，仅是对大批销售人员进行不断的改造转型是不够的；现在还必须掌握"普通大众"的行为模式和驱动模式。由于首先必须抓住年轻人，于是他们成为普遍的塑型推力的表达方式和工具。他们的物神崇拜也是其中的表现方式和可资利用的工具。这之间的相互联系和它的作用机制，最终都可以从有代表性的资料中发掘出来，并展开研究。

## 4. 购买者世界的塑型进程：服装作为包装；爱情的表达形式；美容品；去除体味和体味的功能转化

广告将它的经验视角和算计视角传播给了它的接收者。它将它的人类接收者当作商品一样来对待，这些广告的接收者为商品的销售变现问题提供了解决方案。身体护理被宣传为对外表的打理，服装被宣传为包装，从而促进销售。这是商品美学用来控制人们的众多方法中的一个。在这里有两个中心领域，其中商品美学同时解决了两个问题：如何让自己"被雇佣"，以及如何把自己的商品"销售出去"，这里的一个领域是劳动力市场中和工作岗位上的职业升迁，另一个领域则包括一般的价值估算和爱情成功这个特殊成果。"为什么，""沃西格"（Wollsiegel）在 1968 年发布的一则广告中问它的读者，"谦虚、聪明的人却往往得不到升迁呢？在工作中没有获得成功？不要说是自己倒霉——如果只是'包装'问题的话。穿上一套新西装能让你更好地推销自己！并且也会让你在生活中更受欢迎。"[31] 对于失恋了、正在寻找新伴侣的女性，《二十多岁》（Twen）① 杂志给出的第九条建议就是："如果你想变得惊艳、漂亮……那么试一试你从来没有尝试过的打扮吧。如果你愿意考察一下市场，你一定要将自己放入最令人渴望的装束中呈现出来。"[32] 通过时尚的包装引诱而来的成功爱情，并发展成恋爱关系——在交往关系中可以看到一方具有统治地位，也就是出现了商品和货币之间的关系形式，那么在这种情况下就可以将购

112

① Twen 杂志是德国面对 20 多岁年轻人的一本大众时尚杂志，twen 一词即是 20 多岁的意思。

买服装的花费理解为"资本投入"。法兰克福的连锁精品店"艾尔菲"（Elfi）的总经理就是通过这样的概念来理解他的女性顾客们的，对此《法兰克福评论报》上写道："豪斯特·威兹（Horst Weiß）……这些年来一直用明智的眼睛看待出售套装、衬衫、裙子、套头卫衣、大衣、外套和裤子的商店。"[33] 这样的眼睛能够使当事人将商业资本发挥作用，这是拟人化的说法。眼睛明智地看到的是到处存在的纯粹的变现。威兹的顾客对于被拟人化的资本来说就是包装的购买者，在这样的包装里她们才能将自己出售。他所发挥的作用就是成为顾客实现自我销售的包装物。"办公室里的年轻女性和女性售货员，"威兹谈到了到他那里买东西的年轻女性，"将所有的钱都花在了时尚衣物上，这样做并不仅仅是为了让自己时髦……而且也是抱有这样的希望，那就是她们希望将来可以从自己的投资那里得到回报。当她们在用这个月的结余去购买衣物或是饱餐一顿间抉择时，她们最终会决定买衣服，因为她们期望，她们在这身新衣服的帮助下可以寻得某个人，而那个人会邀请她去吃饭"。[34]《二十多岁》杂志上讲到，女性为寻求伴侣必须"将自己放入最令人渴望的装束中呈现出来"，这种磕磕绊绊的说法有意地，而且也是玩世不恭地透露了：能起到特别令人渴望作用的是某种包装技术，决定购买功能的是好看的外表。如果继续研究那些发挥功能的领域，会发现除了引入有关事业成功和爱情成功的新标准之外，不再会有其他的领域被列入计算。对这种新标准的执行起作用的并不是有驱动作用的动机，而是出自特定的驱动力和利益立场的手段及副作用。努力获得成功的方式与恋爱行为，同样都是在仔细权衡后所采取的某种努力获利战略的副产品。这里所说的战略，其目的是为了将某些特定商品——它们是由职业和

113

爱情所构成的使用复合体——变得易于出售。实施这种战略的具体操作手法就是，将所涉及的商品提供给它的购买者，并使买家将相应的商品作为一种手段，从而使得这位买家自身变得可供出售。在这个过程中，主要要鼓动起人们的购买意愿；与此同时，将普遍适用的、可收买人心的外观推送到人们的面前，实际上后者是无法从目标整体中分解出来，同样也无法在技术上实现分离的。从开展广告传播的企业的角度出发，这种做法主要是将他的资本变现。但是，一个顺带出现的结果却是，某些驱动模式和行为模式从此被确定下来。这里可以以一家在西德市场开展业务的南非公司——戴比尔斯集团（De Beers）为例，这家公司通过改变爱情表白的语言，从而获得了收益；这种表达爱情的方式让相爱的双方相互向对方保证爱情。也就是说这家公司尝试着，"在德国也将钻石作为'爱的象征'确立下来，并且借此引入全新的购买阶层"。[35] 戴比尔斯公司强调了"不要相爱得没有成果"[36]，并且"在这一年里新推出了大型广告活动，这场广告攻势尤其集中在 200 到 1000 马克之间的价格层次，从而能触及更广泛的顾客群体"。很快，成千上万的女性"无论在什么情况下"都期望她的追求者将订婚钻戒作为爱情的表达，并且期待在婚礼上能有一个"婚戒三件套"。这家煽起这种期望的大型公司所做的并不是填补市场中的某个空缺，而是用它的商业勾住了人们——他们计算的对象。如同《经济概览》上的报道，正如广告语所说的"钻石是爱情的信物"，人们想必期待看到这样的前景："当他们今天给妻子手指上戴上贵重的钻石戒指后，一定非常（！）欣慰……他们不仅将会得到一声温柔的'谢谢'，而且还会迎来他们货币投资的价值升值。当然，如同有些爱情会随着时间的流逝黯淡了一样，作为'爱情的信物'而被叫卖的钻石的价值也是会下跌的。而这完全取决于在全球发挥着决定性作用的宝石交易商。"[37] 作为商人，世界上最大的宝石交易商——戴比尔斯联合矿业有限公司（De Beers Consolidated Mines Ltd.）是不会拒绝来自顾客的承认的。人们普遍预期大块钻石——尽管只能买很少的一点——今后会升值。

115　而对于戴比尔斯向许多普通人提供的小块钻石，不仅通常人们预计它们会贬值——所以有价值意识的中产阶级们[38]会降低对它们的需求——而且这种小块钻石通常"被大量地用于工业用途中，也就是打磨机上的钻头"[39]。所以，戴比尔斯不是在某个市场空白领域开展业务，而是将一些失去价值、在市场上被压制的商品，通过大量的广告支出，飞速地变成了普通人的"爱情的信物"。

　　在这里被推向市场的，一个是提供给人们的包装，另一个是人们的爱情的象征，还有第三个是人们有活力的外貌，这里包括他们的皮肤摸上去感觉如何，闻上去是什么气味，也包括为面孔做美容，改善头发的光泽和式样。对于女性面孔的包装是由那些特定的"代理人"来完成的，他们被称为"化妆师"，也就是装扮面孔的人。"什么样的面孔，"《法兰克福评论报》的时尚通讯员在一篇报道中说，"在1971—1972年度是受到女士们欢迎的？对标致的面孔的追求使得人们不再追求自然感——与之相反，人们突出了艺术感。美容品业正翘首期待将尽可能多的装扮工具提供给女性。仅胡贝特·爱雅（Hubbart Ayer）① 一家公司就提供了

————————

① 即哈瑞尔特·胡贝特·爱雅（Harriet Hubbard Ayer）于1849年创办的一家美容品公司。哈瑞尔特·胡贝特·爱雅是美国芝加哥著名日报社的记者，在一次巴黎旅行中，从一位法国著名药剂师那里得到一个古老而珍贵的美容配方，那就是拿破仑时代著名皇室贵族雷卡米埃夫人（Recamier）的护肤秘方。从此，哈瑞尔特·胡贝特·爱雅成立了自己的专业美容品公司，并继续研发其他系列的美容产品。

13 款美容品，并且承诺"——这是非常深重的使用价值承诺——
"每一位灰姑娘都能变成'女神'。"美容品业为女性们提供了
服务，通过这种服务而产生了一种可怕的功能性的转变，从而
证明了它的使用价值承诺；与此同时，美容品业为广告公司提
供资金。这两次都是围绕着为了广告传播而进行的装饰，也就
是说，零售业的每位女性顾客同时购买了用于装扮的商品和自
身的可购买性。在女神的包装中消失了的"灰姑娘"沦落成为
剩余产物，她实际上羞于一个人孤零零地成为因为没有接受资
本提供的服务，而不具备值得爱慕的外表的人，她担心她的外
貌不再被认可。但是那些具备了女神的功能、特征和包装的人
却发现，这些仍旧难以让她们变成被人爱慕的人。因此，她们
应该努力将自己变得看上去像是拥有了最标致的巴黎人的面孔：
"用三种淡而柔和的色彩让眼睛亮起来。唇膏内层应该是玫瑰
本色，外层闪闪发亮，同时还呈现出淡蓝色的光泽。此外，把
脸蛋涂成圆滚滚的红苹果的样子很幼稚……时尚的做法是在眼
角处或下巴处贴上小星星和小心形作为装饰。眉毛要先拔去很
多，再做大幅度的修整，耳垂上也要涂上颜色作为装点。鲁宾
斯坦公司（Rubinstein）建议人们，从组合粉底中调出金红色
然后在脸上画上几何图案、方形和三角形。赫莲娜·鲁宾斯坦
（Helena Rubinstein）[①] 本人所推崇的唇彩是铜色本色和棕金色，
眼睫毛略微凌乱，眼睛通过略有角度的眉毛而显现出大而且惊
讶的样子。"[40] 在这里商品美学元素使得特定的过程翻番成了双
重过程，即商品美学的元素和人们像商品广告宣传一般的装扮，

116

---

① 赫莲娜·鲁宾斯坦（1872—1965）在 20 世纪初创立的全球第一个国际性美容品
牌 HR 赫莲娜，被誉为"美容界的科学先驱"。她也在 1902 年开设了世界上第一家
美容院。

这两者进行着非常可怕的来回转化。一旦这些女性在此过程中所发挥的功能确定性的作用被识别出来，建立在这些天真无邪漂亮脸蛋基础上的、可悲的被外在力量算计的账单就显而易见了；因此人们也可以从一双双惊讶的眼睛里读出单调和无聊。将女性装扮成女神的包装发挥的作用，如同给狂暴的疯子穿上的闪亮束身服，也如同因为被抛弃或者降级到次等而给予的冠冕堂皇的补偿金。另外，维护这样的包装不仅是昂贵的，而且需要人们为此而忙碌。因此，努力追求姣好的外貌无疑吞噬了无数女性的社交时间，她们将大量时间用于创造出自己的外观。

这种赢得脸面的方式，也同时是在失去露脸的机会。身体没有发生什么变化，但是使身体的外观表现更易于向市场推广，一定会导致感觉认知方面的变化。在资本希望从身体护理商品中获得利润的同时，人们在与自己的身体关系中形成了无法阻挡的贪婪的动力。联邦德国美容品业 1967 年的营业额比 1966 年增长了 10%，从而达到了 30 多亿马克，"美丽工业几乎是西德在经济衰退时期唯一增长的领域"。[41] 这个领域（大约 130 家公司）的广告费用在 1967 年超过了 1.75 亿马克，从而超过了汽车广告和酒精饮料广告的预算；只有洗涤和清洁用品的广告支出比这个行业多。随着收益的降低和投资机会的消失，资本向"美丽工业"入侵。在资本的力量下，在资本对利润的饥渴中，美容品的市场边界在不断扩张，因而这个行业的市场策略也侵入人们欲望的每个毛孔。[42] 美容品行业实现了成长，并且通过具有纯粹工具性目标的大规模的宣传而获得了赢利，这里所说的纯粹工具性的目标就是从根本上改变人们与自己和他人身体之间的关系。凡是那些能够通过美容商品平息恐惧、不安全感或者填补难以满足的欲望的地方，都是广告所着重宣传的地方。

美容产品行业的传统市场是面向女性群体的，在这里最大的市场分支是头发护理产品。[43] 于是，与新的营销战略相联系的更为新颖的商品[44]，或者有更新式包装的商品出现了爆炸式增长。迅速产生效果的例子就是"私密喷雾"，以及其他能够去除体味的用品引人注目地进入了市场。通过广告宣传攻势，从而激发人们对身体的气味产生强烈的厌恶，并使这种厌恶感在全社会流行开来，而这种令人讨厌的气味其实是一种有着很强性吸引力的气味。1968 年的中期销售报告展示了广告攻势所实现的令人震撼的成果，特别是在年轻人群中的显著成果：这个人群又一次作为"理想的顾客"发挥作用：在 1968 年初，16 岁到 60 岁的女性中有 43% 的人使用消除自己身体气味的产品，而在 19 岁的女性中已经有 87% 的人使用这种产品。[45] 与此同时这类用品对于人们感知能力的特别影响也值得关注。在使用这类产品之后，人们的刺激阀下降了，也就是说难闻的味道会被更加强烈地感觉到。这种不可避免地能够感觉到哪里有气味、或者哪里又出现了气味的能力，反过来又增强了对气味的强烈厌恶感。现在的身体闻上去令人讨厌。这种由令人讨厌的感觉所导致的令人恐惧的恶心感促使人们慌乱地去抗拒并避免它们的出现，也就是说这种被唤起的强烈厌恶感有进一步广泛扩张的趋势。因此出现了新的关于正常的、整洁的标准，而这个规范直接地、强有力地在个人的感知中扎了根，违反这种新标准的表现将是被排斥、被贬低的。这个过程可以被称为对感知的塑型过程。它生动地展现了，利润驱使的盲目机制是如何既可以作为实现目标的手段，又作为利润的副产品而重新改造培育人们的感知。

由于女性已经基本上被美容品所俘获，因此需要通过新产品来扩张驱动力，而且也要将到目前为止只是面向精英人群的奢侈品扩展到更大的市场。在赫莲娜·鲁宾斯坦集团公司的重组过程中，从 1965 年开始"就反对只为优雅成熟的女性世界提供某些商品"[46]，这意味着人们必须努力地开展大众业务。将美容品打造为批量商品是庞氏集团公司（Pond's-Konzern）的市场战略。"企业将不只是针对'奢华的女性'，她们已经定期购买大量的面部和身体护理产品了，而要面向普通的女性群体，她们作为'普通女性消费者'往往认为美容品太贵了、太复杂了。"在这种市场扩张中，需要改变以前所开发的女性的特征模型，加强它，并将它和与之相应的销售方法联系起来。"'健康加漂亮等同于幸福'——市场调研者用这个公式简化了很多女性想象中的理想世界"，当然这也不可避免地引起一家市民类报纸在其经济版面发出批判的声音。[47]这些广告是针对家庭妇女心中的挫折感的。"她们缺乏像职业女性所拥有的那些认同和成功的体验"，而现在大公司希望通过它们的各种霜膏和一小瓶一小瓶的液体来帮忙她们。商家利用这样的沮丧挫折情绪做广告，并将这类人群确定为"目标群体"——她们在女性人口中占 80%，而"健康加漂亮等同于幸福"这个公式既是实现盈利战略的工具，也是它的副产品。于是，资金围绕着恐惧、无法满足的欲望，重新规划人们的关注点，重新定义着人们的身体、外表、气味，还有自我关注和慰藉。

**5. 男性的塑型进程：男性美容品；每天都换洗的内衣；展现男子气概的外表形象；男性的性器官登上了商品舞台**

美容品业的进攻方向一点点地被展现出来：在 1967 年"男

士用香氛系列产品……的广告花费是女性香水广告支出的七倍还多"。[48]专注于推动男性转向美容品使用的资本必须清楚，首先要克服特别强大的、植根于传统的障碍。男人们回避使用美容品是因为"担心被当作同性恋者和女里女气的人"。[49]不成比例的广告支出显示了，所有这些通过广告克服障碍的资本，看到了一个在男性与他们身体关系中巨大的市场空白。市场调查机构康泰斯特（Contest）指出"在男性中也显示出巨大的为自己美容的行为意愿"。马普兰（Marplan）调查研究机构展示了如何全面利用这种自我陶醉，尤其是从青少年和年轻男性着手。对于年长的男性，市场策划机构也指出了这些男性最担心的是什么，正是出于这样的担心，他们愿意向着让自己显得年轻的方向打扮，并且也会追随新确立的标准。"我们文化中对青春活力的追求"将像有力的发条一样促使年长的人"开始美容行为"。

121

即便鲁宾斯坦集团公司已经是纽约的顶尖公司了，它也从1965年开始尝试打开新的市场。"施华寇（Schwarze）品牌也开发了特别的项目，在外国市场增加了男用美容品。"[50]男性美容产品的总体市场主要在剃须水和洗发水领域，它们对这个市场起决定作用。这两种商品在宣传上都与伪医学革新联系起来，洗发水尤其如此，从而能够克服男人们所担心的显得没有男性气概，这是这两种商品存在的原因。这些革新是为了实现"健康"和"洁净"，也标志出西德男人们"进行美容行为"的最新发展。资本将消除身体气味的伪卫生用品作为将要打开的下一个男性美容产品的分支市场。

同一时间里，在男性服装市场各个领域不约而同地出现了美学革新，并且带来了本质性的巨大改变，这些现象都显得非常夺目，这是因为这个市场迄今为止一直相对稳定、保守；比起女性服装市场来说，流行的改变在这里一直是在一个更为狭小的范围内进行的。美学革新的巨大作用就是大量地淘汰正穿着的服装，由此所带来的利益与在分支市场垄断的大资本的利益联系在一起，形成了新的方案：在这里，市场营销和模特展示融合在一起。通过将不同种类的服饰汇总，从而使得单个商品的界限消失了，而为整体的商品复合体腾出了位置。采购一次应该会买回很多东西。这种已经在女性那里获得成功的市场战略现在可以应用在男性服装市场当中。领跑者是"精品服饰"。于是，生产男装的大型公司形成了特许经营体系：将整套的精品放在——从形式上来看仍然是独立的——男士服装专卖店，或大型商店销售。当时德国最大的纺织品销售联合会（Sütex）[51] 和原子时尚商业责任有限公司（Atomic Modevertrieb GmbH）[52] 签署了一项合作合同，在这背后站着的是西德最大的服装生产商，这项合作将贯彻上述市场战略的主旨。"原子理念"这个名字指出许多现在已经习以为常的东西将会被打破，如同这个新的方案对市场的冲击。不过，"原子"这个名称与它本来的含义不同，新的市场方案是要将零零散散的商品原子驱走，而放上时髦的、通过相互联系而融合在一起的商品分子。因此新的方案将原来独立、分散的零售商的原子主义发展成有效力的、作为一个整体运作的销售网络。"'原子理念'成为特许经营系统的核心，独立的零售商通过与原子时尚商业责任有限公司签订合同而联合起来，共同购买并销售一系列为男性提供的商品和服务；而对于商店的布置、定价和装潢等都要符合一定的规则。在这样的体系下既有单独的商店［原子男子购物中心（Atomic Men's Center）］，也有以商店中一个部门［原子男性商品部（Atomic Men's Depot）]的形式存在。"[53] 广告和"品牌构建"工作直接由总部开展。由总部确定的还包括，如同我们可以想到的，所有有关装饰、表现形象的问题；所有的商店必须采用统一标识，因此在这个整体中，每个单件商品只是非独立的配件，是完整商品群大家庭这个大分子中的原子，所有的销售场所以及所有的销售人员也是如此。这个表现形象——在其中单件商品只是图画中的元素——应该能将顾客吸收同化进来。一旦走进商店，一个人的外表形象就会在这个系统中被打理和补充。他将成为美学的使用价值垄断者的理想顾客。他必须参与时尚革新以及流行变化的各个方面。他将要在此订购商品。由此可见，这家在这种销售网络中拥有稳固地位的集团公司，不仅只是设计由它所控制的商店以及由它所经营的商品体系的外观形象，而且它也将顾客的外观形象掌握于股掌之间。在前面所提到的例子中勾画出来的市场结构的变化释放了大量的驱动力，资本在对盈利利润的追逐中改变了它所要抓住的目标群体的感知特征。在这里，不太可能将此过程完整地展现出来。不过，就这本书的写作目的而言，提供有关这个过程——其关键词是对感知方式的塑型——是如何运转的就足够了，在这个过程中，感知方式——在这里是指男性的——是资本变现过程的因变量。为了论证这一点，我在以下部分将引用相对随机选取的现象，并且用抽样的方式进行范例式分析。

124

　　例如，在1969年年末的时候，资本开始宣传一种"新的套头卫衣流行趋势"。[54] 这个大规模广告号召人们淘汰正在穿着的套头卫衣，这是美学革新的另一个重要方面。"单调无聊的套头卫衣太多了。结束这种状况。现在可以穿超长的、系有腰带的套头卫衣。"终结正穿着的旧衣服！新的才是许可的！广告用一种命令的腔调将它试图深入人心的理念传播出来，它禁止让手中的使用价值继续发挥作用。当然这样的命令对购买者几乎无效。为什么他们要服从这则命令？对流行的新事物的宣传只有在它以引起人们恐惧的方式或者以诱人的形态出现时，才能产生效果，也就是在感知方式上发挥影响。在前面的这个例子中，要宣传它的新套头卫衣款式的资本如何实现自己的目标呢？它需要通过传播关于男性第二性特征的新说法，从而展现套头卫衣的新款式意味着什么，新款卫衣与购买者的潜力有什么关系，以及它从资本那里还一起带来了什么。"这种胸部设计能带来很好的视觉感受（离身体越近，越有强调效果）。结实有力的胸部，并采用引人注目的颜色，从而强调我们是男人。"在这里，是资本，即"工业宦官"[55]在确定我们怎样表现才算是男人。另外，我们还可以看到，人们也是在一定的腰围尺寸范围内接受了有男性气概的外貌形象。那根松松地系在贴身套头卫衣上面的腰带没有任何实际用途，只是作为外形装饰而已。这根腰带通过被松松地系上，性感地展现了苗条，强调了对年轻的崇拜态度。而且腰带如同其他皮革制品一样，是狂热崇拜原始本能的象征物件，也"意味"着按照自己的意愿旺盛发育的力量。[56]在"新式套头卫衣在这里！"的标题下，同一家集团公司在两年后再次用命令的形式向被狂热崇拜所诱惑的人做广告："展现出军队的风采吧。"[57]从做广告的大型公司的立场而言，其目的主要是通过这样的广告实现商品销售。当然，为了卖出这些商品，就需要加工出男子气概的有效形象。

在寻找新的投资机会和高额利润的过程中，资本也将它的鼻子伸到了长款内衣上。男士内衣市场到目前为止一直比女士内衣市场要狭小得多，因为女人们首先会比男人们更加频繁地更换、清洗紧身短衬裤，所以内衣裤也更容易磨损，而且由父权所决定的女性社会性别角色会为她们的内衣指派附加功能——内衣应该具有吸引力，是被动的性别角色的道具。因此在内衣市场上，女性是理想的顾客，可以说，内衣资本眼中的模范顾客具有"女性化的"特征。为了将类似的市场扩大到男士内衣领域，就必须把类似的特征加入购买群体所渴望拥有的男性气概列表中，并且对男人们的感知方式和男性化的自我理解加以改造。这样的改造一方面是提出对"卫生"的要求，另一方面则是关于对具有性诱惑力装备的自我陶醉幻影。

　　多家生产新式男士内衣的公司在 1970 年共同向男人们传播"每天都要更换内衣"的理念。这个联合广告所强调的要点在于，这些公司开发出了适合每天更换的特别的内裤。这些内裤使用共同的商标——商标由图像标志和所有参与公司品牌名称组成，以表明它们是这些公司联合提供的产品中的一部分。我们选取《明镜周刊》上的两个广告页面作为论据加以分析。[58]这两则广告在内容上是相互关联的，第二个广告刊登在第一个广告之后的两页上，是对同样的产品做宣传。第一个广告是黑白的，第二个广告的色调混合着黄色、淡蓝色和柔和的绿色。第一个广告是对一张在啤酒吧台所摄照片的再加工，照片上有九个男人站在那里，每个人手里都拿着一杯啤酒。其中有七个人脸上都戴着面具，面具是猪脸形状的。另外两个男人则展现出令人喜爱的人的面孔。图片上的插图说明是："我们男人中只有 10% 的人每天换内裤。"于是读者可以由此明白：剩下的男人都是猪。也就是说如果哪个人没有每天都更换内裤，那么他太丢脸了——丢了生而为人的脸。第二个广告页面展现的是令人愉快、清新的"愉快-清洁-内衣"（Sympa-fresh-Wäsche）世

126

界，"特别适合每天更换"。广告中继续赞赏："因此，女人们甚至有些担心，她们的丈夫不会再放弃清新干净的内衣所带来的令人愉快的感觉了"——难道是因为现在她们要更经常地洗内衣吗！这样的赞赏不知道是虚伪的夸赞，还是在表达讽刺。这个企业联合体将已经每天更换内衣的男士群体——那个看上去显得很精确的 10% 其实只是随口说出来的而已，而且被大大地高估了——定义为分支市场。这个企业联合体将通过新的品牌逐步将这个分支市场变成企业群组垄断。当这种建立在表象基础上的垄断形成，这个新被占领的分支市场也同时实现了扩张。那些不愿意每天更换和清洗内衣的人就被当作令人讨厌的猪，另外每天清洗内衣也能同时实现洗衣粉公司的愿望和梦想。因此，这个市场营销战略所发挥的作用是培育了人们与自己身体关系的新标准。这个标准并不是全新的，而是促使将已经确立的标准与讲究卫生的趋势联系起来，并且以此来巧妙地处置对身体的不确信感和不好的感觉。实际上，相关的资本利润机制将情绪模式推向了使人们与自己的身体保持更大距离的方向。远离身体和改变这种过近距离的手段就是使用广告所宣传的商品。因此，正是通过把排斥的东西划分到令人讨厌的事物这个类别里，确立了人们对广告所宣传商品的依赖。感知方式也在此被重新塑造。那些到目前为止只是旁敲侧击地发挥着微弱作用的元素——它们可能让人感到烦琐，另一方面也可能恰恰是带来极致享受的要素，现在被大大强化了，从而在双重层面上变成了满载着享受的橱窗。如果没有它们，享受就会大打折扣。由此所造成的遗留问题包括无力享受，还有主体遭到了恐惧情绪和厌恶感的打击。

催生理想的内衣购买者的第二条路径是引入性感的、有诱惑力的男士内衣。这条路径是经由"理想的顾客"——年轻人群——实现的，即通过对年轻活力的宣传，进而开发年长的顾客群体。年轻的特征是被宣传的商品。通过对"年轻"做广告，将会产生比出售孤立的商品更大的推动力。被推向前台的是一个完整的性感感知、表现和体验所组成的复合体。为了使得生产资本在盈利的阳光地带获得一席之地，应该首先将这些内衣置于光线下。为了使这些内衣易于销售，并且是以垄断价格进行出售，就必须让它们给人们留下正确的印象，于是身体也必须被推至光线下。这些内衣对其可销售性的强调，与前面提到的套装的做法是一样的，也是通过包装的方式。包装的广告作用就是通过良好的展现使被包装的商品更易于销售。被广告宣传的内裤由于能使身体变得"受欢迎"，因而它也是"受欢迎"的。这些内裤将自己打造成为顺贴在它们所要展现的事物上的材料。因此，资本在内裤上的利益——在其中展现了身体的利益——表现为，通过用内裤为身体做广告，从而最终给内裤打广告。于是，在诸如此类的信息中，被广告宣传的身体要拥有作为品牌商品其外表形象所必有的特征，虽然这并不是身体的本来面目，但是可以为有广告效果的外表形象做宣传。这种身体友好型资本所拥有的特征对身体构成了另一种形式的威胁，其程度并不亚于基督教教义中对肉身的敌视，这仿佛是基督教的传教士与资本在另一种情境中的对峙。现在资本不仅改变了男人的外表形象（我们男人并不反对有意识的改变，我们认为这是必要的），还要求男人们必须进一步地将某种外表形象当作他们具有男子汉气概的特征，这其中除了包括勤奋努力和有关外貌的文化之外，还涉及不断地去购买越来越多的商品。在这里人也被像商品一样对待。每个人应该表现得像商标图案

128

的复制品，而且应该将自己作为品牌商品来推销。在这些品牌的外表形象中，除了其他特征和内衣生产商的利润利益驱动之外，男性的生殖器也登上了展示的舞台。为了使购买内裤变得有吸引力，就要在招贴中展示男性生殖器。[59] 几百年来，男性生殖器一直被禁止公开展现，而且这样的禁令越来越严苛，而现在它却被作为图像的组成部分展示在世人面前。[60] 借助男性生殖器官展现了五花八门的内衣。对身体的广告宣传包含内衣的使用价值承诺。但是广告承诺移向了其他领域，而不是在身体领域，它所承诺的并不是身体所能得到的。对这些使用价值承诺的相应的兑现，如同所有的广告发挥的作用一样，是引起隐藏在广告中的某种感觉。人们之所以购买这些商品，是因为他们渴望具有对他人——虽然不知道具体是谁——性感的吸引力，可是最终表现出来的却是，这些被商品包装的主体只是希望通过镜子进行自我观察。在这里可以引用萨特（Sartres）① 的说法：这种"为他人而存在"却完全是通过"为我自己而存在"的方式得以实现的。这对不知道具体是谁的他人来说只是虚幻的表象。

在这个重新塑造典范的热潮中，通过夸大一种潮流使得这种流行趋势大放异彩，从而向发育未成熟的人提供一种商品——内裤，它用象征男性生殖器的外表来装饰穿着它的人。很多青少年穿着被贴上"妈妈们不会喜欢它"这种标签的内裤，因为"它唤醒了你身体里的野兽"。[61] 一张将成为这个时代模板

---

① 让-保罗·萨特（Jean-Paul Sartre, 1905—1980），法国 20 世纪最重要的哲学家之一，法国无神论存在主义的主要代表人物，也是优秀的文学家、戏剧家、评论家和社会活动家。萨特是西方社会主义积极的倡导者，一生拒绝接受任何奖项，包括 1964 年的诺贝尔文学奖。主要著作有《存在与虚无》《辩证理性批判》《存在主义是一种人道主义》等。

的图片展示了两个苗条的、光溜溜没有体毛的少年男子从脖子到膝盖的身体部分。他们只穿了三角内裤——像比基尼一样紧身，这样的形式展现了内裤所承诺的野兽般的私密——以一种将这一秘密包装起来、紧紧地包裹起来的方式。此外，这些内裤上没有方便小便的前开口。这显示了，它作为内裤并不实用，而只是被用作展览的演员戏装。这张图片的噱头在于，在男性生殖器的位置上印上了动物的头像。这如同印在包装上的内容一样能够激起购买欲。但是这些广告承诺了什么呢？它是向购买这个包装的人保证，当他穿上这样的内裤时，后者将通过强有力的象征男性生殖能力的男性气概承诺穿着的人具备了动物般的生殖能力。当我们更进一步观察这个商品的使用价值承诺和购买者的需求时，会触及商品美学基础补偿的一个变种形式，它展示了当商品美学将一个东西推向刺眼的光线下时，这样东西同时也消失在了某个黑洞中。

　　推动购买者去购买的，是通过将"妈妈们不会喜欢它"的广告放在聚光灯下，并在商品中清晰展现的某种愿望，而这种愿望就是男孩子们希望象征着英雄气概的男性生殖能力得到承认。弗洛伊德曾经指出，一次又一次得不到器官上满足感的经验摧毁了年轻小伙子成为伟大男人的梦想。"恋母情结的毁灭"，事实上并不是以遭遇到作为竞争对手的父亲的阉割威胁为前提的；恋母情结是在器官上的不满足感中衰落的，而且不是某一次的不满足，而是在一个长长的链条上一环扣一环的——一次又一次的生殖器官的不听使唤。通过这个商品能够找回象征男性生殖能力的英雄，这样的保证吸引少年们去购买，他们之所以会去购买，与他们是否**是**象征男性生殖能力的英雄无关，而是他们想通过这样的商品**只要被包装成那样**就足够了。在表象

131

中，这些商品向他们承诺了他们所希望的那种样子。但是这些被购买的商品只是用表象满足了他们的愿望。这些商品只是对男性生殖能力无所不能的幻想，购买者在纯粹想象中得到满足，这一切与那条三角内裤一样滑稽。因而，这件商品只能被用作塑造英雄的道具而已。当然它不仅仅具有这样的用处。

这种商品通过它的表面形象引起人们性心理层面上的兴奋，而且它作为想象中象征男性生殖能力的英雄道具被供给；而且，从它令人震惊的空无一物中又生发出新的趋势，即在现实中创造想象的空间。原先被光线所折射出来的那部分已经难以为继了，于是围绕着这类道具开发出来的交流形式只剩下了疯狂的幻想。这些内裤还是其他"唤醒你身体里的野兽"的道具的代表。这些内裤是包装，人们之所以会购买它们，是因为它们比其所包装的东西含有更多的承诺。它们是包装，但是不能被打开，因为被包装的东西必须非常害羞地藏在其做出诸多承诺的外表之下。而且这些外表只有在它突出其所包装内容的重要性，而自己只是微不足道的包装的时候，才能实现其自身的功能。作为绝对的包装而登场的包装，应和着奥斯卡·王尔德（Oscar Wilde）①的那句名言——"只有浅薄的头脑才不能从外表中发现实质"[62]，于是，这样的包装不会被看作徒有其表，人们不会认为外表之下没有任何内容，所以，这种纯粹的包装也不会过时，当然也不会在失望、愤怒、讽刺和轻松的混合情绪中被撕碎在空气中。在它们所包裹的地方，这些具有吸引力的包装创造了想象的空间，从这样的想象关系中，包装激发了购买者的购买

①　奥斯卡·王尔德（1854—1900），爱尔兰作家、诗人、剧作家，英国唯美主义艺术运动的倡导者。主要著作有《道林·格雷的画像》《教我如何爱你》《快乐王子和其他故事》《无足轻重的女人》《社会主义下人的灵魂》《自深深处》等。

行为。只要这类商品广告实际上只是为广告而做的广告，那么系统化地模糊购买的链条就不会被割断。通过裹上这样的包装，资本仍然可以继续招揽顾客。通过购买商品而使自己显得可爱的购买者将进一步被商品所出卖。因为这些商品只是用广告装点了购买者，这些顾客只是被当作一个没有什么特殊性的普通人，在一定的市场范围内，广告向货币拥有者的世界发散。商品美学毫无区分地、热情地向每个人微笑，而商品的灵魂如同淫乱者一样谄媚。商品美学让一切变得淫荡，而商品毫无区别地"将身体展现到陌生的肉欲之前"[63]，当然，这些只有从交换价值的立场来看才是有意义的。那些购买这些商品——这些被宣传为能够为购买者身体做广告的、能够售卖购买者外表的商品——的人，是将自己的性特征乔装打扮在可被购买的包装下，从而产生的效果是，这些商品愿意为理解这一点的人们效劳。

安迪·沃霍尔（Andy Warhol）[①]为美国的一家集团公司设计唱片包装，于是对男性生殖器官的宣传又一次出现在内裤之外的其他商品的外表上，在这里就是唱片。零售商做了相应的易拉宝广告，这些唱片因而获得热卖，唱片公司从中大大获利。这家美国公司最近在西德成立的子公司"主要是在这样的包装下"迅速地在联邦德国市场站稳了脚跟。[64]唱片的包装上展示着紧身的、包屁股的牛仔裤，皮带松松垮垮地一直奔拉到大腿上的三分之一处。[65]裤子所用的布料如同前面所说的，强调了柔顺的材质。通过沃霍尔的图片处理技术，非常清晰地突出了

133

---

① 安迪·沃霍尔（1928—1987），20世纪艺术界最有名的人物之一，波普艺术（Pop Art）的领袖。代表绘画作品包括《玛丽莲·梦露》《金宝汤罐头》《可乐樽》《车祸》《电椅》等，电影作品有《帝国大厦》《寂寞牛仔》《蓝色电影》《切尔西女郎》等。

男性生殖器官。在这幅图片里，安装了一条真的拉锁。拉锁可
以被拉开。购买唱片的人，也同时购买了可以将一位年轻男子
裤子前面的开口打开的想象，这个包装通过绘图技巧突出了男
性生殖器，并且以此使充满承诺的内容更具风格。购买者同时
也购买了将包装打开、将拉链打开的可能性，但是打开拉链后
会发现后面——空无一物。这是与皇帝的新装相反的故事：一
个新的有关购买者赤身裸体的故事。人们所购买的只是包装，
但看上去却比实际得到的要多得多。沃霍尔喜欢将自己表现为
社会批评家和启蒙运动者，如同他在金宝汤罐头和许多其他早
期作品中所体现的那样，他以假装赞同的方式将占统治地位的
谎言推到高峰，而因为傻瓜都能注意到那是个谎言，从而使之
破灭，这就是他的启蒙方式，也是他向人们说明问题的做法。
可能当他把安装着真的拉链的男性生殖器包装当作唱片封套时，
他想走得更远，他的插科打诨可以作为建议，从而帮助人们获
得解放，使得他们不再与转移到人身上的商品美学的虚假魔力
打交道。沃霍尔似乎在插科打诨中建议人们：如果总是被邀请，
那么就接受这样的邀请；一定要抓住这个许诺了很多的机会；
如果包装光鲜地承诺了其中的内容，那么就应该要打开它。这
样的行动方式会使得瓦尔特·本雅明所说的"商品特征中会腐
烂的魔力"被贱卖，并且承载着幻象的物品将退回到它本来的
范畴内。相比上面提到的那个建议，安迪·沃霍尔更强烈地反
对他主观设想出来的那些居中调停的方式和手段，这就是在他
的作品中暗示的启蒙性的内容。沃霍尔通过"使商品美学的假
面具只是发挥广告作用"的方式撕去了商品美学的假面具，也
就是说，被精心设计的也正是要被揭去的。不仅如此，更糟糕
的是，假面具用它自己所谓的方法加入破坏性的商品美学的循

134

环中，从中凝结出失望，因为人们拿在手中的只有包装。当这些包装显而易见地证明到手的只是空气时，包装所创造的想象空间和这个空间所带来的诱惑以及相应的行为轨道都再也回不来了。而且揭去包装而呈现出来的空无一物将侮辱和欲望重新抛回给包装的拥有者。不过，沃霍尔所设计的商品包装虽然引起了顿悟和失望的混合情绪，却并没有激起愤怒，这其中的相互关系令人看不透。而只有欲望——没有被满足的欲望——看上去显然是被战胜了，它因为它自己的缘故而被征服了，即因为没有体现出真实的享受关系，因而它没有得到回报。

135

## 6. 感官世界的塑型化趋势——被迫返老还童的社交天才；充分利用青春魅力；居住空间的风景就是性感的风景，住在那样的地方，人们不会老去，但却会死去

在 20 世纪 20 年代末，克拉考尔观察到，当年长的雇员被毫无顾忌的价值变现立场评价为无可榨取的时候，人们会从中体会到更多的冷酷无情。克拉考尔在"当今年长的人普遍被抛弃的情况"中找到了事实的真相，从而他指出："不仅是雇主，所有人都回避年长的人，而且还大肆赞扬年轻。年轻是图片报纸和报刊受众的偶像，年长的人追求它，并且购买那些能使自己变得年轻的东西。"年长者着迷地追在年轻的后面，"所谓的'活力'其实是一个会带来灾难性后果的误解"。[66] 几年后，布莱希特总结了戏剧《小市民的七宗死罪》的主旨，他指出，年轻最终输给了时间的法则——"年轻有什么用，它终归会消逝！"但借助没有实际用途的年轻却可以帮助人们到达一定的社会地位，相反，是年长的人共同体会到了自己的无用，并且羡艳地

回首过去。克拉考尔模糊隐晦而又小心翼翼地指出了这种空洞、总是被忽视的循环的原因，他的分析之所以过于谨小慎微，一方面可能出于必要的伪装，另一方面——更确切地说——是以人们容易接受的，并且是以深思-平和的方式进行阐释，总之通过这些解析，他将"与年轻共同推动的偶像崇拜"部分作为资本主义商业形式的部分反应，部分理解为对产品和管理领域中的某些变化的反馈。毋庸置疑，"变得合理化的商业运行即便没有产生这样的误解，但也包庇着这样的误解"。在 20 世纪 20 年代，将生产领域和管理领域进行"福特主义"重新构造的合理化推动力，意味着伴随着技术革新，在职业资格领域——尤其是对于雇员——有许多新的要求被提了出来。那些成长中的青少年自然更能够满足这些要求，因为他们接受培训的时候正是这些革新发生的时候，这样一来就出现了更残酷的剥削，因为对年长的员工并没有提供相应的再培训和安置计划。这个过程对许多人来说都是凄惨的；当他们超过 30 岁，就会遭到厄运。对于很多人来说，失业毫无疑问就是他们的未来，在职员工会进行的一次民意调查中，有留言说："未来是前景黯淡的，看不到希望。迅速的死亡应该是最好的办法。这是一位 32 岁（！）、已婚、有两个孩子的父亲写下的答案。"[67] 成千上万的人都有这样的经历，它所导致的结果是在全社会都对年轻赋予了更高的价值，年轻的光芒是由资本主义社会中年长者的暗自恐惧所供养出来的。但是在排斥年长并崇拜年轻的态度中包含着一种剩余，它并不是在对非人性的资本主义剥削进行合理化过程中自然而然产生的。克拉考尔将这种剩余看作是在资本主义社会中存在的无意义感的折射，资本主义也只有通过这些功能才能得以确认。但是克拉考尔只是隐晦地表达了这些。由于被合理化了的商业运作并不确定自己的意义，因此它也"禁止"有工作职位的大众提出关于他们自己的存在意义的这类问题。"但是当人们不能将目光放在有意义的终点时，就会将它引导到最后的终点，这就是死亡。他们的生活就摆在他们的面前，为了生活，他们赞叹年轻，也把自己推回到他们的起点——年轻。由此而来的年轻，将成为人们不正常的满足，因为真正的满足消失了。占主导地位的经济形式无法被看清，因此必然导致这种没有任何实质的活力获胜。"[68] 资本为了实现变现而付出努力，而变现对于依靠工资生活的劳动者没有意义；尽管这些人的存在是通过资本的变现功能得以确认的，但是资本变现对于他们没有意义；只有领工资——毕竟这是生活下去的手段，对他们才有意义；但是这里所产生的经济方式并不是通过保证存活下去的目标而确立的，而只是通过利润的增殖确定的。去生活和去工作对于资本主义社会中的劳动者来说从不意味着去完整地创造一个作品，并且将它看作是能为自己的人生带来满足感的生活内容；相反，在社会主义社会里，每个人都将他所制造的机器、建造的工厂、建设的住宅区当作他能对此发挥作用的设施。一直为陌生人工作，到最后就意味着白白地付出了劳动。在衰老和死亡中，这种体验不可避免；在不能看透其本质的相互关系中，在被排除出某个阶级组织之外时，他们跌向衰老和死亡，而且加剧了其悲惨的前景。盲目的、并不具有阶级意识的期望风暴，又刮回到"年轻"。

年轻的魅力在商品美学中以各种各样的方式发挥着作用。它从商品世界向公众散发着光芒，并且在那里加强对感性世界的塑型，使之按照年轻的模样而被构造。在对女性销售员的装扮要求中就体现了塑型感性世界的结果和出发点。这些女性售

138

货员的年轻被作为资本的销售功能，而"年长的"——这只是一个非常相对的概念——会被降级或排挤。这个过程也会以前面所刻画的方式进一步强化令人焦虑的年轻的吸引力。这个作用关系会通过反馈而被进一步强化。更进一步的、跳跃式的强化来自美学革新的功能循环。在第二种方式中，作为这个功能循环的副作用确立了年轻的图景，并将这样的图景作为普遍的典范和效仿榜样，也就是作为窥阴癖和普遍存在的性欲望的目标图像：从资本的立场来看，只有通过定期不断进行的美学革新才能实现销售变现，因此年轻的购买层就是格外理想的目标，因为他们会特别迅速地对新事物做出反应，而且无论是处于主动还是被动，他们都希望新事物拥有更好、特别是具有可塑造性的形态；他们同时也开发了新的样式和"风格"，并且通过他们的亚文化——其精神特质是不服从——为之提供了充足的资源，从中，资本总是能够获得材料，并由此创造出时髦的新东西。在年轻人中有一些与众不同的群体，对于资本而言，他们从本质上来看尤其具有创造力。这样的人群由于他们的独立性，因而不属于可以被归置安排的生命，由于他们将生命表现的问题变成了争论中心，因而他们不断开发出新潮的、超前的、特有的表现方式——这使得他们不会与其他人混淆，而且能够不断地创新。每个年轻人在审美上的自我展现的新方向都会导致一个分支市场的出现，从资本主义市场的立场来看它们被作为试验市场。受市场欢迎的商品的外观形象，将是这家乐于尝试的公司在市场上获得成功的保障，也就是说，投放在非正式试验市场的商品对资本起到先导商品的功能。一旦试验市场和先导商品在年轻人的亚文化中被构造出来，无论是在建立这个市场的进程中，或是在生产这些商品的过程中，又或是在将它们转移到普通市场的过程中，年轻都将作为标识其出处的标志而被保留下来。用这样的方式，一个从这些资源里被喂养出来的美学革新将带着特有的目的进行宣传，这个目标就是要从正在使用的商品中淘汰某个类型，从而使市场在感官刺激的力量下重新被打开，与此同时，年轻也被宣传。通过强化年轻的榜样魅力又将功能循环变得更紧凑。年轻人作为典范发挥作用，这意味着，对美学革新的宣传并不是直接的，而是迂回地使年轻人的行为变得受"欢迎"。年轻人所做的，将是被模仿的。[69]特别理想的顾客将成为普遍理想的顾客。因此资本主义变现利益的许多具体化形式总会带来副作用：以年轻为方向。[70]

年轻不仅成为成功的商业画面的构成基础，而且也是性魅力的表达，是由此所形成的成功且幸福的外表。因而强制性的功能循环再一次被固定下来。这其中主要是担心因为"年长"而导致资本的失败。这样的担心立即通过商品供给，以资本主义特有的方式被"补救"，即通过包装来表现年轻的外表。因此现在成年人不再能"小看"被确立下来的年轻的装扮标准，他们如果那样做是会令人讨厌的，而且之后会受到被排斥的威胁。在职场生活中，越来越多职员将具有一定的性吸引力作为出路，从而他们便不再只是因为外表是否符合外表年轻这个标准，而被资本接受或排斥的群体了。这样的结果是，为了避免性早衰和被孤立的惩罚，到处都是各种强制力量，将人们推向供其使用的"美容品"和供他们用于布置室内的装饰物品面前。按照大公司自己的说法，这些商品完全被用来"使人年轻"，通过其美学层面上的使用价值承诺，这类商品对来自社会的和对性的复合性恐惧情绪以及对热切的欲望一并做出了答复。这些商品为购买者提供了一种性冲动客体，它呈现为令人渴望的年轻的表现形式；它们也是提供给购买者的手段，通过它们，购买者能够将自己打扮成年轻的样子，从而吸引其他人，或者至少将年长的印记隐藏起来。当然，每个这样的商品都在堵住一个漏洞的同时带来另外一个漏洞。因此，一个商品连带出另一些商品，一次购买之后伴随着后续的多次购买。这个动力过程将会发展为总体形式；它通过将商品更新换代而推动着总体的形成。这类总体以整体为目标的动力过程为基础；通过诸如"完全的风尚"和"完整的设计"这些来自资本代言人语言中的概念，资本只能部分掌握这类总体。这是因为这些概念，例如"女士时装"（包括了服装、假发、化妆品、饰品等）或"住宅文化"（包括了家具、地毯、窗帘、灯、花瓶、图画等），总是要在某些商品群的美学联系中才能被理解。如同在人类世界，一代一代人交替存在，在商品世界，"样式"也会出现在每个市场领域，并且一代一代前赴后继地更替着。这些样式主要是为年轻的购买者或者以年轻的典范作为决定依据的购买者量身打造的，它们需要迅速地跟随代际的变化，新的潮流会彻底挤走之前出现的一切。与人类社会相似的另一点是，每个商品代际也会组成"产品家族"。例如，在起居室里这个家族包括家具、窗帘和与之相搭配的某个装饰性美术作品的印刷复制品。大型的装饰委托常常使得各种各样的室内世界如同被统一浇筑了一般。起居室必须是"新潮的"、从一个模子里出来的、吸引顾客的，这是装修委托的唯一决定性因素。这样构成的装修委托导致了设计形式上的完美，而且所有的设计都是一样的。这其中隐含着对主观的武断强迫，而它来自客观存在的资本变现的强迫。这些设计主要不是为了实现创意，而是把对创意的实现当作对资本见风使舵的不断更新的乔装打扮。服务于资本无形目的的设计师总会以"创造性"为幌子，而这些委托实际上是以此为名偷偷地消耗有创造性的人们；设计委托所创造的只是不断地回到一个彻底的托辞之中，那里空洞无物，而这个托辞同时也被下一个所排挤。另一方面，也正是这些资本主义设计的空洞无物，使得造型愿望被完全释放出来，而且它的作用得以到处体现。资本主义设计的副作用因而体现为无边无际的正面效果，它的贫瘠被当作了富足。这样的造型委托并不是来自人类的需要与可使用的东西之间的关系，而只是起源于资本的销售变现需求和美学革新的工具；表现为突兀的装饰活动对于所使用的东西而言，并不能维护它的合理的和人们已经习惯的固有模式。如果商品的使用功能被当作商品的理性核心，那么正是因为对使用形态的重视，那些资本主义式的、有功能确定作用的设计就可能导致过度造型。因此，出于这一动机，只要有可能，各种各样的新商品就会源源不断地冒出来。一间房间或一套住宅里的每个有用的组成部分都需经过"设计"，从而使它的外表变得趾高气昂，颜色也被涂成迪斯尼动画片里的样子。住宅也成了"风景"。

"新的生活风格"是 1970 年一家家具公司在它那五颜六色的海报上提出来的——这些彩色的海报展现了复制技术的胜利——"新的生活风格要求有新的家具创意。家具 K 系列……将帮您实现！"[71] 这里的功能循环是：生活风格→家具创意→用商品的形式来实现，但这个功能循环连一半的现实都没有反映出来。在这里作为出发点的生活风格，实际上更像是一种结果。当资本从特定人群的现实需求出发开发出"创意"，并将它实现，这些需求的主体并不知道这是如何发生的，而且只有商品形式中的"可满足的"需求部分被提取出来，商家通过提供

142

商品来使它变为"可满足的"。家具公司以不被满足的欲望为契机开发出住宅风景的点子，欲望躁动的关键显然主要与婚姻生活有关，并且性活动显现出超越婚姻界限之外的趋势，因此对于市民阶层，尤其是对新兴的非独立的中产阶级，为了解决他们清教徒式的道德问题，就要掷地有声地提出未被满足的欲望这个要素。"新的生活风格"这个概念意指对文艺复兴运动讽刺性模仿的一种新生活（Nova vita），与其他概念一样，被家具生产厂商当作一个市场领域，并且为之提供特殊的商品。居住地的风景就是性的风景。在面对普通公众的日报上刊登的那些美好的广告本身，成为向居民展示这种风景的榜样。诸如此类的广告上提出了这些说法，例如"安吉里卡家具（Angelika）是为被惯坏了的情人准备的"[72]：在每一面墙壁上都安上镜子，四面镜子环绕着大大的圆形躺塌，地板上铺着有着长长绒毛的绳毛地毯——这是仿照动物的皮毛制成的，恰恰展现了布满苔藓田园风光[73]，卧榻上躺着年轻的、赤裸的躯体，不仅有男人和女人在一起，还有女人和女人在一起，只有男同性恋没有出现。在居住地的风景中融合了商品家族的大量成员，因此居住地的风景展示的不再是传统的单独一件商品，而现在是围绕着性对象、用性来装饰，将一个完整的商品复合体做成了性生活的环境。拥有这样住宅的人，在由各种物品所构成的房屋里，他会被驱使按照相应的生活方式度过每一天，而不管他在主观上是否有这样的需要。预先确定的行为方式首先会呈现出其意义所在，这是映射在从整个过程中所展示的、所看到的和被看到的事物之上的。这样的住宅是"性感的"，如同是之前的"舒适住宅"的变种。通过松软毛绒绒的材料和间接的照明而接近了的预先设想的淫荡效果，这样的效果慢慢地被提炼出来，广告中

143

144

人们的造型也同样如此。

　　在这样的住宅风景中，一直被人们所期待的是它的个性特征。即便这种住宅风景应该引起追求解放的欲望，但是资本发现了性欲望的刺激，将它作为造型想法的诱因，并且用商品的形式将它实现；因此在这之后，性风景就被买走了——因为它的承诺满足了购买者的本能欲望，并且培育出某种欲望结构，当然这种欲望结构不再与之前那个"造型想法"的出发点一致了。拥有这种房屋的人，他的欲望将被引向一个新方向，即性生活的外壳将用生活，准确地说是用他的生活来填充。他必须将这个新方向植入合适的社会关系中，也就是要和性伴侣一起。这绝对不是唯一的大宗购置。我们还添置了大量的配件，这其中有家用酒吧和酒精饮料，它们作为生动地实现性景观的驱动手段是不可或缺的。这样的景观还需要身体赫然醒目地躺在那里。发光体的形状如同这些设施中所有其他组成部分一样，应该是以同样的节奏膨胀着，它的光线应该能照进身体里的每个皱褶。这样的房屋需要身体，而且身体不能有气味，这些身体上的一切都应该是被事先安排成可以经得起仔细查看的。要是身体能达到这样的标准，必须要购买多少东西、去花费多少劳动啊！一个美容品业的完整的商品拼盘是必要的。这种居住景观里所渴望的身体不能有胖肚腩、皱纹、年老体弱，因此这个圈子再次以年轻为典范而构成。这样的居所风景并不是真的为年轻人所设计的，而是为那些努力拥有年轻漂亮外表的成年人设计的。[74]在这样的室内，身体会映照到哪里，是不会被考虑的。不属于这种行为方式就不适合这里，包括工作——除了整饰外表的工作、政治和讨论等。在这样的房屋里，没有衰老，也没有悲伤。一切担忧，更不要说悲伤了，在这里都属于禁忌，

145

是被摒弃的。除了生活在光线下、涂着润肤油的身体之王，在这个房屋中只剩最后的解决方案——死亡——可供选择。老去的人要在这样的房屋中生存下来，就必须要去掉皱纹，如同化蛹成蝶，他要从一种造型变成另一种，就像一个市场区域里的购买者变成了另一个市场区域中的购买者。

### 7. 商品美学，广泛的重要性——"暇步士"牌和某种狗品种的流行；通过商品美学，主体与客体的相互构建；资本主义的自然史

在 1943 年那个战争年代，美国政府对肉类加工领域的工厂下达了一项指令，通过新技术将从小猪身上褪下来的皮卖给皮革和制鞋工厂。一家制鞋和皮革加工公司开发了与之相符的特殊的褪皮机器。也正是从这家企业中，后来发展出世界最大的鞋业集团之一，这就是位于密歇根州（Michigan）洛克福德市（Rockford）的沃弗林环球公司（Wolverine World Wide Inc），这家集团公司从 1958 年到 1971 年销售了超过 1.2 亿双品牌为"暇步士"（Hush Puppies）、印有巴吉度猎犬（Basset）商标的鞋子。从 1963 年开始，这家公司在西德成立了特许经营公司，特许公司到 1971 年为止仅在联邦德国就销售了超过 600 万双鞋。这家集团公司使用的小猪皮，"只是当时正流行的烧烤热潮的'副产品'，在这股流行风尚中许多小猪作为乳猪被烧烤"。[75] 在 1970 年前后有半数以上的德国人都认识暇步士鞋由狗的图案和名称所构成的商标，而在 30 岁及以下的人群当中有 2/3 的人认识，也就是说比起"知名"政客来说，认识暇步士商标的人要更多一些。在关于如何想出这个商标的问题上，这家集团公

司准备好了一个故事，这个故事作为顺带产生的产品也起到将资本主义思想确立下来的作用。这个商标是这家公司的一位销售经理1958年在美国南部四处旅行时的意外收获：有一次，他看到几个人在吃爆米花，并且会将爆米花扔给冲他们叫的狗，边扔边说："Hush, puppies！"（嘿，狗！）看到这个景象，这位销售经理受到了启发。这个启发就是，他认为，他的公司如果有可以提供给除狂吠的狗之外其他种类生物的东西，那么他的公司就能盈利。而这个其他种类的生物在他的理解中就是大众和购买者的世界。在一次"消费者调查"中——这是对潜在的购买者进行的调查——有七个商品名称可供选择。调查结果是，选"暇步士"这个名称的人最少。但是这个名字最后还是被挑选出来了，因为它受到销售商的喜欢，而销售商的销售活动对于公司来说才是最重要的。

由此可以看到，"消费者"并不是销售主管所关心的，销售成果才是重要的。对于消费者的价值估值可以加以改变。他们可以用动物标识来敷衍。这个商标的成功可以从《法兰克福汇报》经济版面中的一篇报道的赞同论调上得到反映。"第一眼看上去就是一个可爱的家伙，"那篇报道这样评价这个包含着狗图像的商标，"它那长长的棕色耳朵和白色的嘴巴，让人感到忠心耿耿又有点笨手笨脚的样子，令它今天在全球46个国家都拥有朋友。"[76] 将人们像狂吠的狗一样去对付，并使之乖乖地顺从的盈利驱动力，如果不这样伪装在全世界就没办法获得友好的关注。这个动物标识展现了忠心耿耿和有一点点笨拙的样子，从而能够应付购买者理智的不信任，使他们沉默下来。这个商标广告直接的和有针对性的成果，体现在产生了巨大的利润，也表现为沃弗林环球公司资本的迅速增长。但是除此之外，它还

147

产生了副产品，或者说所谓的副作用。这个商标上的狗的品种，由于将它的照片用作对相应商品的宣传，也同时得到了宣传，随之而来的是对这种狗的喜爱，这个品种的狗在爱狗人中间迅速流行起来。"巴吉度猎犬在一些国家被宣布为时尚狗。"[77] 之所以会产生某个狗品种的流行这样的副作用，也是因为在人们那里培育和广泛传播了一种行为方式。商品美学批判所提出的问题也不只局限于对商品的美学装饰分析。在这个问题可以用来分析在资本主义制度中人们的主体和客体中间的关系，这种关系通过客体表现为商品形式，并且通过商品形式，表现为从变现立场出发的具有一定功能的美学外表。[78] 如同在前面的段落里已经提到的那样，生产厂家所提供的商品的总体性是"完全设计"的体现，也就是将商品分成不同的美学单元进行整体构造。商品的整体性不仅是从其他领域里仿照出完整的商品群类，而且还培育了行为方式，构成了感知、感觉和价值，并且塑造了语言、服装、自信以及举止，尤其是与身体的关系。商品的整体性带来了大型公司成功的消息，它的商品决定了大众消费，同时这也宣告了来自人们的天性模式化这个前线的胜利。在模式化背后发挥推动作用的力量是获取利润的驱动力，在这里可以将布莱希特的话稍加修改："什么样的巨大飓风灾难才能阻挡资本获得利润！"原来布莱希特所说的是："什么样的巨大飓风灾难才能阻挡人们获得乐趣！"[79] 这句话太简短了；当资本不断把各种享乐推送到人们面前，并且将满足欲望的渴望作为他们变现利益的驱动力时，灾难才完全显露出来。在赚钱的中心点、性活动和安全感之间总是有欲望和恐惧在煽风点火，那里是资本可以采取行动的地方。因此，下面的机制开始发挥作用了：某些可能通过商品"满足的需求"，也就是实质性的需求，将会从需求的复合体中被单独挑选出来。现在开发商品，要让它的外观和标识语言能够与被选取的需求片段相符，就像钥匙与锁那样匹配。之后，购买者想要的东西登场了，这些商品中，好像可以找到人们没被满足特性的完美展示，而且似乎也可以从这里得到满足。为了使人们"本能地"需要这些东西，这些东西必须是适合购买者的。当商品能够自动地捕获购买者时，商品的承诺和通过资本的代理者对这些东西的装饰，从而使它们能够表现出让购买者接近的表象，都是对优越生活的盗窃。人们耗费精力、花费生命中的时间去劳动，然后用劳动换来了看上去对他们的生活有用的东西。商品中包含着可被探查出的副作用成分，可它们却被粉饰为非常积极的形态。被滥用的需求结构因此被改变了。商品世界持续不断的美学革新对应着的是持续不断的需求体系的改变。这种改变的方向并不是清晰的，但是它首先毫无疑问地加强了这样的布局，即它处在与清晰的社会意识所相对的另外一个极点。

149

针对一个物品去问"它有什么用？"和"它可以卖出去吗？"是不一样的。与第一个问题相对应的是使用价值立场的特性；这首先是在社会主义条件下或者至少是在协作社会环境下出现的。第二个问题对应的是交换价值立场的本质；它的发展方向是推出商品美学现象，并且一直推动它的发展，这个趋势是建立在私有商品的生产基础之上的，并且只有通过私有商品生产将它取消或是至少进行一定的社会限定。只要这样的生产能够创造利润，那么就会实实在在地从主观领域发展出可销售性。[80]如果尝试勾勒商品美学的发展趋势，那么至少可以有一定把握地作出两个方面的预测：在这里所讨论的商品美学现象从数量和重要性上来看，都会进一步增加；这种现象从质量层面来看，它的影响是商品的使用价值结构将进一步推向与荒诞的需求行为联系的方向。越来越多的商品将不断转向另一个方向，从而走向另一个极端——产生纯粹的"意义物"。"意义物"这种说法是指，作为使用价值的商品其物质实体本身的现实程度和存在方式，已经被简单的"外表物品，即能够凭借它的属性满足人们需求……的东西排挤掉了"[81]，从而朝着不断强调商品的意义和深远内涵的方向发展。人们所看重的，已经从直接的、与物质用途相关的使用价值，转向想法、感觉，还有人们与商品相联系起来的联想，或者人们假想的与这个商品相联的其他想象。商品的包装和广告策划如何利用联想的晕圈，决定了对商品的联想范围，也确定了建立在商品使用价值基础上的需求关系的塑造。于是，那些能使商品脱离自身，例如通过与其他商品产生或是积极或是消极的关系，从而在任何情况下都能从"别的东西"那里构建出它的"意义"和"内涵"的东西，就变得越来越重要了。因此，某个商品，例如它是新颖的，因而在它的实质里包含着对老旧的否定，那么这个商品就能产生独特的魅力。这样的商品不仅只是肯定或否定，而是强调了新颖的意义。只要商品的造型包含着对美学革新的考虑，那么它的重大性质特征中就一定包含驱散"老旧"的因素。

商品美学型塑了人们的感知，这个说法意味着，在资本主义社会里，人们是如何在诱惑下形成一致性服从的态度的。人们将他们在社会中的存在体验视为非政治化的自然状态。他们不会被迫去幸福；每个人都可以从自己的生活方式中得到幸福。他们完全可以依靠自己找到摆脱物质贫乏的出路，走向那些能够直接满足需求的东西，并且受到它们的吸引。这个社会有"缺乏"和"满足"这两个极点的具体设置；但是对于个体来说这样的设置消失了，因为在这个系统中所隐藏的私有财产暴政"随随便便"就将自身的需求"纳入进来"，而人们以为自己是有自主性甚至自治的主体，他们将这些被纳入的客体——即资本的需求——误以为是自己的态度。个体通过回避物质的贫乏，而看上去能够自给自足，不需要社会的支持。个体通过追求满足，并且追随诱惑，而看上去能够满足自己高等级的需求和享受，却不用与自然进行社会性的物质交换。在商品的美学层面中对个体产生诱惑的是，商品美学将自己扎根在人们的感知当中，并且将自己表现为来自个体的、原始的、自发的本能。在这个过程中，个体的感知被塑型并默默地发挥作用，因此这样的感知看上去像是天然形成的，这段历史也具有了自然史的特征，仿佛只是人类社会不断延长的史前史。

　　当从自然生长和自然历史的特性，来讨论这里所勾画的人类感知的发展过程和商品世界的发展过程时，就必须要看一下生物发展过程所提供的线索。本能的力量是被这样设置的，即在它的驱动下会出现盲目机械的发展过程。将商品世界五彩缤纷的装饰与植物世界盛开的花朵做比较[82]，可以看到两者都表现出了建立在等价交换基础上的外表。在植物界，花朵的颜色、形状、香味和花蜜联系在一起，吸引着昆虫。在花蜜被昆虫采集时，就形成这种互动过程附带产生，而对植物产生作用的授粉功能。对于植物来说这个过程重要的是授粉，而对于昆虫来说是获取养分。盛开的花朵所散发的吸引力帮助植物实现了繁殖。这种吸引是通过"漂亮的外表"，通过花的形状、颜色和香味发挥作用的。但是如果没有花蜜这种实质性的报偿，这个系统就不会发挥这样的功能。到目前为止，这样的比较非常贴切，因为这个比较并没有展现在自然生长中根本不存在的动力机制。

152

一旦我们改变这个过程中的形态，也就是当建立在花蜜经由昆虫传递而进行授粉基础上这一普遍有效的系统形态发生变化时，那么其所表现出的和谐就不存在了。这会出现在食肉植物世界中。它们也模仿着开出具有感官吸引力、也含有花蜜的花朵，并且让这样的模仿通过美丽的外表而产生功能——使其极具诱惑力。如果将这样的过程理解为"自然"，如同文学作品的标题上随处可见的那种"自然"，那么这个概念主要表达的是自然迷人的塑型力量、它的强大以及大自然残酷的一面，那些迷人的、繁茂的、令人麻痹的"美丽"，都是吞噬和被吞噬的表现，也是武器。从这个角度观察，可以看到到处存在着为了生存而相互厮杀的战斗，为了食物、生存空间和自身存在而斗争是生存的手段。只要新的生存手段的发展不足以让所有的生物都能获益，就还会到处存在斗争。只要在形成新的生存手段的背后，还有个体死亡的威胁，或者甚至是一个物种全部消失的危险，那么所有的"自然"生命力都会推动新的生存手段的发展。只要生物在相互帮助、或相互对立中发挥影响，就会形成生物系统的结构，也就是产生幸存的门槛，这是个体努力，并且不得不要超越的标准。通过"自然"产生结果的方式，使"自然"的力量强有力地统治着所有个体，个体对于自然是无力的，也使得"自然"自动地、不可见地发挥着作用。在互相关联不可分割的"自然体系"中，美学层面的吸引力是一个处于其他层面之下的层次。

现在在商品美学的层面上，像展示自然史的发展一样展现出资本主义的发展过程，可以看到单独的资本在努力获得增值而普遍存在的相互对抗中，产生了一个由多彩的外表和各种各样的形式所构成的世界，这个世界发挥着吸引购买者和其钱财的作用。现在在这个感性的世界和与它保持协调的主观感觉系统背后，是"多头巨兽"永不满足的价值饥渴和不断增值的渴望，在那里每张嘴都想倾尽全力、尽可能多地吞掉其他人。在吸引购买者——他们只是钱财暂时的拥有者——分发他们的抽象财富时，一个资本个体是通过有吸引力的表象超过其他资本个体的，而有吸引力的表象能将购买者、他们的需要和享受，与物质财富联系起来。没有什么东西能拥有像资本那样令人印象深刻的主观专断，除非它能够支配钱财。没有人能够像资本那样拥有那么多的奇思怪想，能探查和挑选购买大众，从而对所选择出来的想象元素按照市场的相应要求进行物化（Materiatur）。当反馈成立时，也就是说，当商品受欢迎、被买走的时候，那么主观的感知伴随着商品世界发生了变化，这个发展过程也会强有力地改变社会的性质。在这里，这种力量和自然生长过程表现为商品和资本的拜物教特点。商品，在这里按照马克思从歌德（Goethe）那里借用的幽默的表达方式，就是"感觉上的超感觉的东西"[83]，换言之，商品使用价值上的可感觉性意味着社会特性不可客观把握的超感觉性，而社会特性是经济形式的决定要素，因此，商品的超感觉性能对它的可感觉性进行塑造和改造，也可以对人们的感知进行塑型和重塑。在消费品市场，所有的资本个体及其代理人的物质杠杆都是这样设置的，它们只能通过在抽象的财富中引入商品美学手段才能产生利润。这是通过分散的、多个方向的同时努力而引发的持续不断的巨大生产力。因此感性的物种在这种努力的影响下，发展出被动的自然生长。尽管每个步骤都与满足需要的期望相互联系，但他们却搞不清楚为什么会形成这样的局面。

154

155

# 第四部分

## 1. 西方社会的商店

在欧洲最大的商城卡迪威购物中心（KaDeWe）里面，"一切的东西"都应有尽有，这在西柏林已经是众所周知的了，而在东部德国却还只是人们的梦想。当然，大家都知道，其实在卡迪威购物中心只提供有限的"所有"东西，也就是只有消费品，既没有工业设备，也没有军备用品。而且一思考就知道，并不是所有的东西都能购买，比如年轻，或至少爱情和幸福是买不到的。而恰恰是这些不可出售的事物到处出现在商场里。商店这样的地方不仅是物品的集合地，它还构造了一个世界，一个特别性质的整体。日常生活中作为"要么……，要么……"而体现出来的，在商店里都表现为"不仅……，而且……"。在这里，如同宗教艺术那样，模仿了各个领域、各种各样的美学语言，并且再加上了游乐场、夜总会、主题公园和度假乐园式的，将歌唱、舞蹈、杂技、自由发挥的歌舞剧融合在一起的特点。白菜萝卜各有所好，各种品味无可争议。在购物中心"之外"的各种争议也和它相安无事地并存着。但这一切中最糟糕的事情是，没有考虑商城内部各种元素之间的兼容性。不同元素相互撕扯，无法构成一个整体，每个部分都是不完整的。没有一种风格占主导。"一切东西"都有不可见的限制，在这样的背景下，商场成了"整个世界"。当用"商品美学元语言"来描述、展现购物中心，并且在其中采用了"圣像学"式的措辞时，当这些文字"通过融合成一幅展现着商店魅力的图画"时[1]，眼睛就必须学会思考，眼睛就必须能够看到其中的思想内涵。"我们"想去的应该是"商店"所在的地方。因此首先要反对的是对习惯的错误信任。由于衰落的或者至少是过时了的宗教祭拜被看作是不同寻常的，因此应该用看待艺术博物馆的眼光来看待商店。商店逐渐接近躯体，却被说成是与它保持距离。在考古学家看来，殉葬品是可使用的物品，因为考古学家从这些殉葬品中发现了可以使用的特征。但是这并不是关键，由于这种丰富性被隐藏起来了，因此在后来的私有经济所限定的领域中，商店资本将那些通过劳动分工而分散生产的产品组合为私有产品。于是拥有"数量巨大的商品集合"的商店是私有的，而不再是专业分工的。通过这种私有化整合劳动分工的方式，又再现了整体。

156

　　两种现实情况相互叠加：产品的社会化分配和贸易领域的私属空间。一个是生活物资的储藏和销售地点，一个是可使用物品和对它储藏和销售劳动的概要。日常生活中普通的、一般的可使用物品必须处在被安排设计的阴影下——这些安排设计完全控制着商品，与对它的管理和交付一起出现。这是第二个现实情况。它不言自明地控制着第一个现实情况，使得第一种状况被人们遗忘了。商店世界将我们诱惑到一个秘密的世界，显然我们没有对商店世界保留怀疑，而是意识到我们的文化从此形成和被重塑。如果商店里的设施使得我们牢牢绑定在由陶醉和麻木所组成的双重感觉上，这是因为它是资本的投资所在。这个在其他上下文语境中到处出现的概念——"资本投资"，在我们的上下文中，是"资本投资物"的含义。

日常生活中常见的使用物品，如鞋子、衣服、靠枕等，被如此隆重地展示出来，仿佛是圣洁的宗教器物，或是永恒的圣体显灵。宗教的圣坛在被设计成空间实体时就变成了庙宇。而且如同曾经在一些庙宇中附带存在的、有狂热宗教崇拜性质的卖淫行为一样，至少是在这个层面上，商店意外地变成了夜总会。在商店里的"所有物品"中都包含着附属的感知，即对美好生活的设想，而且这些设想扩张到各个层面。"名字大部分时候会和实际情况保持协调一致，"亚里士多德（Aristoteles）说过，"被称作'幸福'的状态很多时候就像是被塑造成了这样。"[2] 通过这些物品，并且围绕着它们装扮出了幸福的榜样。商店里摆放的玩偶生动地体现出与这些物品打交道的典范方式。它们是人的仿制品，是假人。它们被用来满足我们的需求。这些以舞台方式布置的物品是真实的，并且被当作真实的组成部分，通过这样的布置，这些商品转化为物品的表象，变成了充满艺术感的、经过修饰润色的照片——在那上面，是完全被艺术涂抹的面孔，或年轻漂亮的身体，或身体的某个部分。

通常，这些商品本身就是被观察者所注意的外表，它们通过被赋予超感官的外表而得以强化，从而展现出闪闪发光的表征，被福特主义（fordistisch）[1] 先生们看作"无与伦比的"奢

---

① "福特主义"这个概念来自安东尼奥·葛兰西（Antonio Gramsci），他使用"福特主义"来描述一种基于美国方式的新的工业生产模式，它是指以市场为导向，以分工和专业化为基础，以较低产品价格作为竞争手段的刚性生产模式。

侈包装。通过将这些巨大的数量累积起来，就出现了质的变化。灯光照明让物品跳起舞蹈，盛装的歌舞剧开场，鞋子组成的圆形的大蛋糕，一个长满了腰带、浴衣的温室，它们在那里相互调情，还有水灵灵、如植物一样的女士礼帽。幽灵般的围巾、精灵般的衣服，没有人穿着它们，它们却在房间里飘逸而过。在灯具销售部，不仅有照亮房间的各种灯具，在那里，让购买者目瞪口呆的是散发着光芒的各种风格的风景，天空上布满了星星形状的吸顶灯，世界在这片天空下产生。因此，商店这个世界被展现出来了，它仿佛是迷乱的天空或错乱的大地。在那里，挂着厚厚的幕帘，幕帘是用枕头组成的，幕帘上又展现出用丝线缝制的彩虹。

　　这些物品非同一般，不是普通的台灯、鞋子、雨伞、帽子、窗帘，而是对想象中的幸福的展现。它们将自己作为有待出售的幸福的台灯和幸福的枕头，是的，还有每一只幸福的线头和每一枚幸福的纽扣。它们的本质表现在外表上，它们的外表深入内里，这是幸福的表现。就这样，在商店里，所有的东西掷向外界。

　　这些"外表"如何向"内里"发挥影响？就是通过外表所展现的魅力使人入迷，产生令人惊艳的魔力，通过它传达神话；简而言之，就是与有意识的交易能力相反，与自我意识到的共同文化实践相反。

　　"经由"这些原始的吸引力，诱惑力被加强了，并且产生了第二层吸引力，可使用的东西在美学层面上独立并表现出疏离，从而散发影响力。商店中摆放的人偶，还有其他与商品相联系的人类形象示范着如何与商品相处，而不再只是简单地扮演着使用指南的角色；它们用主体的外壳展示商品美学。它们所塑

158

造的典范不只局限在穿衣打扮上，而且同时回答了"我是谁"这个问题。它们的特别之处在于，它们把对这个问题的被"社会"承认的答案带到我们面前。这些图景展示的是这样的典范：人们被认可的外貌是什么样子。

商品美学也催生出"你是谁系列时装"，展现了如何通过服装来进行身份确定。"我"通过衣服而形成。因此商店也是模板集合，在那里将随商品一起出售价值观和态度行为模式。价值观和态度行为模式凭借一种机构式的威望被供应，它们宣告了对社会性认可的控制权。在这种幻象般的权威背后站着的是由所有资本财产共同维护的权威，后者对产品进行控制，目的是获得他人的劳动。通过对生产的控制，在"消费"身份认同的过程中，资本财富的权威把握住了一个到处存在的伪群体；在这样的过程中，通过全社会不同形式的共同劳动所发挥的这样那样形式的共同作用，这种权威在更广泛的意义中将这个伪群体与纯消费联系在一起。产品看上去表面光鲜、可供拍照，并且通过其外表完成了产品生产者的身份定位。这就是商品拜物教主义的一个侧面，在其中体现了资本和工人劳动之间的社会化统属关系。

进而，产生了商店世界更深程度的、特别强大的吸引力。它通过购买商品传递"我是谁"，"我是谁"要通过"我拥有什么"来体现，而不是通过我做什么、会什么和对什么产生作用来体现。这使商品世界成为一个异化社会，形成了进行社会化身份定位的世界。"身份确定"是发现我的存在对于他人的意义。我对他人而言是谁，决定着我对他人如何发挥影响。对我而言，有很多参照群体和关系形式，我也会展现出很多对他人的作用方式。在与雇主的关系中，我必须为雇主发挥可供使用的劳动力的作用，在某个私人关系中，对其而言我必须是性感、有吸引力的，因为她同样性感地吸引着我。商店世界就是通过这些吸引或者排斥的力量，来实现对爱情的操控。

是什么使得我们被这些工具所吸引？是我们希望自身对他人具有吸引力，是那些让自己变得有吸引力的东西，这些工具将商品美学作为我们所渴求的东西提供给我们，而通过商品美学我们似乎可以换回他人对我们的热切渴望。对于飞向商品的魔力的渴望，使得原本的翅膀变得萎缩。这将成为嗜好。商店世界的图景所展现的与他人的目光想要看到的一样，也就是像渴望者想象的世界一样。我们将像商店里的那些人偶一样看着镜子里面吗？像它们一样无所事事、孤独，却被梳妆打扮得漂漂亮亮？现在我们还在追求我们的榜样吗？

商品作为物品所再现的是人对人的吸引力。主体——即衬衫、裤子和皮带的穿戴者——将自己按照有魅力的方式打扮。图片通过裁剪、透视、光照、美学加工而成为范例。它们看上去很漂亮，我们看到了这些魔力被事先计划好的轨迹。

人们相互吸引，这种吸引力控制着商店的布置，它使具有这样吸引力的人对"国王般的顾客"产生影响；当他们向顾客卖出一件象征身份定位的新衣服时，就是将这个顾客的一部分社会性权力，即他的钱财从他的口袋里拿了出来。这样的决定，即获取货币的兴趣，通过对商店的布置而变得难以被识别。在商店里，物质财产只是在想象中起支配作用。但是，重要的不是这些物质财产的"内容，而是它的光芒"。[3] 与安徒生（Andersen）的《皇帝的新装》（*Des Kaisers neuen Kleidern*）不同，在这里幻想是真实存在的。国王般的顾客并不是什么都没穿。但是，商品是想象的，因为购买者不能将看到的景象带回家，能被带回家的只是简朴的、可以使用的物品。剩下的只是愿望和想象。在这中间唯一存在的是物品的优点——它承诺将会去弥补人的弱点。购买者在新衣服之外也将想象带回了家。购买者非常渴望自己具有吸引力，因此他买这些物品是想购得吸引力。穿上新买来的裤子，购买者想象着自己通过它变得有魅力。购买者随着新衣服而被加强的自我意识，可能在一定时间内的确使其变得更有吸引力，这段时间有多长，就是购买者由外表附件所支撑的自信能够在日常生活的深奥莫测中支持他的时间长度。当然，等到买来的衣服旧得需要上浆时，这些幻象就利用到尽头了。习以为常的东西又回来了。购买者重新又回到琐碎的日常生活。于是，购买者会像上了瘾一样去寻找对其想象的补给，并且又向商店走去吗？顾客通道又将购买者带回一个体验的世界，这是从生活中挖空心思想出来的世界，并通过对生活的设计而将真正的生活排除在外。顾客生活在商店提供的体验世界里，而不在生活本身之中。

## 2. 员工通道

在另一个世界里出现了员工通道。一大群雇员每个工作日从那里走过，他们大多数都属于低收入阶层。工会的组织程度不高，因此有些权利和机会只是纸上谈兵，而几乎不会被实现。尽管销售是需要接受一定时间训练的职业，但是有大量半熟练的雇员在那里工作，至少女性雇员是这样的。这些雇员的无组织性和偶然性，导致了主要由男性构成的董事会的主观随意。由于这样的雇员缺乏有组织的防守自卫，所以他们是易于被解雇的，这导致他们接受了更差的工作条件。他们的命运包括疼痛的双脚、腰肌劳损、由于商店里空气干燥而带来的损伤、工作场所的糟糕环境而带来的紧张感。谁来考虑诸如工间休息和休息室的问题，谁来考虑食堂、培训机会和休假等诸如此类的问题？仅仅是下面这个非常冒失的问题就几乎是不堪细思的：他们是否有权利去做有意义的工作？

销售工作的意义被定义为，通过销售工作将投资者所投资的东西变成充盈的利润。对资本有用的，不一定对顾客有用。销售人员如何处理资本和购买者之间的利益冲突？这种对立在两边有着完全不同的体验，并且双方以完全不同的形式斗争着。购买者分散各处，而投资者却是集中地追踪着购买者。模棱两可的情况存在于没有意识的、轻信的购买者中间。在任何情况下，资本方都将顾客作为探查的对象。购买者难道能成为幸运儿吗，就像总是为 7 岁儿童的劳动付出超过其价值的工资一样？那只是童话故事，超出了生活，现实世界中没有人会这样傻。当然实用的精明在商店世界也不是那么简单。用途和缺点在这里被如此紧密地相互联系在一起，而其中一个就在喧闹的图景面前从眼前、从耳边消失了。与货币的紧密结合，摧毁了商店世界的感性承诺。必须具备的、而且特别有用的是好看的外表，这样的外表可能是真的，也可能是在商店世界变成了切实存在的。购买者的愿望主要是通过对幸福的想象来满足的，而对幸福的设想指向了购买者的购买力。这是一方面，那么另一方面呢？

162

雇员处在这种布置当中，他们的工作岗位在商品美学和收银台之间，因此他们的工作岗位和工作内容便同时由这两者来决定。他们处在资本面对顾客的前线，而他们自己又绝对不是"资本家"。销售活动对于雇员们最终意味着广义的食品，是他们维持生活的必须手段。而大部分"顾客"在其他的地方同样也是"员工"，在工作结束后，涌出员工出口而进入顾客入口——这个通道在商店打烊法被取消后开放的时间更长了。"销售员工"为了获得工资而展开销售活动，他们用工资来交换生活必需品。让我们再进一步看一下他的平民兄弟姐妹们，他们是属于同一家大型集团公司里中低价商店的员工，这些连锁商店的雇员和大量的"顾客"一起共同构成数量庞大的劳动力大军，他们生产、运输、销售和管理所有食品。从他们这里组合形成了社会的"劳动力总体"，但是这个总体却分散在各处。他们构成了"劳动力总体"，但自己却没有意识到这一点。

商店从到处分散的地方收集产品，构成了它的商品集合。通过社会中——在国家界限之内或者超出国家界限——无数的职位分工所生产的是"地球上的利润，也就是所有在这个星球上通过联合使用劳动力、机器和资本所获得的"[4]，几乎所有的这一切都在商店里汇合到了一起。这些被单独制造出来，并且能独立使用的物品，在商店系统下，会不经过商量就与其他原本同样独立的物品产生联系，或者有人会在脑子里想象着将不同物品联系起来的样子。在商店里，这些东西不再被看作孤立的个体，而是产品的整体，因此它们被紧紧地摆放在一起，无法辨认相互之间的界限。只要人们一直无意识地做出这种联想，并且当他们也确实与这些物品紧密地联系在一起时，他们就不再能识别出他们自己的作品。在商店里，人们会错误地以为身在"完全不同的另一个世界"。分散的生产者将他们集中起来的产品捆绑在了一起。

从事生产、管理、服务、教育、科学研究和艺术工作的人，在商店世界里与从事销售工作的人相遇了。这个相遇如何构造？销售者会作为"购买者"的对手而与之相遇吗？销售人员会如何"为顾客提供咨询"，例如在所有美学层面上的使用价值承诺之中提出购买建议？销售人员在商品学方面经过相应的培训了吗，因此能够查看服装的上浆情况，或者知道使用者打开包装后可能会有什么样的期待？销售者是否有机会和权利，出于对公众利益的考虑，而向购买者透露其所掌握的有关商品使用特性的信息？

对于这些问题的回答取决于社会上的力量关系、工会的利益代表情况、公众、女性的地位、"消费者保护"活动、环境保护政策，还有在企业竞争范围内企业自身的政策。雇员越是处于弱势，而且普通的公众越是无关紧要，那么对于销售人员来说也就越不可能使自身不屈从于商店世界的追求。对于商店的上层管理者来说，他们愿意让这条规则产生效用，即不服从这些追求的人就会被赶走。为了能够出售她们自己的劳动力，这些女性售货员必须使得自己个人的外貌或多或少地与商品美观的外表相搭配。销售人员同时也是预购者和消费者的带路人；他们不只是商品的保护者，还应该是商品的承载者，将自身打扮得体的商品的布置者。

因此，这些员工并不只是生活在商场中，他们也生活在一个幻象的世界里。这个矛盾存在于他们身上每一处。他们是获得工资报酬的劳动者，他们"知道"工资是通过辛劳的工作转化而来的。他们的付出意味着，将自己的生命时间供他人支配、被用于他人的利益，并在其中被消耗。而且他们也是"消费者"，他们可能与所有其他的顾客一样也忍受着商品的"不实用"、使用寿命短暂、对健康有伤害等弊端，或者同样期盼得到所渴望的产品。所以在任何情况下，他们也是站在"顾客"这一边的。这样一来，商店世界的各种安排对他们也发挥着如同对其他顾客一样的作用。那么他们也会参与各种安排吗？他们是在哪些地方发挥作用？他们之间会相互谈论这些吗？他们之间会交换经验吗？他们是否会相互支持？或者作为孤立的个体做出反对是毫无成效的？无组织的他们，或只是被动地组织在一起的他们，与资本的参与者之间是什么关系？

从超现实的图景世界里，出现了冷静关注的目光，注视着习以为常现象中的不同寻常的特征。只有那种渴求——它在所追逐的想象世界之外什么也找不到，会在这样冷静的关注中失望。在销售者从商品布置客观存在的欺骗中分离出来的地方——因为出售者没有被布置的商品那么完美，展现了我们习惯的、人的世界与资本世界重叠后所出现的腐败。对我们而言幸运的是，销售人员不是完全的预购者，他们无法实现过分的要求——去模仿那些典范。配上道具、化妆、微笑和手势的衣服，用这种方式打造的物质典范总是比销售人员更胜一筹。当我们试图去模仿这些典范时，我们总会让自己在它们面前丢脸。我们应该感到害羞。我们的确应该感到羞耻，直到我们在典范一般的美好中识别出我们所臣服的工具。在资本的装扮下被挖掘出来的是我们具有自我意识的文化。只有抓住它，当商品庙宇的服务者在美学层面上将商品打造成幻想的空间时，我们才能独立地看待它们。

在销售者面具的承担者那里出现了幻象世界的裂痕。在体验的后台，从紧张和疲劳的寒冷当中，突然误入被关心的温暖的光芒之中。我们开始相互交流了吗，或者在这个时候我们遇到了有能力和感兴趣的人了吗，相互之间有共同的感情了吗？

之后，有一天这些通常几乎消失在苛求、商业利润和商品美学的代理之中的销售人员，毫无预兆地聚集到了商店前面的大街上。我们一开始没有认出戴着工会徽章并描述着自己要求的他们。罢工！神职人员罢工反对上帝吗？他们在这里不再服从安排，他们在这里不再听从商店领导者的摆布。他们自己组织起来了。他们一边为自己的勇气感到惊诧，一边微笑着，勇敢地聚集在一起提出要求、反抗、表明态度。

现在，由于这个日常宗教被暂时废弃了，因此商店庙宇的狂热看上去也如同一段引人注目的回忆。商品的所展现出的高高在上、自吹自擂和见风使舵的特点说明了什么？对商品的狂热取决于对消费的狂热，以及对私人领域的狂热，这里说的私人领域主要出现在私人财富拥有者的社会中。在私人领域中我们如同在家里一样。我们曾经处在自己的私属领域中，私属领域里只有我们，现在却毫无希望地消失了。我们人类与动物的区别首先在于，我们有意识地对社会进行改造，并控制我们的生活条件，制作（poesis）和实践（praxis），工作和社会性行为。当然，作为"政治"的实践败坏了我们的兴致，在工作领域中它作为异化的经历而被体验，成为令人反感的领域，私人生活是它的倒数。被异化的工作的愿景就是不工作。这样的愿景并没有体现在合作上，也没有体现在劳动行为中的具体特征上，而是主要体现在社交形式上，也就是，人们对"做什么"和"如何做"没有发言权，而只是一声不吭地服从他人的命令和遵从他人的利益，并且被迫让个人发展的机会成为资本利润的牺牲品。因此，人们在工作开始的第二个小时就不断地看表。是不是时针今天根本就不往前走了呢？[5]什么时候才能到工间咖啡休息时间呢！什么时候才下班呢！在下班之后，如果人们不是很累的话，好像自己的生活才从这里真正开始。或者，如同大多数从事销售工作的女性，是否只有在轮完"第二个班次"之后，即当处理完家务、照顾好丈夫和孩子的时候，才开始自己的生活？只要人们没有从工作的暗影中彻底走出来，他们就不能享受休闲时光。

对商品的迷信涉及工作，但是人们把身体转过去，背对着它，从而回避它。对商品的狂热崇拜是靠对工作的负面评价来维持的。不愿意工作是对商品的美好性颂扬和构建消费性满意的基础。盲目崇拜在它的圣坛上摆上了工资，工资向被异化了的劳动招手示意。因此由资本的布置所确定的商店囊括了生活的意义。社会产生出一些领域，如同其他形式的庙宇一样，作为与社会自身相互补充的相对立的部分。在这个相反的部分中，有一些东西再现了另一方面的神秘含义。帽子、围巾、鞋子体现着工薪劳动者生活的意义。无论是工资、薪水，或者军饷、稿酬，还是艺术家的薪俸，或是其他，无论叫什么名称都改变不了它们的实质。

商店世界的美丽通过那些缺席的、与之相互补充的工作世界，而获得了它的意义。我们仔细检查一下商店世界的倒数——工作世界，就可以得到它的画像：这是一个到处充满矛盾的，而且对于很多人来说无望的、总是受到毫无意义打击的世界，面对这样的经历，人们会通过服下药片而寻求把注意力从那里"分散开来"，人们也会通过休假"逃离"那里。商店世界是与雇佣劳动相反的世界。

### 3. 威尼斯的可口可乐信鸽

在威尼斯售卖的一张明信片，它同时为这座城市和美国一家大型公司做广告。明信片上展示着圣马可广场（Markusplatz）和一群标志性的鸽子。这些鸽子展现出有组织的形态：它们摆成巨大的字母，从而拼写出可口可乐的品牌。这些字母是"受法律保护"的商标图案。这个广告图片的样板是这样形成的：这个商标的管理者让雇来的临时工把鸽食散在广场上。信鸽飞过来不是为了形成商标图案，而是为了吃掉食物。食物散出去不是为了喂鸽子，而是为了将它们的踪迹变成可供处理的静止画面。这样的布置安排对于鸽子来说是完全陌生的，它们也是被排除在外的。当鸽子吃掉食物的时候，它们同时也被归入资本，并且被资本并吞。这幅图画——资本主义广告技术的胜利，象征性地展示着资本主义的一个基本方面。

　　资本使一大群依靠工资生活的劳动者行动起来。在资本的指挥下，在越来越高的社会阶梯上发展出了劳动分工和合作。劳动者在一定的轨道中运动，这样的轨道设置了对工资的依赖。这个轨道完全是矛盾的。在劳动行为中，个体发展出了能在社会中运用的能力；在工作关系中，合作和交流都是有一定限制的。从这两者中形成了独特的现实，在这样的现实当中，埋伏着阴谋和竞争，也显露出在劳动基础上形成团结伙伴关系的端倪。同时这种现状将工资关系击退到工资利益当中。人们在这种工资关系中，从合作生产的共同产品中，不会得到多于他们的生活必需的部分——是的，这种情况绝对一次都不会出现。生活必需的标准是能够保证一定程度上的体面生活。劳动者在工作中自我实现的媒介、他们在生产领域形成的制造集团都不属于他们，而是归资本所有。劳动者的生产性力量变成了陌生的外在力量，他们的生产活动再生了在不断升高阶梯上的外在力量，并且由此产生了自身对这种陌生的外在力量的依

168

赖。在最终起决定作用的地方，劳动者的集体性劳动行为对他们自身根本不产生共同的意义，而所谓的私人就是一个零散的个体，或者充其量是家庭的复制。在社会实践中起支配作用的利益是利润。只是形式上用了常见的私有利益这个名称。而且如同"私有化"（*privare*）这个拉丁语动词同时还有"剥夺"和"免除"的意思，因此"私有的"这个词语使用在依靠工资生活的人身上，与其用在资本所有者身上有着不同的含义。社会的内涵和占据统治地位的私有资本主义的形式构成了相互矛盾的关系。

依赖工资为生的人全体站在资本的对立面，他们不仅是在生产中被剥削的生产者，用货币来衡量的价值物的创造者，而且也是数量巨大的购买者。对于社会的总体资本中用于生产广义生活必需品的那一部分资本来说，依靠工资为生的这些人是区别于奢侈品市场的大众市场的主要构成部分。资本家面对劳动者世界时，把它当作购买者世界和消费世界，如同马克思在《政治经济学批判大纲》（*Grundrisse*）中所写到的那样，资本家在那里所寻求的是"所有能够带动人们去消费的、所有能让他的商品增加新吸引力的、所有能够勾起人们新需求的手段"，马克思的这段论述对于讨论创造新需求这个问题很重要。"它正是，"马克思继续写道，"资本和劳动之间关系的一个方面，这个方面是文明中具有重大意义的部分，历史的合理性是以此为基础的，而且当代资本的力量也一直都以此为基础。"[6] 这个方面——当代资本的力量总是以此为基础——在任何分析中都不会被忽视。此外还有有关操控的理论、虚假满足理论等也把握了这个方面。单纯的时尚变化当然不会为商品的生产赋予"历史的合理性"。从潮流变动那里只可以关注劳动效率的继续发展、对自然消耗的减少和其他一些社会的理性革新。

当然在资本主义社会中，只有一小部分合理的可能性会实现。美国资本主义领导力量的发展，在越南战争期间显现得很极端，如同在资本主义中每一次生产力的进步一样，这种生产方式的破坏潜力也会被听之任之地放任其增长，资本的破坏力和常规社会的生产力发展可能会导致经济危机和战争的出现，技术发展的可能性被破坏，贫困人群和失业人群不断增多，这些人群中有一些人会被军队招募，被引向了双重意义上的破坏：杀戮陌生的百姓以及自身在屠杀现场中遭受损毁。在联邦德国，这幅图景是另一番面目。在这里，不是用杀戮的手段，而是通过阶级之间造谣诽谤的手段进行战争。在这里不是自己发动一场帝国主义战争，而是由这个国家为别国的帝国主义战争提供金融物质和战争物质。因此，失业大军几乎都消失了，贫困者也几乎看不到了。大众消费决定了这幅图景。在工人运动中，劳动者与资本和国家展开工会层面的政治谈判，为提高工资、获得社会主义式的成就而斗争。在德国，这种斗争的成果部分体现为对纳粹历史的处理和德国帝国主义的失败，另一部分则表现为与德意志民主共和国（DDR）展开了直接的系统性竞争。统治阶级出于对社会主义崛起的恐惧，因而做出了大量的决定——从企业运行层面到国家层面。

雇佣劳动和资本之间对立的政治意识形态变得更加尖锐了，有关这一点可以在工人运动、在生产领域依据雇佣劳动和资本之间的关系所做的重要规定中感觉得到；这种尖锐化导致了第二种关系的对立，即劳动者与作为购买者和消费者世界的资本相对立。美国和联邦德国在各自的路径上虽然大相径庭，但是结果却相互一致。通过大众消费所体现出来的**美国式生活方式**

170

（*American way of life*）在两个社会中都作为工人运动的去政治化手段来使用。

### 4."无意义的工作"和"商品意识"

在生活方式中商品消费的意义，取决于不同生活领域之间的联系和各个生活领域的相对重要性。从由不同部分组成的联系，以及从这些被作为有意义的生活方式的形式中，人们可以去理解每项单独实践活动的意义。人们通过商品消费来满足需求，当然并不是每个需求都是通过商品消费来满足的。在需求体系中，不同组成部分也形成了相互间的联系，它们在一定范围内运动着，并交换着能量。文化形式和意识形态的力量也发挥着使需求变得明确的作用。"在工作领域所不能满足的重要需求，消费也不能完全地满足，而充其量只是通过替代性满足进行补偿。"[7] 完全"从赤裸裸的困境中"[8] 得出的主张，错误地认识了"人的需求关系中含有生产力的一面"[9]，而且还由此产生对某种谈判能力的渴望，人们希望在相应的谈判中能够体现"作为人类、作为有尊严的人通常具备的基本特性"[10]。这样的渴望将在工作世界被挫败，而普遍代之为以工资为导向。收入差别将成为重要的模式，依据它来考量社会的阶级结构。洛克伍德（Lockwood，1966）将由此而产生的社会图景描述为**金钱模型**（*money model*），他认为，这种模式产生于"对劳动过程和劳动关系明显的工具式参与，也来源于工作时间之外的社会关系，这种社会关系集中在家乡和紧密的家庭内部，并且大部分限制于此"。[11] 因而金钱成了社会关系的衡量标准。戈登斯澳普（Goldthorpe）通过在一次访谈中所获得的资料，进一步着重阐明了"社会意识产生了相对较新的形式，在这种新的形式中，突出的社会不平等不再是通过实际关系的不平等来表现的，例如权力或地位的不平等，而是随着一个重要趋势的确定，不平等便通过财富、收入标准和消费标准等外在的、数量上的不同来确定了"。[12]"权力大小的差异，"在对这个调查的分析中他继续指出，"极其罕见地被当作阶级划分的基础来看待。只在两个案例中能看到有人通过权力大小来划分阶级，这两个案例来自对两位男性的采访，他们都公开表示在一定程度上相信马克思主义的观点。"[13]戈登斯澳普并没有将这种对社会关系——在这其中"实际的关系，如同权力或地位之类的关系"被挤到一边——的想法标注为"货币意识"，相反，由于他将注意力放在可以用金钱购得商品的消费行为上，从而他将对这种社会关系的看法标注为"商品意识"。在商品意识中，显现出"一个特殊的社会-政治定位，在这个定位中，同时将个人主义元素和集体主义元素联系起来；在这个定位中，将提高私人消费作为主要目标去追求，但却不怎么关心地位的提高；在这个定位中，对客观的阶级结构必然实现的意识，并不包括对成功的个人适应的相对满意；并且在这个定位中，对集体进步的强烈信赖，不会激励投入集体行动中去的意愿继续广泛扩散"。[14]伴随对社会政治的谈判能力的体验，以及对工作的无意义性的体验，人们对于商品意识的信任显然增强了。诱惑的图景越是闪闪发亮，对工资袋和休闲时间的想象就越是构成与体验到的无意义感的强烈对比。"有意义"和"无意义"在相互确定的过程中相互碰撞。在工作中的沮丧使得"商品意识"变得稳固，如同商品意识使得这种沮丧也变得稳固一样。这两个极端都不是绝对存在的。对此，那两位"公开地表示相信马克思主义观点"的劳动者就可以被当作例证。我们不知道，他们是如何理解自己的工作的，但是他们至少没有"商品意识"；因此我们可以猜测，他们对自己的工作也有不同于其他人的看法。他们对马克思主义观点的信任是一种方式，这就是他们参与工人运动政治文化的方式，它们在访谈中得以体现。

## 5. 无阶级社会表象下占优势地位者的二次剥削和阶级利益

在生产劳动之外，资本不再认识劳动者，除非他们是消费者。消费品的实际生产者成了消费者，而企业主成了生产者。正是因为对资本而言，在流通领域，口袋里有钱的就是顾客，不用考虑他们的阶级归属，于是商品美学便能支撑一个无阶级的消费文化幻象。缭绕的雾气为社会关系建立了一个美妙的拱顶，而且这里的气象几乎不是由天空决定的，这是休假的天堂，永远是创意和权利，艺术和祖国。这是独特的超级市场，除了工作领域之外，资本主义社会的世界就变成了这样的超市。

商品美学表现为对商品的非政治性宣传，商品美学用诱惑的、需求的、欲望的和对本能恐惧的语言表达出来，这种语言好像在表达对竞争对手的妒忌以及与他们在控制能力方面的比较。这样的语言显得不分阶级，哪怕它是用在面对富人阶级的奢侈品市场之中。此外，它还表现出在流通领域中居于主导的自由、平等和公平原则。

在流通领域中，出现了与交易的公平交换原则相对的二次剥削。马克思在评论"对个体消费者的房屋租赁"时谈到了这个问题。"工人阶级，"他说道，"在这种形式中也消失了，尽管这骇人听闻，但却是事实；不过这发生在小商人那里，他从中获得生活资料。这是二次剥削，伴随着一次剥削而发生，而第一次剥削首先发生在生产过程中。"[15] 在这里，我们可以发现"在消费过程中剥削"的经济学理论依据；在"消费剥削"这个名头下的理论曾经一度深受新左派的青睐，但他们对其中的经济学依据避而不谈，而后来房屋租赁者们恰恰受到这一理论的启发而发起了大规模运动，声讨那些通过收取高额租金牟取暴利的寄生虫们。

　　在不被注意的二次剥削中，所产生的关系是工人阶级在流通领域中作为资本的购买者群体出现，于是也产生了没有阶级的表象。资本的代理者其实意识到了在商品世界之上所包裹的这个外表的重大意义，这一点可以从《法兰克福汇报》对一则广告的过敏反应中得到证实："这则广告甚至已经在政治领域听到了愤怒的回声。"这是一则来自一家美国的通风设备生产公司的广告，主要面向同样是资本家的顾客，广告上呈现的是人体解剖图及一行文字："工人是人类的变体。其特殊的结构（肌肉力量）使得他们能够直接参与到生产过程中去。"《法兰克福汇报》针对这则广告在它的经济版面发表了一篇讽刺小品文。[16] 文章以讽刺挖苦开始：这是一则由那些"生活在这个世界之外的"人所搞出来的"愚蠢而且漫不经心"的广告。这篇文章接着总结了身边这个世界的起源发展和它的特性："在我们国家经过这十多年的社会发展，人们和他们在身体上和精神上的要求已经成为经济的中心，因此可以将过去忽略不计了，就仿佛 70 多年来在对工人的利用中什么都没有发生过一样。"凡是涉及对无阶级表象的维护或者阶级间和谐的时候，都是在谈论"工人"（而不是"雇主"）。只有在意识形态宣传的大肆鼓吹中，"人"才是资本主义经济的中心。但是，那样的宣传会让人们回想起

175

德国历史上"70多年来"特别重要的历史阶段，在这中间人们必然会想到"国家社会主义"的那段历史，同样也会想到资本主义在大众媒体上的阶级垄断，这种宣传具有非同凡响的效果。现在，经过对那则广告内容的批判后——我们从中还可以欣赏到小品文作者的语言艺术，他还应该说些什么，他没有说"这是将劳动者贬低为生产工具"，这没错！完全没错，相反，他指出这则广告"不仅是漫不经心的，而且简直就是愚蠢"。因为在这里涉及了阶级斗争，这是资本占有者和他们的代理人在大费周章地与工人阶级的意识作斗争。在资本主义社会里，努力构建出来的、体系化的、展现了"人们和他们在身体上和精神上的要求已经成为经济的中心"这个表象中，那家通风设备制造公司的美国人用他们的广告自寻烦恼。这篇杂文以一个委婉的制裁威胁作为结语："从此，有一个来自美国的教训，这对公司的成功意义重大，一张图片能将一家公司的真实面目公之于众。"这是一个明显的暗示："考虑到对于美国公司在欧洲肆无忌惮行为的批评越来越激烈……美国人们也应该在他们的广告上小心谨慎了。"[17] 这个例子证明了资本方的某种形式的自我审查，这是从它的阶级立场中细心发展出来的，资产阶级的个体成员不能在闲谈中不小心泄露社会关系中的阶级特征。

**6. 社会主义所发挥的影响，以及在与社会主义的比较中，资本主义的特性被明晰地展现出来；幻象工业；日常生活层面和国家层面的再现；法西斯主义是虚假的社会主义**

商品美学在东方社会主义国家的短缺经济中作为宣传的影

响，要比它对资本主义社会中工人阶级的影响大。在西方社会，人们可以得到商品，这使得它对现实熠熠发光的承诺被忽视掉了。人们已经习惯了在表象和实际存在这两者之间的差异中生活。当商品的物质实体还不能够得到，只要那些能够大大唤起人们对这件商品期待的图像通过窗户外面的天线进入家中，人们便无法保持冷静清醒了。这种现象如同西方社会中对社会财富的拜物教这个赤裸裸的事实，也类似于人们会在广告中变得年轻、更健康，甚至更幸福这一情状。正是在谎言缺席时，却更加感受到了来自国家社会主义的欺骗。在德意志民主共和国，食品在商品美学的竞争中，被徒劳无益地用上了不同的包装颜色和标签，其实里面都是同样的使用价值。一方面，通过计划经济无处不在的组织形式，将商品生产的形式降格为并非独立的元素。另一方面，由于德意志民主共和国并没有从短缺经济中走出来，因此仅凭激进的市场开拓没有任何作用。在那里，情况是这样的，图片展示了不同类别的东西，这些东西只要确实有，就会被放到商店里出售。同一类别的东西之间，并没有特性和质量上的竞争，而只有外表上的不同。存放食品的玻璃瓶子或金属罐子，一眼看上去就知道完全是从使用立场出发，以经济节省的方式生产出来的；上面贴着标示里面成分的标签。这与在战争年代和结束战争之后经济开始恢复阶段的做法没有太大的区别。在物资短缺的情况下，资本为远超出供给的需求提供了一定的供给。这使得商品美学在许多领域都是多余的。同样的，包装也萎缩了，商品的第二层皮肤倒退了。这种由于经济功能消失而出现的退化过程，决定了商品包装呈现出战时罐头的样貌。虽然现在处在与国家社会主义经济完全不同的条件下，有些产品看上去却像来自"战争年代"的一样。

178

在这里，需求过大与在社会主义商品生产中包装和装潢不再有用途这些事实相互重叠在一起，而商品包装在资本主义社会中对需求是起决定作用的。尽管在社会主义社会中，许多商品的外表与资本主义社会中相应商品的外表显现出了巨大的不同，但是还要再次强调一下，我们的研究兴趣主要不是在于外表形式，而是在于为什么会产生这样的外表形式，以及在这中间所表现出来的社会关系。对商品美学的批判并不意味着，去评判或赞成这其中所使用的技巧和外在表现，而是要讨论这些技巧如何影响了经济功能，这些技巧原则上是早在资本主义社会之前，甚至可能是在非商品生产的社会中就被开发出来的，它们是重塑这里所提到的现象的发动机。这些或增或减的感官印象并没有展现出其中所隐含的重要实质，而只是将其掩盖。"形式因此变得如此复杂，"布莱希特在《三便士歌剧的模式》里这样分析，"越是简单地'再现事实'就是越少地说出现实。"克虏伯工厂（Kruppwerke）或 AEG 电器公司的照片几乎没有展现任何关于这两家公司的信息。真正的现实滑倒在对功能的追求之中。[18] 类似的情况也出现在商品美学批判当中。商品美学批判并不是反对对某个东西进行装饰，完全不是关于对享受的敌视，也不是美化国家社会主义，将它作为资本主义强烈的对比；商品美学展现了资本主义社会中被释放的经济功能是如何以自然灾害般的力量吹袭着感知世界，如何镇压着一切它不能支配的，如何对抗反对它的一切，如何不断壮大，直到提升到统治地位，从而确立资本的地位。

马克思通过分析布莱希特也指出的异化，揭露了对完全不同的事情不加区分的丑闻。他指出，将感知上完全不同的东西等量齐观，本身没有感知上的根据，而只是展现了社会成员之间基本社会关系的全貌，并通过商品的相互交换关系感性地表现出来。马克思在这里一定是反对交换社会中成员的"自然的"意识，因为人们的社会关系本身并没有在交换中出现。在货币中所有的痕迹都消失了。理性的核心没有被人们意识到；"他们不知道他们做了什么"；这个关系在"他们背后"产生。

交换社会的基础结构既是理性的，也是非理性的，因为在另一个层面上或在另一种表现方式下，理性就是非理性。在交换社会的私人领域的边界之内，商品生产的行为是理性的。人们为市场而生产，市场最终是不可预见的，同样也是不可对其进行精打细算的"评价"的。这种普遍的限制是先决条件，以此可以估计未来的总体行动。但是市场是在一个更高的层面上，于是"正如一位英国经济学家所说，这种关系如同在地球上漂浮着的古老命运，用无形的手向人们分配幸福和不幸，捐助财富、毁灭财富，创造人口、让人口消失"。[19]不断的波动会通过毁灭他们的经济存在威胁着某一个群体，甚至会真的使他们灭亡；而与此同时这样的波动又不成比例地褒奖着另一些活动者。这样的社会所产生的结果，是出现了大量的私人行为，而不是事先商定好的单独行动，于是产生的是普遍的再生产。这样的后果使生产活动像是按照计划的生产活动一样。从竞争中的胜利者的立场上来看，这样的结果是更高一级的合理化。但是，这种仿佛是躲在背后的生产方式，又是非理性的。这种非理性是广泛存在的，为市场而生产的有限理性作为一个要素而被吞并掉或抛弃掉；再生产过程中所产生的合理性停留在表面，而且是偶然的。交换社会在私人劳动参与的生产和多方面的再生产之间进行调解的特殊方式，不是为了其内在的目的；这种特殊方式本身固有的规律性，是相对于其所产生的理性发展出了

180

周期性的经济危机。这个系统是这样构造的，一切都体现了计划性——"如同当房子从头上倒塌的时候，重力原则一定会产生作用一样。"[20]

"而且安娜非常明智"，这句歌声如此甜美，却又充满了担忧，折射了一位女性移民劳动者对她那活泼可爱、建构在"我们家的小房子"里的家庭的情感。[21] 在非理性中，小市民在这种场合里所表现的理智也是构成合理性的必不可少的元素。资本主义的商品生产不仅提供了必要的历史前提条件，从而人们有机会进行这样的批判性思考，而且更主要的是它为资本主义提供了一个为做出具体选择所必需的历史前提条件。在这里批判性地分析"感知世界的折射"，是不会回溯到某一个黄金时代自发性的感性视角的。这里所采用的视角，不只是用非回归的方式批判资本主义社会理智的和感性的特征印记；这应该是折射出理智及其与感性之间关系的视角，从对生产进行的必不可少的团结合作的规范中，它应该能够产生对未来的洞察。

现在尝试着从这些最普遍的看法里开发分析美学的主体与客体关系的基础。在一个社会里，其中决定性的社会关系是通过商品来体现的，也是通过那些强调感觉上差异的同时，从占主导地位的盈利角度看又是完全一样的东西来体现的，会出现社会成员在感知方面尤其矛盾的改变。在从小到大的苦中带甜的训练中，个体学会了让自己的行为向渴望的物品臣服，从而也包括屈服于对这个物品的感觉和交换价值的控制，这些物品显而易见地处于交换价值的控制之下，并且在那里活动。臣服于交换价值的控制这一动机是一个迫不得已的算计：通过对这些必须的物质基础的支配来参与到自己的生活中。对交换价值的控制迫使社会成员因此形成了自我控制的特殊形式，在这其中，他们的理性被破坏了，而且程度并不亚于其他参与者其感性被破坏的程度。理性原则区分出了不可避免的、事先过滤的意愿，它要去适应和适合非理性的事实。从内容上来看，在努力的过程和结果中都看不出理性的成分了，充其量从形式上可以看出，个体面对这样的关系是无知觉的。个体必须屈服于某些必要的东西，以便能够获得它们，如同人们随时随处被强烈地反复灌输的一样，当这些有神圣内涵的决议仍保持其高深莫测的时候，人们必须屈服于这些必要性。这里出现了竞争和引起感官享受的购买诱惑。"每个人都投机地创造他人的**新**需求，以迫使他人成为新的牺牲品，使得他人落入新的依赖，并且将他人引向新的**享受**方式，从而导致经济上的毁灭。"[22] 对感性进行数量上的约束，与"欲望延迟满足"这个概念有类似的含义，"欲望延迟满足"是说在复杂的对抗性条件下的不作为。渴望是感知上的以及道德上的自我在性质上的折射。在《小市民的七宗死罪》中，布莱希特阐明了七宗罪意味着什么。这个展现在七种场景中的故事讲述了一个女人是如何得到金钱的。最后，她虽然变得很富有，但她却是悲伤的，并且"妒忌每个人／那些人可以懒散地度过每一天／不用去买东西，也不用表现得傲娇／不用对每个野蛮的行为生气／不用去表达他们的欲望，他们显得更幸福／他们只需要去爱自己的情人，以及／他们总是清楚自己需要什么！"对什么是资产阶级的理性，其答案就是理性与最终占优势地位的非理性相互结合在一起，它们包含在资本主义社会的经济结构中。资产阶级的理性说："……放弃快乐吧／像他人那样渴望你想要的吧／哦，那些笨蛋做什么都随他们去吧／不要怕死／不要吃，也不要喝，也不要懒散／想一想打着爱情旗号的惩罚吧／想一下，发生了什么，当你做事情时，做你感兴趣

183

的！／年轻无用：它会消逝！"感性的自发意识在其苦难的生命历程中走到了第五站——"淫乱"。从交换价值的立场出发，淫乱在这里表现为爱情。这个片段表现了双重的牵连和双重的解决。双重的牵连是："我们在波士顿找到一个男人／他出手大方，而且是出于爱。／并且我和我的妹妹有矛盾了／因为她也恋爱了，不过她爱的是另一个人／她给他钱，而且也是出于爱。"A恋爱，付钱给B；B恋爱，付钱给C。双重的解决方案是：为了留住她的情人和从他那里得到的钱财，安娜（Anna）放弃了她自己真正喜欢的人；因为爱情，她的情人与她更加紧密了，但这都是在他的资本允许他这样做的情况下；后来他破产了，最终一颗子弹射进了脑袋。[23]

小市民主体的感知折射，是跟随着商品感性的外表所表现出来的魅力脚步的，商品的客体从它的角度而言被商品美学破坏了。

对于交换价值的立场或者甚至是变现的立场来说，与物品相适合的关系是决定性的，这是通过对物品的感官上的差异，将关注点一直放在同样被显现出来的数量巨大的交换价值上面。每个物品都可能一直代表着另一个物品，或者作为价值物，所谓价值物就是完全能够代表所有其他的物品，即货币。每个感性特征，所有物质的独立性一直都是微不足道的。如同物品的感性特征一样，物品的拥有者与物品之间的感性关系也以同样的方式被否定。任何一种关系；如果某人能够拥有的话，在资本主义社会里都不意味着能让他感觉自己强有力，他的否定同时也是肯定。人们通过自我克制的训练而变得漠不关心，与恰当地调整感性认识的交换原则一样，都是贯彻社会关系的前提条件。如同削平感知一样，修整对有关日常生活的、个体的还有集体的意义和目的等问题的理解，也是出于同样的原因。这种理解和相应的理智性，在社会的本能驱动力中变为无意识收紧的合理行为，因此对每一个作为手段的中间行为，它们的每个部分都要进行周密的算计，并且限制在一个更为局限的范围内，最后在晚期资本主义社会，最高级的、盘旋于事物之上的理性就消失了——在这个过程中，永远地转移了人们对于如何具体地寻求意义这类问题的注意力。这种以形而上学的方式解释的理性，自我辩白地揭开了生产关系中占统治地位的非理性，并且调整了被迫与非理性相适应的理性，它同时作为最高的委任而神秘化了。即便在这样的高深莫测中，理性的要求也是发挥作用的，它有批判性，并且使得系统不再能承受不断增长的非理性。

只是将物品作为价值的伪装而支付价钱，会导致与客体的需求关系破裂，物品也变得无关紧要、没有意义；而在另一方面，交换价值为了自身的存在和保有一定质量的使用价值构成，也要从无意义中找出意义，将非物品物品化。这是从与物品已经破裂的关系中找到对于物品不会破碎的、占统治地位的需求，这也首先是有历史渊源的耀眼的黄金崇拜。马克思提到工资时说："它的美学形态是对黄金商品和白银商品的占有。"[24]在工资出现之前，类似于工资这种形态的其他事物被当作使用价值的外衣，经过中间过程，最后成为资本在变现过程中最理想的度量，它们从交换价值的立场出发，专注于独立构造交换价值。这就是为什么会出现收集财宝的守财奴。从变现的立场出发，这种使自己的收益得到保障的做法显得幼稚可笑，但是这却形成了资产阶级有划时代重要意义的、对意义主体性合乎道德的专政，在这其中不可分离的是对探寻意义和目的这类问题的理

185

解。"为了将黄金作为货币固定下来，并且成为构成宝藏的一部分，必须要阻碍黄金的流通，阻止它作为购买享用品的购买手段。敛聚财宝的人在这里为了他的黄金崇拜而牺牲了肉体的享受。他严肃地对待这种放弃带来的福音。另一方面，他在流通中抽走货币，只是用商品进行流通。他生产得越多，出售得就越多。勤劳工作、省吃俭用和吝啬构成了基本的美德"[25]，对欲望的敌视是形成主观自觉基础的必要的保障。当古老的社会道德秩序和经济秩序的代表人物，从货币的控制情况中意识到威胁时，"现代社会……在黄金圣杯里出现了它完全特有的生活原则的化身"[26]，但是这样的生活原则，与在人类的主体化构建过程中所退回去的交换原则并无不同，毫无疑问，后者只是在历史中的另一种具体变种形式而已。为了让交换价值本身成为目的，首先敛聚财宝者的主观随意，在资本主义社会中要转化为客观的强迫和变现过程中客观外在的独立，从而在对个体的目的追求过程中将目的的基本意义扼杀。于是现在个体只是在表面上追求自己的目标。而且这样的表象成为最坚固的现象，出现在资本主义社会里。从而，人们在迷茫中体验着对意义需求充满幻象的满足。

商品从交换价值的立场来看，只是被伪装了的交换价值，因此这个立场的逻辑就推动着向更有煽动性的伪装发展，这样的伪装揭示并且激励着人们作为潜在购买者的愿望，因此也相应地产生并强化了对漠不关心态度的培育。从同样的关联中——起源于对感知的抽象过程——产生了这样的功能，能从商品那边提取出来感知印象，并且按照所有艺术规则分别生产出感知印象，也能够通过使用价值相应的纯粹表象来满足许多需求。现在，从有形物体上剥离了的美学抽象，即脱离了客观现实限制的抽象美学不受阻挡地茂盛生长着，从而影响着人们的动力结构。所有这些都是商品拜物教特性所独有的结构，这意味着，如同马克思所言，从生产方式出发，以及在生产方式之中，商品"感性–超感性地"发挥着"社会性物品"的作用。商品是这样一种物品，它的商品形式和可以产生商品形式的独立功能，导致了简单的感性物品的出现——也就是满足需求的经济产品，所谓的双重性（社会性、满足经济需求特性）并不存在，因为它实际上没有实现其用途。

根据个体的阶级分布状况，相互矛盾的两极对于个体而言强调着不同的内容。以获得一部分社会剩余产品为目标的企业经济主体，与屈从于这样的主体、依靠工资生存的人相比，有着不同的自我控制表征。当本身成为了达到目标，即变现目标的手段，使一个人作为资本家发挥作用时，那么这个人——尽管同样都是发育不良、沉默不语的，在这里也会保留最初的（并且是隐晦的，一直在其他替代领域中）发挥驱动作用的目标，并且不断分裂，形成代理者的存在状态。变现本身成为自我目标，意味着极大地驱向（用于最重要的目标的）手段本身的追求，并且要获得成功，而依靠工资生活的人从来不是这样；同时，使资本发挥功能的人将这个目标——它在与手段的关系中确定了自身作为目标的地位——置于手段之下。

对于依靠工资生活的人而言，他们无法像资本家在交换价值那边所做到的那样，强调自己工作的成果。受个体消费者欢迎的商品，对于工薪阶层有着不可估量的意义，在依靠工资而度过的劳动生活中，这些商品被理解为对他们的报偿。商品美学的魅力，是与生产领域的强迫形成反差的稳固报酬，这些对雇佣工人所产生的影响与对资本家的影响完全不同。这个阶级越是非理性地被迫成为感性的-欲望的要求的牺牲品，那么奖赏以商品的形式固定下来就越重要。由于自然力量与自然力量相对，因此只有通过控制感官而使感性得到克制，这种固定才有可能。高度发展的生产力以此前无法想象的方式创造了商品的吸引力。由于在资本主义体系中，不可能存在直接的社会动机，于是这个动机只是提供给愚蠢者的表象，如同所组织出来的各种表现形态伪装成为"有共同意义的行动"，也伴装成占统治地位的阶级其成员变化的目标；因此在这样的背景下，无关紧要的东西将不断被转化为诱人的动机。抱着迫不得已的一视同仁态度，人们沦为商品美学的魅力的牺牲品。

持续不断地为资本的异化及其力量工作，工人无法心甘情愿，这促使了政治性的阶级意识出现。当从资本中疏离出来的组织将自身变成了阶级的时候，这种阶级意识就具体化了。社会主义在这种意义上，意味着事实上已经社会化了的劳动从私有的盈利控制中解放了出来。只有当社会化的劳动根据普遍的-社会的利益进行组织时，所涉及的集体实践才能从总体上来说是充满意义的。在资本主义社会，集体的——意味着高于私人边界的——行动，要满足客观的前提，即要站在全社会的阶梯上促使人们进行合作，共同满足人们所决定并加以组织的直接的社会利益，而这是异于系统的例外。集体行动最早的成功运用是在应对自然灾害上；包括火灾，人们不可能一个人面对，在面对洪水时，人们也会在一起，这样他们就成了一大群人，之前只是以分子形式存在，而现在要集结成临时的共同体。当然从洪水或大火里抢救出来的东西，立即又成为私人所有，并且从中形成了占有关系。群体在共同对抗灾难时所拥有的高度满足感，现在又部分成为虚幻的了。

从已确定的意义中寻求意义的需求，在资本主义社会不仅持续不断地经历了根本上的挫败，而且还会出现一只手打伤的伤口被另外一只手来抚平的现象。人们将需求满足本身也资本化了，不过是以某种特定的方式——对于这种方式，现在还在研究。被内部资本化的需求只能以虚幻的形式进行满足，也就是群众不仅不能拥有它，而且从内容的角度来看，社会层面的实践如同个体层面的实践一样，也只是通过转移目标虚幻地得到满足，就仿佛是做了一个充满艺术家风格或艺术气息的梦。整个幻象工业都在生产着这种虚假的满足。

在被内部资本化的过程中，如果目标越不是"褒奖自己"，那么娱乐工业就越会对整个系统作为一个整体进行褒奖，就像对它们对在其中发挥作用的单独资本所做的一样。来自下层的需求，将被毫无目的的状态转移注意力，而来自上层的需求，会被资本主义占支配地位的阶级目标分散注意力。因此产生了一个奇怪的领域，在这里从私人资本主义企业到国家所举办的各类活动都和谐共生着。

阿多诺和霍克海默思考了这个领域的独特性，并且在"文化工业"这个标题下开展了专门研究。其中的概念和理论以隐喻的方式批判了资本主义政治经济学，并且退回到文化悲观主义。[27]

在娱乐工业中，到处可见利益的目标发生了转移。违法行为破坏秩序，于是革命成为必然，而虚幻的、普遍的、充满意义的对犯罪行为的追踪，只是因为它用两种相应的系统语言，即用犯罪的语言和用追踪罪犯的语言表达了群众的含糊利益，从而变得有吸引力。展现了毁灭性破坏场景的心理惊悚片将系统的无意义人格化了，并且将它产生的恐惧也人格化为一个虚

189

拟的对手，于是在虚幻的所有人的团结中，社会中剩下的人都能打倒这个虚拟的敌人；这是有意义的集体实践的一个错误的代理人。反映资产阶级战争的电影不管它们所谓的趋势是什么，都会提供对所有层面都能作为榜样的范例，它们将佯装充满意义的集体性行为强加其中。大背景中的生产力运动几乎无一例外地被展现在舞台上，其中也包含在更高的社会阶梯上人们的合作。人们像原子一样紧挨在一起，相互之间有着秘密的竞争和互相畏惧，这就像伪装的阶级冲突，被人们错觉般地梳理为"清晰的"敌我关系；在敌对关系中只有摧毁对摧毁，而在"好人"中才贯穿着合作，社群内部和同志们之间才会充满情感。正如评论家们对霍华德·霍克斯（Howard Hawks）①的影片做出的评论所言，许多西部片，还有战争片，从它们的情感核心上来看是"男人之间的爱情电影"[28]。联邦德国的一项对荒凉西部浪漫小说的研究表明，英雄既不是被欲望，也不是被金钱所激励，而是被"正义"所激发；正义的复仇是最常见的行为动机。此外在这里，比起异性之间的情爱，"男人之间的友谊有更高的效用"[29]。产生这种效果的前提条件是，隐秘地保留着同性情爱的关系；当人们在为生存而进行的竞争中导致了与世隔绝的状态时，同性间的情爱关系便会成为对爱情的一种代替；如同在这中间通过充满感性的团结合作，而使得男人的"角色"继续得以确立一样，这种团结合作的社会意义必须保持隐蔽，从而能够转移目标。

———————

① 霍华德·霍克斯（1896—1977），美国电影导演，几乎在所有的类型片领域内都有成就。主要影片有《疤脸大盗》（被认为是最好的黑帮题材影片之一、黑帮犯罪题材电影的开山之作）《育婴奇谭》《星期五女郎》《约克军曹》《江湖侠侣》《夜长梦多》《红河》《绅士喜欢金发女》《外星来客》等。1974 年，美国电影艺术与科学学院因他"以创造性成果在世界电影中所处的显著地位"授予他奥斯卡终身成就奖。

对于私人个体来说，不对这样的替代品感兴趣，不为此着　　　191
迷，是难以做到的，当然对这些替代品的兴趣并不是不言自明
的。[30] 幻象工业以各种形象鬼魅般地成群来到一个房间，这个
房间在资本主义社会是空荡荡的，而要用团结的社会去填满它。
在这个背景下，尤其是民主政治的背景下，德意志民主共和国
的社会主义存着诸多缺陷，于是尽管它的媒体被上层内幕消息
和新闻审查所控制，但是为了安抚公众对消息和对娱乐领域的
关注，还是会将人们的视线转向社会化大生产的基本领域，而
西方的媒体在这个领域最多只是勉强提及有关销售方面的竞争。
生产解决一切，在西方社会，一直如同马克思生活的那个时代
一样，生产是"除了商业禁止入内"的领域，并且私人财产的
意义也在这样的领域得到展示，与此同时，普通民众是被排斥
在外的。和西方的做法相反，德意志民主共和国将公众的兴趣
全部集中在生产领域。电视新闻中引人注目的内容，或者是诸
如在农业领域引入了新的机器，从而在农村生产关系方面发生
了哪些变化，这些都被作为重要的、"使人感动的"集体性事件
来报道；或者是在工业领域引入了新的生产方式，并且与之相
联系的是对职业继续教育提出了更高的要求，同时开发出了新
的劳动合作形式。不仅在新闻报道里是这样，在娱乐领域也是
如此。在小说和电影这些特殊领域，《第一的标志》（*Zeichen der*　　192
*Ersten*）和《石头的印迹》（*Spur der Steine*）就是突出的例子，
它们不再将与罪犯的斗争、战争或灾难作为中心，而是集中于
集体化的生产组织，以及在与政治力量争论中劳动集体的冲突。
在影片中所展开的这些冲突和悲惨的元素，还有其中的喜剧，
都取材于如今已经成为政治程序的过程，也就是所谓的集体化
的组织活动，诸如此类的活动不仅使得生产完全按照最有效率

的方式进行组织，而且也在个体利益和团体社会利益的紧张关系之中组织着社会主义合作。当资本主义社会中的大公司通过使用新的生产流程，来对抗同一领域里的另外两三个寡头垄断企业时，并没有产生政治性后果，而只是带来了竞争，而且这样的竞争可能是在秘密的状态中进行的。在相关的新闻报道里，至少能够看到由于生产力的提高而导致工作岗位减少的后果。工作岗位在一个劳动分工的社会里，使得个体之间形成了生存攸关的联系，所有的人都依赖于"外在的第三方"，它以这样或那样的形式对人们产生着影响，并且使得人们所熟悉的关系变成了纯粹的听天由命，社会关系的结构化中心在资本主义社会是缺席的。在市场的"看不见的手"这个概念中，这样的关联是不可见的。只有在发生了自然灾害的特殊情况下，这种联系才会重新出现。这种结构化关联的缺席，恰恰为幻象工业指派了在资本主义社会中的中心位置。考虑到共同社会的意义，以及在共同社会中个体的利益能够代表所有成员的利益，那么对资本利益的控制就显得毫无意义了，它只是完全的表面现象。"帝国主义的大众文化只是与人们的幻想有关。这样的大众文化在它们的作品中创造了'第二个现实'，是一个隐藏了社会矛盾的幻象世界"，它创造了"社会的幻象"。[31] 我是在这样的含义下，讨论"虚假解决方案"和"幻象工业"的。但是我尝试着从中找到这些幻象的性质和作用。在幻象工业中，其中令人满意的、潜在的社会主义能量中包含着这样的理解方向：这样的能量越是强大，幻象工业的工厂就越是想象中的、转移目标的社会主义的替代品。对此的批判着重在幻象的特征和替代品的特征上。这个过程可以被称为"对否定的诠释"，因为这种诠释无法完全形成批判性的理解，而是与幻象的重大影响联系在一起，并且关注着它的实现。

这些幻象可以在一番周折后变得时髦起来。瓦尔特·本雅明在他的那篇著名的文章《机械复制时代的艺术作品》（Das Kunstwerk im Zeitalter seiner technischen Reproduzierbarkeit）中指出，法西斯主义的一个重要的层面是"对政治的美学化"[32]。他给出了一个经过提炼的结构，在那里面，需求和对需求的表达分离开来了，用美学手段将纯粹的表达充分装饰，并且调转头来与需求和权利相对立。用本雅明的话来说："法西斯主义尝试着，将新产生的无产阶级大众组织起来，在不触及财富关系的前提下，促使无产阶级大众一起消除业已存在的财富关系。法西斯主义将大众得到自己的表现（绝对不是得到自己的权利）作为它的福祉。"在一个脚注里，他指出："在盛大游行的狂欢花车上，在体育类活动的大众集会上，以及在战争中，通过今天集中使用的录制设备，大众可以看到自己的脸。这个过程的效果不必强调，而这个过程完全是与复制以及录制技术的发展紧密相连的。群众运动在普遍使用的技术设备下比以前表现得更加重要。"[33] 在这个脚注的基础上，文章继续写道："大众有权利改变财产关系；法西斯主义为他们找到了一种表达方法并且录制下来。法西斯主义因此顺理成章地产生了政治生活美学化的结果。"[34] 本雅明在这篇文章中指出，主要是在技术对内容和对社会关系的影响下，产生了极端独裁的控制。但是，他忽视了经济形式和经济功能。在这个所引用的段落中，政治中的法西斯式美学化被理解为财产关系中矛盾的伪解决方案，也是实现大众要求改变财产关系这一权利的伪解决方案。在以一定方式对大众审美的自我陶醉、自我相遇进行策划的过程中产生的这种伪解决方案，为保持原有的财产关系服务。本雅明对

194

美学化和保障统治权两者之间功能联系的洞察还需要深入。这个思路至少还可以向两个方面勾画：首先不是技术设备产生了大众的表达语言；技术设备只是在抽取美学的部分用途，只是起到强调作用。要求提高工资、缩短工作时间、反对雇佣童工、反对随意解雇的群众自发运动和工人运动，是为了劳动中的权利、其他的社会权利，以及社会主义政治视角下的权利而斗争；大量劳动者群体中的同辈人在经济条件的基础上汇聚到一起，因而他们的斗争在大工业中展开了，并创造了多种表达形式，而法西斯主义的装饰者掌握了这些表达方式。他们从工人运动中抽取美学的成分，将它和小市民的以及反映农民落后性的道具——如乡土、血统、小手工业、狂欢节、教堂、供奉活动等——融合在一起，然后把它们用最新的观点组织起来，并且在这个过程中动用已经在市场和工业中尝试过的社会技巧——这些技巧主要来自美国；简而言之，法西斯主义的装饰者塑造着政治领域，这中间所有的决策过程都按照领袖原则产生，其中除了纯粹的幽灵般外壳之外没有留下任何东西，这一高度装饰的政治外壳被塑造成共同的艺术作品。

这里要插入两点补充。第一个涉及艺术家的地位：许多艺术家现在有工作、面包和名望，因为突然有大量的来自国家的对某种装饰、艺术品、布景和演出的需要。对于那些在此之前熟悉物质贫乏所带来的恐惧感的人们来说，这是解决方案。当然，历史的结果对他们中的大多数人来说是毁灭性的。第二点关于对去政治化的政治美学化所产生的后果。通过将劳动者的运动表达与劳动者的运动以及它的目标分离开来，产生了这样的作用：仅凭对被分离出来的单纯表达需求的满足，就能够用美学吸引力对依靠工资生活的人进行政治统治。那些被共产主义者所使用的表达方式将成为反对共产主义的武器，作为其结果出现了盖世太保和集中营。纳粹的军事行动失败后，在被分裂的德国的西半部，这些技巧继续以似是而非的方式被消极地使用着：一旦对工人运动的组织者或者工人运动的同情者使用了过去的表达方式时，就会被指控为向纳粹靠拢。在"红＝蓝"这样的等式中，反对共产主义的法西斯主义的变体实现了将大众牵着鼻子走的功能。

本雅明关于通过法西斯主义而进行的政治美学化的理论还可以在另一方面深入下去。本雅明忽视了资产阶级社会的经济结构，将它看作正常状态，如果人们敢于将资产阶级社会的非法西斯主义状态称为正常状态的话，就会看到在资本主义社会里出于基本的经济关系，纯粹的表象不可避免地拥有最高的地位。从交换关系——它通过购买和出售关系得以提升，或者通过资本主义的大规模生产而被显著扩大——出发，不可避免地将出现商品的美学化。在资产阶级社会体现出的所有层面中，人的生存利益都永远不是最高的目标，也不是固定的目的。只是在一定程度上，在社会生活的不同层面上，有一个需求会被特殊重视，因为它能展现人们的生活需求直接和从根本上被满足，因此资本和国家需要一个恰当的机构以产生这样的表象——它们的确服务于所有人的生存需求。这样的幻象必须表达为完全是无阶级的、公正的、人道的、乐善好施的。隶属、服务、养育和牺牲必须表现为天生的，是必须履行的义务。要尽一切可能从所有人们相信的东西里、从具体的追求中抽取它的表达，并且以为统治者服务的方式加以功能改造。因而产生了必要的、纯粹的对表达的抽象，这不是别的，正是美学化。将产品进行特别的美学化从形式上迎合了需求，不是从内容上，

196

也不是对由主体主动生发出的需求的满足。

美学化不仅在政治上，也可以在资产阶级社会的根基上进行。通过对资产阶级社会基础的美学化，一方面能够不断满足统治者对合法性的需求；另一方面也产生了被统治者的需求，普遍的情况是，他们的需求在资本主义体系内只是在表面上的被满足，也就是在美学化的过程中被满足。这里要强调的是：错误的幻象并不一定都是欺骗性的，尽管大部分是。作为补充的是自我欺骗——没有它，社会化的欺骗无法发挥作用。如果没有整个交易链条上大量不断欺骗和自我欺骗的中间商，自我欺骗绝不会有如此大的用场。[35] 没有百姓自己的鸦片就没有给百姓的鸦片。这一点可以在畅销商品的世界中看到，或者在拜罗伊特小城（Bayreuth）节日庆典上表演的魔术及其代表性的供奉游戏中看到某种变体，这些魔术和庆典面对国家领导、大企业家、银行家和大将军的相机镜头——这些是权力、统治和力量的人格化体现，公开地展示着文化的顶点。

## 7. 资本占有中的艺术及其作用：广告中的商品诗歌，与之相对的是诗人反抗广告时的无能为力；独立资本的代表

如同那些令人尊敬的作品和值得信任的表达一样，美学形式也发挥着作用。对美学形式的客观存在特性的期望和它的可录制性相互联系在一起的地方，就是广告可以利用美学形式的地方。美学产品的每个要素都包含着它可以供利用的相应功能。艺术与社会中的其他设施没有区别，都包括范围极其广阔的作品和独特的对文化艺术作品的接纳方式和承受方式（冥

想、崇拜、收集等）以及相应的机构（博物馆、展览、作为学　198
校科目的艺术鉴赏）。在资本主义自利性的背景下，资本主义
的世俗目的对于幼稚的资产阶级感觉越是显得无能为力，通过
艺术施计骗过这些感觉就越是有效。一个能够促使人们醒悟而
且是富有教益的案例来自宗教领域，同样在艺术领域有效，这
就是前面已经提到过的有关教区报纸的例子：这家教区报纸在
《广告与销售》（*werben & verkaufen*）杂志上为自己的广告版面
做广告，也就是说招揽广告客户，即通过实现将信任转移到商
品资本的广告上的效果，这家教区报纸作为广告刊载媒介被接
受，并且消除了购买方惯有的不信任感。[36] 美术、绘图、雕塑
如同音乐和诗歌一样都被蚕食了。从在广告中运用抒情诗歌的
例子中很快就可以看到书面化的委婉表达，也就是抒情诗歌式
的文案在资本的委托下被生产出来，从而能够有意识地趋近艺
术的意识形态而拥有更高的格调。迪特·威勒斯霍夫（Dieter
Wellershoff）[①] 反对像摆弄礼拜日套装那样摆弄传统诗歌，或像
对待"传统的交通车接送服务、教育和附庸风雅的练习"那样
对待它，反对将它的形式本身当作它的意识形态。对此，威勒
斯霍夫建议，将诗歌理解为"是最轻松的、最灵活的表达方式，
是对自由的、个性化的语言的运用，除此之外别无其他"。[37]
威廉·格纳齐诺（Wilhelm Genazino）[②] 从抒情诗歌里看不到有
什么理由，对"诗歌"的理解应该与对诸如游泳、跳舞、思考

---

① 迪特·威勒斯霍夫（1925—2018），德国著名作家、当代重要的散文家。主要作
品有《爱的寻觅》《无关紧要》《美好的一天》《文学的真相》等。
② 威廉·格纳齐诺（1943—2018），德国著名作家，2004 年德国文坛最高荣誉毕希
纳奖（Georg-Büchner-Preis）得主。著有小说《阿布沙弗》《污斑·克克·房间·痛
苦》《一把伞给这天用》《女人·屋子·小说》《拥有太多爱情的男人》等。

等事物的理解相同。[38] "在对自由的诗歌、对站在所有人一边或至少能够为所有人说话的诗歌的呼唤中，出现了属于另一张写字台的诗歌。从那样的写字台上创作的诗歌将被印上几百万份……这是，我们想这样称呼它，在消费诗歌。"这些诗歌"描绘的不是一位年轻少女的脖颈，而是人们在吸（大家都心知肚明的某个特定牌子的）雪茄时的享受；不再是描写某种午后的情绪，而是某款洗衣机的质量"。[39] 但是，抒情诗歌广告的"基本形式"并不是要符合格纳齐诺所展示的那种样子才能符合消费广告的概念，相反，它们就是"直接的消费宣传"。更确切地说，它们表达了消费是重要的，单纯的表象就是商品美学的确定性功能要素这样的印象。因此一切都主要围绕着品牌宣传。诗歌化的"质量"必须涉及潜在的购买者的动机，而商品物品本身只是被肤浅地顺带提及，更不需要实事求是地介绍商品物品的特性。用商品抒情诗去表达只是为了销售。"商品抒情诗的作者逐字逐句地模仿了艺术诗歌的感伤脆弱"，格纳齐诺解释了其中的过程，"从中创造出可供使用的处理方法"。比起资本所针对的有支付能力的需求，艺术诗歌的感伤脆弱没有那么大的决定性作用。格纳齐诺保证服务于商品美学作用的诗歌"不会起到像口号一样的市场吆喝作用；它更安静，被设计为以扭捏姿态呈现的口号，并且通过这种方式形成真诚的新诉求"。这样的诉求不应该与真诚混淆，但是广告的考虑是，通过使用诗歌，从而将与诗歌联系在一起的期望，即对主观内心世界的真实表达，有意识地转移到广告中。不过，格纳齐诺举的一个例子，展示了通过采用诗歌形式不仅仅是为了让人们同与之相关的真情实感联系起来。"教唆者深入人心。/ 在经济之中，在政治之中。/ 人们必须看到 / 他们在抽什么 / 才知道 / 他们创造了什么。

/他们抽/安德烈牌特级珍藏雪茄（G. R. Andre）。/新的、棕色的/抽烟体验。纤细而且酷/为教唆者/而制作。"检验一下事实，就会轻易地确定，这是在撒谎：仅从在市场上占统治地位的雪茄的品牌并不能知道，它能做什么。相反我们可以探明，"教唆者要在经济和政治中推进的"是要实现这样的要求：选择某个商品品牌，将它作为属于占统治地位的阶级的象征，这里不再停留在民主主义的幻象下，而是强调权力、精英、贯彻资本的政策和资本的国家机器。但是有启蒙意义的元素通过购买推荐而过度补偿了：通过购买某一个特定品牌的商品，便意味着成为权力精英的成员，从而由此再次产生了"平等"——至少对购买者是这样的。启蒙在这里发挥着愚弄的作用，商品抒情诗实实在在的"真诚"转变为赤裸裸的厚颜无耻。这样的厚颜无耻还可以继续发展：表达特定的利润机制，并宣传在这个机制下，自我臣服于被动的、自虐般的享受。

> 一个新的野兽在我们身体中生长出来。
>
> 穿越大陆、跨过海洋奔跑过来。
>
> 尽可能快速地，尽可能广泛地成长着。
>
> 它撕碎尽可能多的牺牲品。
>
> 在这里有完整的部落。
>
> 至少，是完整的
>
> 女性百姓
>
> 诗歌迁徙的地方。
>
> 退化滋生：
>
> 谁处在巨兽的爪子下，打击和撕裂
>
> 猛兽摧毁他们

201

> 最后在再一次的打击和撕碎下
> 享受毁灭的乐趣
> 男性大众发出呻吟
> ……
>
> **时尚。**
> 这个变种特别有攻击的乐趣：
> **鞋子的时尚。**[40]

　　时尚，随着它的美学革新尽可能迅速和广泛地发展，在这里成了利润渴望者这种资本主义怪兽的战略，人们的感知看起来受到了资本主义销售变现过程的有力控制。商品抒情诗中的有教育意义的元素看上去也没有给读者提供示范，而只是发挥物质主义的真实诉求。真实性在这里也只是纯粹的表象，实现一定的功能，即通过持续不断的美学革新的特征进行欺骗，通过它去宣传臣服。因为美学革新并不表现在它的资本主义确定功能中，而只是作为对人们兴致勃勃的征服，至少是对于女性大众。谁一旦被这样的力量所压倒，就会渴望下一次的被征服，也就是说，这里有了进一步的语意双关："对于毁灭的享受让男性大众发出呻吟"，这样的呻吟究竟是出于反抗，还是出于对女性被动性的充满蔑视的惊讶，或者出于男人们自身的"女性化"，我们在这里不做判断。但可以确定的是，这是根据西德制鞋业委托所做的充满攻击性的宣传。如果了解了萨拉曼股份有限公司（Salamander AG）所面对的危机的话——它的股票在短短的一两年里损失掉了一半市值，这样的攻击性是可以理解的。在股东大会上，出于大量类似的理由，著名的演讲者费必西（Fiebich）指责了公司领导层所使用的美学革新工具，并且与此同时通过使用降低价值的手段，使得产品无法被用在足够大的范围内。"人们，"费必西向公司领导层大喊道，"应该早就发现，不经穿的鞋子可以挣来多得多的钱。"[41] 可以看到，不仅是萧条使得资本要抒情，而且难以用鞋子赚到钱，也会用宣传诗歌抓住人们的感性世界。这个例子显示了，诗歌的形式也可以用在特别具有攻击性的、可耻的广告中，而诗人在这个过程中如同被打劫了一样。"结构、排列、节奏相应的模板都是来自当代抒情诗，尤其是先锋派的典范［对此，诗人赫尔穆特·海森比特尔（Helmut Heißenbüttel）带着复杂的感情做出评论］。"[42] 诗人不仅要面对抒情诗的形式突然变成了广告的正式模式，而且这种对资本提供保障、用于广告目的的形式也变得众所周知，好像广告诗歌才是更强有力的原件，而真正的原型却成了软弱的模仿者。商品广告，按照格纳齐诺的说法——他对这样的论断未加评判——"在西方世界，可以作为最早的有大众影响力的诗歌"。[43]

有一些被以这种方式剥夺了"财产"、被僭越的抒情诗人开始尝试通过反对广告的行动作为反击。他们尽力地引导人们注意广告中各种荒唐的滥用形式，并且吸引人们重新关注真正的诗歌。一卷副标题为《广告的第七本书》（*Das 7. Buch der Werbung*）的册子收集了这些诗人的努力。[44] 海尔德·多明（Hilde Domin）模拟着做了这样一则广告："休息一下 / 说谎的抒情诗 / 说谎情诗如同谎言 / 时间停滞。"① 这位女诗人在反抗广告时的无能为力令人感到惭愧。为自己做广告宣传的资本可以

---

① "说谎的抒情诗 / 说谎情诗如同谎言"德语原文为"lies Lyrik/ Lierik wie Lybe"，读起来也是押韵的。

203 支配购买力，而这位女诗人除了语言没有别的武器可以使用。

因为艺术形式、艺术家的行动和艺术家本身也都服务于商品美学，因此一些特定的艺术风格和某些艺术作品也在商品美学中得到再现。独立资本、共同资本以及国家利用艺术所形成的复合体，并不是商品美学批判所直接涉及的领域。这是因为这样的复合体不仅无法直接划定范围，而且在这样的复合体中，商品美学的结构和作用又重新回到社会层面，因此需要对它进行全面勾画。在这些代表作品中，独立资本找到了所谓符合要求的表现形式，它将对所有重要的接收者有着使独立资本合法化的作用：它与政治领域有关、面向货币市场、相对于依靠工资生活的人。这里似乎是将独立资本还有资本主义作为社会形式去"出售"，也就是说要为它们创造正面的印象。

在弗里德里希·迪伦马特（Friedrich Dürrenmatt）[①]的小说《希腊爱情故事》（*Grieche sucht Griechin*）中，佩提特-佩珊（Petit-Paysan）大型集团公司的一位低级会计渴望通过与一位来自上流社会的女士建立关系，从而使自己的地位能够火箭般地上升。"佩提特-佩珊"是以瑞士最大公司布勒集团公司（Bührle Konzern）的名字为原型，通过法语化而形成的一个陌生的法国名字。布勒先生是非常出名的艺术品收藏家和艺术活动赞助人，他曾赞助过苏黎世市的艺术品收藏。在弗里德里希·迪伦马特创作的故事里，这家公司主要致力于生产有极强杀伤力的武器，但是同时也生产和平时期使用的日常用品。20 世纪 60 年代末，这家集团公司卷入一桩丑闻，使它闻名于世——它组织了规模

---

① 弗里德里希·迪伦马特（1921—1990），瑞士著名诗人、作家、剧作家。主要作品有《罗慕路斯大帝》《老妇还乡》《物理学家》等。

庞大的军火走私。由于没有办法回避这个问题，布勒先生的儿子被告上法庭；当然他只是被判了非常轻的处罚。[45]

204

　　现在回到迪伦马特的小说。低级会计 A 被集团经理召唤，经理向他展示了在这座巨大的管理摩天大厦中的晋升前景。"A 走进了一个个无与伦比的房间，这是一个用玻璃和他不知道的某种材料所构建的王国，整洁得闪闪发光，美妙绝伦的电梯将他带到了管理大厦一个比一个更高的神秘楼层当中。女秘书们逶迤走过，芳香的气味从他身边飘过，她们微笑着，有金色头发的、黑色头发的、棕色头发的，还有一个有着绝妙的朱红色头发……门廊的门轻轻地打开了，在走进大门时，小灯一会儿闪烁着红色的光，一会儿闪烁绿色的光，这些都象征着各自为营的管理活动。女秘书们无声无息地在柔软的地毯上走来走去，任何声音，无论是最低声地清嗓子，还是最隐秘地咳嗽都被禁止。法国印象派画作闪耀地挂在四周的墙上（佩提特-佩珊的画作收藏是有名的），德加（Dega）的芭蕾舞女速写、雷诺阿（Renoir）的沐浴者，花朵在高大的花瓶里散发着芬芳。他们走得越高、漂浮得越高，门廊和大厅里就越是空荡荡。他们丢掉了那些物质的、超现代的、冷冰冰的东西，在没有改变匀称感的情况下，周围环境变得更加神奇、更加温暖、更加人性化，现在墙上挂着的是哥白林（Gobelin）挂毯，洛可可（Rokoko）风格的和路易十六（Louis XVI）式的黄金的镜子，几幅普桑（Poussin）的画，一些华托（Watteau）的作品，还有一幅克洛德·洛兰（Claude Lorrain）的绘画。最后他们到了最高的一层，在那里这位低级会计受到了一位威严的、头发花白的、穿着无与伦比的燕尾服的秘书的接待，他引领这位希腊人穿过明亮的走廊和亮堂的大厅——那里摆放着古董花瓶和哥特式的圣母玛利亚像，还有亚洲的神像和印度的壁挂毯。没有任何东西可以让人们想起原子能大炮和机关枪的生产……到处都是轻声播放的乐曲，海顿（Haydn）的或莫扎特（Mozart）的曲子，听不到打字机杂乱的敲打声，也没有到处走动的、紧张的簿记员，没有任何东西能让他想起他最初走上来的那个世界，现在那些都如同远远落在他身后的一个噩梦。他们站在明亮的房间里，铺饰着红色丝绸的墙上挂着一大幅画作，上面是一个裸体的女人，这是著名的提香（Tizian）的作品，到处都有人谈论这幅作品，它的价格也被人们窃窃私语地到处议论着。纤细优美的小件家具，一张小写字台，一座滴答滴答走着的小壁钟，一张小的游戏桌，还有和它配套的几张小圈椅也在那里，还有鲜花……在他们刚靠近的时候，一扇小石门打开了，佩提特-佩珊先生走了进来，他和秘书一样，穿的也是燕尾服，左手拿着荷尔德林（Hölderlin）诗集的轻薄印刷版，食指夹在书页中。"[46]

如同我们看到的，迪伦马特要表达的是深层次的含义；他的"散文体喜剧"（Prosakomödie）——他用这个副标题来标示其小说的特征，通过夸张的表现手法而显得没有伤害性。人们所夸张的不是避实击虚、以巧取胜的社交操控技巧，而是用人们所创造的并且正在进行的利益算计来取代社交操控技巧。低级会计 A 至少是被震撼住了的。当我们在一篇发布于 1969 年的课程报告中找到对同样效果的描绘时，读上去就不像是散文体喜剧了。那里记录下来了一位年轻产业工人的陈述，他讲述了当他在所工作的企业看到大量艺术品时，对他产生了什么样的影响。"当我，"他说，"走在总部大楼里的时候，那里有精心粉刷而装饰一新的楼梯间，有这个家族企业前辈们的油画画像和半身塑像，这一切是如此有表现力，以至于我最晚在上到二层楼的时候，就已经牢牢地相信了这家公司以前所做的、现在所做的以及将来所做的，都是正确的。"从他的措辞中可以发现，这些话语不由自主地有了神学的色彩；这些话语似乎是在谈论上帝，当然这个上帝是资本，资本用这样神圣的方式引人注目，并且唤起这样的印象——它同样象征着犹太教或者基督教中的上帝。与之相对应的也包括深受影响的工人的反应。"而且当我，"他接着说，"又想抱怨的时候，我会感觉到自己像要告解罪恶的人一样心怀内疚。"[47]

在这样的表现中，企业的、利润层面的某个特定目标隐藏在艺术的光芒之下。在这里，支配着艺术的资本不仅表现为高等文化的专家和崇拜者，而且资本传播着文化，用超越个别兴趣的崇高外表为它加冕，仿佛企业所坚持的目标不是为了利润，而是为了创作人类精神领域最高级的作品。艺术被用作假象，去生产出"资本的统治是合法的"以及"资本的统治与善良、真实、美好的统治是同等重要的"之类的幻象。因而艺术作品可以作为各种使人愚昧的手段中的一个来使用。作为众多技巧中的一种，艺术品被用作资本主义的私人利益与整个社会的生存利益之间冲突的亮闪闪的解决方案。

由于这个矛盾是根本而且普遍存在的，因此仅凭几件艺术品起不了什么作用。针对社会基本矛盾光鲜却虚幻的解决方案，通过闪耀地挪用一切高尚的事物和神圣的事物而发挥着风格塑造的功能；这种虚幻的解决方案推动着资本所生产出来的所有建筑在公众那里占有一席之地，并且被表现为有较高艺术性的建筑物。金融资本的所在地表现得像希腊神庙一样，啤酒作坊如同骑士的堡垒，街头叫卖的低级趣味小报的印刷厂像欧洲的基督教大教堂一样，是便士帝国的神圣殿堂，化学集团成为现

206

207

代主义包豪斯风格建筑的化身。

将某一个完整建筑物的一部分作为一件单独的艺术作品展现出来，这也是基本矛盾虚幻解决方案中所用的技巧之一。那些大型集团公司尝试着在广义的范围内使用社会的美学手段，以便策划出表现图景，从而证明自己是人们生存利益的服务者。当化学巨头通过它肆无忌惮的盈利政策毒害环境的时候，这家受到批判威胁的公司会在令人着迷的彩色图片的帮助下做广告——这些图片是最先进的复制技术制作出来的，从而表明自己是生活、幸福、自然和进步的担保人。而真实的自然从没有像图片上那样"漂亮"。美国银行（Bank of America）在最能赚钱的、为在美国和越南之间军队运送提供融资业务中占有35%的份额，在这家银行的一次股东大会上，"银行总裁 A. W. 克劳森（A. W. Clausen）强调'增加美国银行的社会责任感'，尤其是要对'少数族裔提供支持，以及保护环境'。克劳森自豪地补充说明，当年的年度报表是用再生纸张制作的。"做出这样努力的原因是，这家银行希望形成一个"以年轻为导向的形象"，并将自己展现为战争的反对者，这些考虑是这家银行在遭到一系列袭击后做出的[48]——一些反对越南战争的人曾经在银行的网点进行破坏行动。用再生纸张打印公司年度报告，所起的作用如同是对美国的一个讽刺，而这份公司报告总体来说就形成了这样的印象。强调社会自由的《法兰克福评论报》在1971年刊登了一篇小品文，非常严肃地批判了那些忽视公司年度报告可以作为"公关活动手段"的公司。杂文的标题像一条美学革新的口号："灰老鼠淘汰出局了。"文章开头谈道："公司年度报告是公司一年一次的名片。颜色和图片都应该让股东赏心悦目……郝西斯特（Hoechst）股份公司只为三家大型的 IG 颜料子公司（IG-Farben-Nachfolgegesellschaften）提供年度报告最绚丽多彩的外衣。郝西斯特公司设计的年度报告最终一共用了50多种颜色板块，来标示股东大会、雇员和技术投入等方面的情况……这就像是将零零星星的性感撒入泡沫浴中便形成了名副其实的维纳斯一样。这一切都是精心安排的，是通过非常成熟的印刷技术得以实现的。"其他的IG颜料子公司对此提出了指责，因为它们的公司年度报告没有这些五颜六色的图片。这里所引用的文章中也解释了公司年度报告被装饰得五彩缤纷的原因："因为在今天，年度报告已经不仅仅是拿在几位财务报表分析人士的手上，而是有成百上千的小股东也要得到年度报告。"[49] 不仅是劳工大众，还有大量的完全没有影响力的小股东——可以将他们确切地称为幻象股东，必须通过彩色的、闪亮的、秀色可餐的幻象来与他们打交道，哪怕是用其他功能和形式。[50]

209

# 第二卷
# 高科技资本主义社会中的
# 商品美学

# 导　言

你给我计算机，我给你全球化。

——伊格纳西奥·拉莫内（Ignacio Ramonet），2000

　　第一卷呼吸的是 1968 年之后的时代精神。那是通过全球性的学生运动、青年人运动和知识分子运动所激发的系统竞争的世界，以及这个世界里的冷战，与此同时并行发生的是越南热战和对捷克斯洛伐克调和社会主义和民主主义的尝试的镇压。尽管作出了所有的回击，但是在通往此前不可想象的变革可能的大门那里，学生运动看上去还是碰了壁。尽管现实的原则很快又通过虚构的力量压制住幻想，但是思考的分量还是持续地改变着社会的现实。在这样的情况下，1971年完成的第一卷得到了惊人的反响。书中的例子都无疑来自福特主义在战后西部德国的"黄金时代"。那是一个滚石乐队（Rolling Stones）作为第一支根据品牌商品逻辑进行广告宣传的年代，也是将米克·贾格尔（Mick Jagger）[①]的嘴唇

_____

① 米克·贾格尔是滚石乐队的主唱。

和伸出来的舌头作为商标标志的年代。事物的惯性消失的时候，也是睁开眼睛的时刻。面对令人惊诧的新鲜事物，通过分析其实质，才能够解读发展的推动力，才能够明白当时的商品世界，尽管这些回顾还不成熟。正是由于在德国，两次世界大战使得这样的发展停滞，因而导致那个时代的人们更强烈、迫切地渴望走进"美国式的生活方式"，即福特主义的大众消费。

213

这之后的一代人对生产方式和生活方式都进行了决定性的变革，全世界的情况也是如此。在欧洲国家社会主义衰落、幸福用被抑制的节奏表现出来的过程中，出现了三个暴力庞然大物：民族主义、种族主义和宗教的原教旨主义。它们所有的根基来自世界市场中越来越激烈的、不可抑制的、对社会产生深刻影响的全球性竞争，在全球化的标志下，社会变成了市场领域，变成了私有化、棘手问题以及社会和文化消解的舞台。政治也无法阻止社会中的私有化浪潮，因为这种私有化不是随着政治向前推进的，而是随着以计算机为基础的新技术——这种技术与"高科技"这个概念联系在一起——的不间断发展而顺带产生的。生产力的发展不仅解放了劳动力和劳动参与者的世界，而且也影响到了生活领域。这样的发展破坏了安全感和生活安排，同样的，立即淘汰原有的情绪模式也被当作一种社会能力。这些发展在摧毁那些旧有元素的同时，创造了新的交易领域以及个体发展的可能性。第一卷不言自明是用机械打字机写出来的，而第二卷自然是用计算机写出来的，在这个过程中会受到因特网的干扰。更不言自明的是此前无法想象的信息获取方式，现在信息获取、想法形成以及操作中的合作活动都有因特网的介入。这种高科技的生产方式和生活方式，并且考虑到生产力以几何级数的形式在增长，如同马克思所说过的，的确是"在我们的生活中……每个事物都在思想上酝酿着它的对立部分"[1]。因此这样的力量和形式以全然暧昧不明的方式展现着文明的进步，而其背后却没有理智的意义。在第一卷里面，将这种矛盾简化为只具有破坏力的一面，并且谈到"从一切理想的价值观立场——资产阶级在历史上所提出的这些价值观——出发所得出的内在批判就是，晚期资本主义社会几乎不再会有其他更大的进步了，除了继续采用这种腐蚀人类的方式"，而这在现在看来是错误的，也是不够辩证的。[2]

　　500多年以来，资本的历史发展轨道一直是指向世界市场的。生产性的力量和破坏性的力量都共同书写着全球化的历史。而且以计算机为基础所发展起来的信息技术和通讯技术的融合，使得资本能够通过几乎同时进行的协作活动实现从市场战略立场所提出的要求，即把握分布在全球的据点。跨国的大型集团公司正是凭借着这些而成为在全球资本主义中占有主导地位的行动者。地域性的和国家性的资本形式都被跨国大型集团公司所打败。但是，使得资本主义全球化之中的新自由主义项目得以实施的国家政府的规范力量，当每个跨国活动企业在跨国的活动领域行动时，却无法发挥作用。发生在社会内部的自动化使得劳动力的世界发生了翻天覆地的变化。"高科技时代的失业"是该发展所带来的后果。福特主义的标准化大批量生产，使得相互之间有区别的身份定位和生活方式消失了。新的中心服从"多元文化"的业绩至上原则。这一原则将所有生活方式分为全球化中的胜利者和失败者。这样的发展也通过全球化劳动分工的巨大变化而被增强了，新的分工是将生产企业设置在"工资低廉的国家"，这一点可以从中国成为"世界工厂"这个

214

215

现象中得到集中体现。简而言之，对比 1970 年前后的那个时代，即写作本书第一卷的时间，现在的生产力、生产关系、生活方式和个性化形式都有了根本性的变化。

生产力的发展也导致了虚拟技术的革命，这使得第一卷所分析的"技术控制"有了新的发展基础。资本的跨国化导致了商品美学形象标志的出现，这个形象标志也是不断变化着的主体形式，以及随着变化而变化，并同时反过来推动着变化的局部市场或市场的组成部分。在不断上升的力量的支持下——这种力量来源于人们所掌握的对表象进行数字化的技术，商品美学也有了新的飞跃。它渗透进入文化中的程度和对文化的征服，可以用"超级商业化"［麦克切斯尼（McChesney）］来形容。在资本高度发展的地方，感知和批判的感觉也会以同等规模萎缩；在这些地方，通过使用数字化图像处理技术而得到的完美的图片，以及通过新媒介和因特网而不断更新商品的美学使用价值承诺，从而实现"散发着愿望所表达的生活诱惑"[3]，终将成为第二个本性。广告的表象所构成的总体折射着各种各样的文化，甚至到了表现过度的程度。

与之相反，当年的国家社会主义社会对西方商品美学海市蜃楼般的倒塌发挥了一定的作用，后共产主义的历史时刻将"消费意识形态"改变为"伟大的意识形态"，并且"人们想**现在**就消费"。[4]而另一方面，在那些通过卫星媒介的全球覆盖而能接收到商品美学传播的国家——没有美学媒介这些商品就不会有人买，或者根本没人知道，商品美学在那里发挥着如同世俗世界的天堂一般的作用，它给人带来了希望，并且推动着尚未进入资本主义的或者处于半资本主义的国家大规模地走进资本主义的全球市场，从而推进着资本主义社会的全球化。马里奥·巴尔加斯·略萨（Mario Vargas Llosa）[①]在一篇极力反对社会主义的文章中，描写了一位走出国门的古巴医生的表现："当我到了委内瑞拉，第一次看到一瓶可口可乐时，眼泪涌了出来。"[5]商品美学发挥着宣传某种生活方式的作用——这将商品消费提高到意义的中心地位，因此商品美学在全世界范围内决定着财富在一个城市和某个地方的踪迹，也决定着在国家和全球范围内的财富分布。对此，第一卷还一无所知，也不知道通过资本主义和计算机的相互结合而改变的、一个几乎看不到边界的世界的其他特征。

　　尽管到目前为止，通过商品美学寄生虫般的力量，实现了在社会所有层面的巨大变化，并且带来了与文化变迁相伴随的爆发式前进，但就如同资本的普遍运行方式和运行规则一样，在商品美学的作用方式和发挥作用的核心规则层面并没有发生根本性的变化。这从相反的方向验证了那句谚语：改变越大，保留原样的就越多。从总体上来说，没有什么是新的，而在特别的方面更是如此。因此，同时也是为了具体化这些概念，第二卷里分析了一些新的经历。在这里没有对外观表象的详尽描绘。而且，由于在第一卷里已经讲述了普遍的理论，在这里更多的只是对事实的描述，而没有根本性的新理论。不过在这一卷里，透过全球化的高科技资本主义闪亮的现实表象世界，我们找到了其形式变化的踪迹，并切中了理解的关键路径。

217

218

---

① 马里奥·巴尔加斯·略萨（1936—　　），拥有秘鲁与西班牙双重国籍的作家及诗人，创作小说、剧本、散文随笔、诗、文学评论、政论杂文，曾导演舞台剧、电影和主持广播电视节目，也曾经从政。2010年获得诺贝尔文学奖。主要作品有《绿房子》《城市与狗》《酒吧长谈》《胡莉娅姨妈与作家》《世界末日之战》《狂人玛伊塔》《叙事人》《情爱笔记》等。

第一部分

## 1. 数字化表象时代的广告

计算机化是推动资本主义全球化的车轮。由无数的服务器组成的、名为"因特网"的网络在 21 世纪初成为"心脏、市场和一切新事物的综合"[1]。一种从 20 世纪 80 年代以来越来越强烈的颠覆性力量，正没有停息地改变着生产和人们所有的生活领域。尽管商品美学的特定目标和它的作用规则保持不变，但是它的生产方式和销售方式，以及它的文化意义却都已经发生了变化。大量被美学装饰的商品已经退回为商品美学的、包装的"第二层外衣"的承载者了，而这一点已经似乎是司空见惯的了，这与完成第一卷时的情况有很大不同：在 1968 年左右，德国"只有 1/5 的食品有包装"，而在 2008 年，"几乎没有不包装的"。[2]而且商品美学自身，通过成为商品使用价值的边界，自身也成为了信息、娱乐和艺术工业的产品，因而它通过一种此前不为人知的方式也成了一种似是而非的"消费"对象了。对社会结构中的"各个层面的去差异化"[3]同样主要表现出商品美学批判被剥夺了到目前为止的意义视野。在技术和动机层面上发生了改变的商品美学，在商品资本没有变化的现实中发挥着作用，并且它找到了阿基米德的支点，使得它的功能不仅在广告商品上，也在广告所面对的人群那里发挥作用，不仅是在物品本身，也在目标群体的事务、行为或个人的思想和愿望中发挥作用，对它们进行有选择地强化和重新定位。永远保持"装扮上多样的形式，以某种方式'展现'出来，如化妆、戴面具；如装饰或显露正面外表；如装扮和包装，这一切都会唤起渴求的反应"。[4]商品美学是让需求在自己这里得到镜像。2000年度银行业的报告强调，对价格差别的关注被替代了："因而生产成本在竞争力中不再起决定性的作用了，顾客对产品的接受才是关键。"

这种接受主要是通过想象模式中的使用价值，或者一个与围绕着商品的、充满希望的想象空间相联系在一起的购买决定所推动形成的。比起在福特主义时代里，在这里对事物的展现被更进一步地推向了捏造出来的一系列体验。人们必须自主地将这些夸张从脑海里除去，正如德国设计师奥托·艾舍（Otl Aicher）谈到汉莎航空公司（Lufthansa）和梅赛德斯-奔驰汽车公司（Mercedes-Benz）时所说的，它们"不再是生产使用成效，而是构建信息聚会。戏剧就是真实"。[5]一切所有可能的造型、物品、观点或价值观都需要这样的"信息汇聚"，因为这些东西里没有什么能够像货币一样支配所有的资源。穿行在这些照片底片五彩缤纷表象中的人们，通过购买而进入一种拥有的生存状态之中，从而才能与这些表象联系起来。从变现的角度出发，每个造型只是自己本身没有任何形状，但却可以被随意塑型的物质的暂时、空洞的存在形式。幻象的高科技不仅创造了整个物质世界，而且也形成了图像的世界。它们所再现的，

220

除了表现它们自己，不能代表任何其他的事物。没有什么可以阻止"可传播的连续体和建立在……离散性和异质性基础上的美好消费"被生成出来⁶，"美好消费"的新形式唾手可得。斯图亚特·霍尔（Stuart Hall）① 描述了人们从雨中跑到屋檐下避雨的情形，他写道："当你生活在差异性中，并且惊慕于多样性的时候，你就吸收了这些集中的、公司特有的、超越公司的、超一体化的、超集中化的和浓缩的力量。"⁷

为了将新时代与福特时代相比较，就要去探究跨国资本主义在走向高科技生产方式中所发生的变化，以及与之相关的商品美学表象在生产能力上的变化，也要探寻传播它的新媒介的变化，在消息中被广而告之的商品地位的变化，所招揽的购买者的变化——他们以让自己置身于社会性不安全感之中为代价，获得了以前不为人知的、多样化的自我表现机会，以及常规文化的过度消费化。

221

## 2."形态变化"和"数字虚拟广告"

外观的数字化对外观装饰而言是一个巨大的飞跃。那些很长时间以来一直需要高超的技能来完成的，现在只是相应的硬件和软件的例行公事而已，不再需要逐字逐句般的精雕细琢，而变得如同儿戏一般简单。这个时代的电子化引导技术，让瓦

① 斯图亚特·霍尔（1932—2014），英国文化理论家，媒体理论家，当代文化研究之父。主要著作有《电视话语中的编码和解码》《文化研究：两种范式》《"意识形态"的再发现：媒介研究中被压抑者的回归》《意识形态与传播理论》《文化身份与族裔散居》《文化、传媒与"意识形态"效果》《结构"大众"笔记》和《文化、传媒、语言》等。

尔特·本雅明所描述的那个时代——在那时只能通过一定的技术手段拙劣地复制艺术作品——显得远远地落后了。这个用数字技术处理电视屏幕影像的时代，是"通过数学计算一个又一个网格点，然后通过计算机直接形成图像"[8]，而不再需要任何复制。[9] 只要数字图像是对真实存在物品的描摹，那么与照片的复制形式相反，数字图像是将真实释放出来。数字图像是"经过计算"的图像，是"原件"，至少是在对现实的描摹中加入了可数字化操控的材料。虚拟美学所采用的数字技术因而与西格蒙德·弗洛伊德所探索的梦的技术一样，它们能将一切重新构建，混杂在一切，并且唤起自己的生命。

将已有的照片用数字化的方式呈现带来了新的可能，即用数字化的技术使得这些图片变成动图，并可以重新调节它们的颜色和色调，这将对图片的修整推向了极致。[10] 在**特殊效果**（*special effects*）的极端形式中，对音视频的播放过程已经不再是对所拍摄内容的简单再现了，所拍摄的内容自身可以被理解为原始的表演或呈现。过去的影片是由涂有感光物质并经过机械曝光的赛璐珞胶片制成的，这些影片现在也至少成为了能够被数字化掌控的、被电子计算技术处理的材料。运动的以及随后很快出现的有声的图像，曾是复杂机器精心计算的产物，而现在可以在机器中自动运算。它们的"前辈"中，最突出的是所谓的录像带。语言在其中并不重要，这使得录像带成为大众文化全球商品的先驱。"计算机控制的图像片段在其中扮演着重要的角色，凭借计算机控制技术，可以在每毫秒的音乐中安排相应的图像［即被称为'米老鼠步'平行配乐（Mickey Mousing）］。而且新近的技术能够逐个单位，抑或在整个节目范围内进行影片美化。"[11] 不仅是超现实主义者的梦幻——他们想象着某些完全不一样的东西，如火柴盒子成了蝙蝠，长颈鹿有了抽屉，一切臆想着神奇魔法的想象，都在新的幻想般的生产方式下显得黯淡无光了，新的生产方式意味着奇思异想中的景象可以通过技术手段生产出来。在"形态变化"（morphing）中，图像语言技术有自己的思想内容。奥维德的变形在日常生活中呈现为电视广告的形态变化。载重货车不留痕迹地变成了猎豹，如果需要的话，还会变成巧克力。之所以有"数字化虚拟广告"[12]，这要归功于创造了类似的软件，也就是说在（从某个体育场或音乐大厅进行）电视转播的过程中，通过计算机技术将广告拷贝剪接了进来。运用这样的技术，也可以对过去的影片进行后续的数字化"处理"，让那些拍摄年代根本不存在的品牌商品也在其中出现。广告通过这种方式秘密地植入娱乐节目中。广告业因此可以阻止被长时间的广告弄得心烦意乱的观众通过录制录像带而将在电视节目里插播的广告跳过去或剪掉的做法。广告接收者对于广告的厌倦是关键障碍，因此总是需要新的传播方式。作为商品的计算机程序在附加上经过设计的机器外壳时，有了自己的"外表"，这个外表有进一步的深层意义：它是"使用者-外表"，也就是人与机器之间的临界面。在使用手工劳动工具时，对使用产品的装饰本身具有标志特征，而这一点在微电子技术中不会出现。因而今天我们"在日常使用"计算机的时候，"不需要了解它是如何运转的"[13]，这一点并不是什么新鲜的事情。早在几千年前，人们看着着火或发酵的现象，也不太明白它们是如何起作用的，如同20世纪的人类在使用福特主义工业社会中的电子仪器时，同样不必知道它们是如何运作的。对于正向高科技生产方式过渡的这代人来说，电子化的数据处理是在看不见的内部世界，像谜一样发挥作用。

在存储器里，只有通过 0 和 1 所构造的各种各样的组合，这些组合原本只是无法直接理解或者没有意义的编码。但在屏幕上出现的却是可以阅读的计算、图像或文字，也许还伴随着感性的、可理解的声音。[14] 使用物的外表通过满足了使用的实用主义的利益而掩盖了需要解释的问题。通常，这些"界面设计"不是别的，正是用标志符号所传达的菜单知识或者对机器开关装置的装饰（如同步枪上的扳机、灯的开关、收音机上可以扭转的音量调节旋钮，等等）。由于电子化带来了产生这些效果和解释这些效果之间的巨大知识鸿沟，因而这为商品美学提供了特别的闯入和扩张的机会。当通过一款软件可以使得对动画片和计算机游戏的消费成为可能时，就会使这款软件对装有它的机器起到促进销售的作用，哪怕机器本身较慢地、较不可靠地运行着（因为存储容量被图像所耗尽）。

224

### 3. 旧的和新的；对抗性的交流；为什么不是商品符号学；商品美学成为商品化学；"使纸张变得美味的艺术"；雀巢的"克里斯蒂声波软件"和饼干的"巴尔森-声音"

多萝西·塞耶斯（Dorothy Sayers）在她的惊心动魄的侦探小说《杀手也得打广告》（*Murder Must Advertise*）中，描写了20 世纪 20 年代的广告体验，读过这本书的人，或者只是看过戴伯特·曼斯（Delbert Manns）1961 年的喜剧电影《一件睡衣两个人》（*Ein Pyjama für zwei*）的人都会知道，在广告这个事物中没有什么战略性的新东西。而幻象的高科技生产力量是新的，它使用以计算机为基础的媒介，并且能够覆盖全球。跨国大型

集团公司的规模和生产及贸易的集中化是新的，还有价值创造
链条的全球化也是新的。所有这些变化都总是与商品美学新的
跨越边界形式和商品美学的新机制伴随而来的。

　　如同所有的商业广告，商品美学也有相互对抗的传播结构，
而且正如波恩大学心理学研究所（Psychologische Institut der
Universität Bonn）所长所指出来的，这个结构是"以人们的社
会行为为基础的"[15]，这就是意识形态。一家广告公司的负责人
在《明镜周刊》的对话中理智地谈道："广告努力对某些特定的
态度产生影响，从而影响由此产生的行为。说到底就是对购买
行为发挥作用。如果人们把这个过程……称作操控的话——我
恐怕人们会这样做，那么广告就是在操控。"[16] 他认为广告的任
务就是，使得"产品越来越少地通过其功用或特征而被区分"，
而是通过广告带来"区别于竞争产品的额外信息：由品牌的人
格化带来差别"。[17]

　　广告是被传播的商品美学。后者已经附着在商品的有形实
体上，对商品进行装饰，从而能够承诺满足潜在购买者的某种
特定需求。客观的产品装饰过程和主观的对使用价值的期望，
两者之间的差距关系被我们称作美学的使用价值承诺。归功于
美学抽象，它使得透过橱窗或透过透明包装外壳所看见的，与
实实在在的财产仍然还保持着一定距离。使用之前先要购买。

　　在购买前的商品试用可以让人们精准地趋近于购买和使用：
如让顾客品尝一小块某种食品、试驾汽车。在这个过程中，美
学的基本概念**表象**（*Scheins*）将发挥作用，这个词在英语中
"无法轻易找到与之相当的概念"。[18] 在一定的距离下，人们看
到的是被设计出来的造型、被展现在面前的形象；现在人们发
现自己也出现在这样的表象中，人们在享受时进入其中，在镜

子前面试穿时将它披在皮肤上，在试驾时坐在其中。引导着感官的事物也是对感知产生作用的东西。因此，我们谈的是商品美学，而不是商品符号学。不过，可以肯定的是许多商品的符号层面都是重要的。而符号维度并不表明，它因此能将对于实际消费客体的"符号交换价值"和"使用价值"解释为想象的合理化。[19]当实际上所有的个体渴望"某个特定商品，将它作为社会威信……和成功的标志"，并且通过"用真实的社会实践活动和价值代替单纯的幻象，将个体带到开始展示性消费的游戏中"[20]的时候，身份符号就成为使用价值不可或缺的组成部分了。因而身份符号被当作客观属性，能够用来满足任意的主观需求。在商品之外，人们为了赢得威望展开了实践活动，这些是真实发生的社会行为，但却不能改变从商品中散发出来的对获得威望的承诺——这是建立在使用价值对购买者做出承诺的基础之上的，这也恰恰是说：它只是承诺，而不是对承诺的兑现。的确，外表从属于本质，衣服装饰人们，至少它们有着很大的贡献。当然激发出购买行为的，只是诱人的外表的表现，也就是诱人的外表的表象。在一次关于"企业文化和部落文化"的专题讨论会上，一篇报告澄清了这个问题，这次研讨会在美茵河畔的法兰克福市举办，就造型和进取的企业文化提出建议："'人们购买某件东西并不是因为它能做到什么'，这是广告心理学的基本定理，'而是因为它能表现为什么'。"[21]人们所想要的，只是"是什么"的存在。商品美学的这种存在论方面的缺陷，属于商品世界存在论意义上的真实，如同上浆之于纺织品商店。

　　在感觉材料中，可见的可以变成不可见的。商品美学也是商品化学，这一点反过来也成立，例如在匈牙利的辣椒粉中毒事件中，就是通过使用铅混合物而使得辣椒粉呈现出"高品质辣椒典型的红颜色"。[22] "引人注目的是，"商品展示和商品造假之间的界限是灵活的，如同通过在鸡饲料里混合上类胡萝卜素，就使得蛋黄呈现出红中透黄的色彩，这样的颜色会使"消费者……产生这样的联想（联系），这些动物是用绿色饲料喂养出来的"；得益于化学的混合，这种方式生产的产品"在 8 到 15 的颜色标尺上可以达到 13 或 14 这样的值，而自然的产品只能在 8 到 11 之间"。[23]

在这两个案例中，化学对"消费者的联想"发挥作用，因此消费者的联想已经反复通过商品美学形成。商品美学控制着消费者对使用价值的"正确"设想，如同人们夸赞地谈论着"真正的面包"，有时还会在前面加上"这才是"。商品美学越过使用价值-用途的图景，通过将商品的图景与那些设想相"匹配"，从而影响购买决定。商品美学发现它的接收者的想法，并加以掌控、过滤和强化，然后又反哺到它的接收者对消费品的设想中去。

在这样的背景中，理想模式就是通过科技产生多感官的联觉，也就是如同"使纸张变得美味的艺术"一样，因此"最终……在所有有关享用的幻象里，美味和香味被翻译为可视的"。[24] 广告照片上的烤鸡总是"一只像气球一样鼓鼓囊囊的鸡，玉米片总是传达着脆生生的形象……这中间要做大量的辅助工作。在一只鸡看上去像杰夫·昆斯（Jeff Koons）① 的一个类似于塑料的雕塑作品之前，要在里面充气使它鼓起来，然后填充东西、进行防腐处理和涂上颜料。"为此，摄影师"在极端的情况

① 杰夫·昆斯（1955— ），美国当代波普艺术家。

下，要准备硅树脂针剂以进行皮下注射，并用一罐发酵粉来进行表皮上光。当然没有人再会吃这只鸡。但是这些都会使看到这幅成品照片的人有了胃口……而且实际上，这个榜样一般的雕塑鸡引人注目的谎言胜过了真实的状态：这是一只理想的烤鸡。"与这种图片不同，为《美食与美酒》(essen & trinken)杂志拍摄照片的理查德·斯塔特曼(Richard Stradtmann)炫耀，他仅凭光线就可实现烤鸡典范的商品美学形象，"我会通过照明和使用闪光灯，让看到照片的人相信，它会立即飞到他的嘴巴里"。不同之处是在所采用的技术上，而非目标。享用品的"正确"的图片，"美味和香味被翻译为可视的"，在这里，我们可以看到的图片上美味和香味没少剥夺事实上可能的口味和气味，正如同色情照片在性实践活动中的作用。"而其中的基础是，金钱使之性感"，这句出自布莱希特的《拱顶歌曲》(Kuppellied)中的诗句能够表达在这里体验到的对立的辩证逻辑：对于抽象财富的追求成为源头，从那里喷涌出有意义的表象。正是在这样的极其出色的设计中，表现出了资本对使用价值的漠不关心。年轻的马克思在金钱的背景下将宦官看作皮条客，就是要表达这个意思。

229

　　无不同之处述说着不同之处。在想象的"他人眼中的具体形式"中体现着对产品最根本的真实的抽象。真实抽象并不满足于对可见事实的控制。美学抽象围绕着发挥突出作用、从产品中分离出来的使用价值和感性特征的展示进行，一切商品美学都以此为基础，声音在其中也扮演着一定的角色。早在福特主义时期，汽车工业中高价格产品开发部门就已经致力于如何产生关车门时"正确"的"砰"声，或者怎样让马达发出那种显得低沉的运转声音。高科技资本主义将以计算机技术为基础的声音测量应用到了食品工业。雀巢公司（Nestlé）在 1997 年开始使用 "克里斯蒂声波软件"（Croustimètre），它不仅能够模拟咬的功能，而且还能在咀嚼点心或一块巧克力时像生成计算机画面一样产生声音效果。德国一家饼干公司巴尔森（Bahlsen）紧随其后，特设了一个针对饼干 "声音造型" 的开发部门。这类声音是在传统的味道、观感和包装特殊设计之外的补充。"未来专家将为他们的饼干配备上独立的巴尔森–声音。"[25]

230

### 4. "品牌" 成为美学化的使用价值垄断；创造品牌成为一个新的业务分支；萨克森州起诉萨克森庄园；革新；品牌之战代替了产品间的竞争

公司在为自身产品追求感觉材料的过程中促使了美学化使用价值的垄断，这一点与在第一卷中 "品牌" 分析所得出的结论一样。这个形式不是仅仅凭借外观设计就可以实现的。实现它的前提是在工业化生产大批量产品之外，私人财富的形式要扩张到创作精神作品中去。从这种形式转化里产生的对 "知识产权" 的构造，是最重要的工作之一，同时也是产生跨国资本主义冲突的源头。法律所保护的标志造型通过将可能的竞争对手排斥在外，而在对它的使用中形成了垄断。因而这样的标志造型发挥着每个造型标志的价值植入作用，在这个过程中，美学的（感性的）造型元素和某个名称联系在一起。在美国的农场主资本主义中，农场主采用了商标的图案和财产印章，养牲口的人还在他们牲口的表皮上烙下印记。通过这些在商品的有形实体上烙下印记以作为对资产的保护，这些造型标志在自己的那一面已经转化为可以交易的和可以资本化的商品了。根据它们的市场效用，这些造型标志可以成为它的拥有者独立的收入来源，罗伯托·威叟拉（Roberto Verzola）将它命名为"信息租金"。[26]

现在要对电影中的声音和可识别的声音加以构造了，比如当人们咀嚼甜品时，所发出的声音要给人以甜美的感觉，这不仅在技术上有一定难度，而且也会遭遇到所有权方面的问题，因为"巴尔森-声音"一定已经注册了专利。但是德国的商标法还是遵循传统的基本原则，也就是只有以图像形式表现的标志才能申请排他的所有权。这其中也包括颜色（仅是整体的色调也要注册专利，如德国电信的品红色用于整个电信领域），但是不会随便将声音包括进来——因为声音无法以视觉的形式表现出来，从而发挥注释图片的功能。不过在追求专利权的过程当中，首先会遇到障碍的是那些含有芳香气味的商标。因此欧洲法院不仅需要讨论，与草莓的图片展示联系在一起的"成熟草莓的香味"是否可以申请专利，还必须要讨论是否可以为声音和气味注册专利。于是，各个领域都在努力获得所有"新式的标志形式，如全息图片商标、光线商标、活动的商标和味觉的商标"[27]。

我们回想一下商标的原始功能：它的基本意义在于在工业资本与购买大众之间建起了一座桥梁，并且将中间商及零售商降格为单纯的供应代理——而在此之前，商品要进入市场首先必须依赖于这些机构。[28] 如同我们在第一卷里谈到的，商品装扮漂亮的外表必须作为商品真正的面貌在包装上再次呈现，在这样的外表下，商品好像国王的女儿，包裹在羽毛衣裙中，变换着自己的造型，从而在市场上展现给潜在的顾客，当然这需要通过贸易商，正是有他们在其中交易，才可以藉此展开被唤

232 起的需要。而在"品牌是围绕着由产品特性所产生的'意义'"这样的假设中[29]，就没有包括上述的功能。我们可以回过头去再读一下第一卷第三部分中所提到的曼德维尔关于早期垄断主义销售场景的描述，就足以领会，商品的交易过程和女顾客的意义领域从最开始就是由销售商所引导的，意义领域不是别的，而是"贸易商的充满女魔般诱惑的可展示要素"[30]。

"意义"伴随着每个商品。最开始它是属于每个人但不属于任何人的意义，是附着在使用价值类属上的。之后它被从公有领地中切割出来，而成为私人圈起了篱笆的、特别装饰和展示的商品，因而商品成为可以注册专利的品牌物品。感性的和有意义的造型元素的合奏通过名称得以强调。创造品牌名称成为单独的业务分支。"人们几乎可以对一个产品做所有的改变，唯有名称不可以，"曼弗里德·高达（Manfred Gotta）[31]这样说，他一直在一家为品牌命名的咨询公司——英图博略公司（InterBrand）的德国分公司工作，直到他在1985年成立自己的"品牌名称开发研究所"（Institut für Markennamenentwicklung），才最终为自己开发了"高达商标"（Gotta Brands）这个品牌名称。诸如宝莹公司的"宝莹大珍珠牌"（Mega-Perls）、"凯尔特"（Kelts）啤酒品牌，以及德国证券交易所的"财特拉"（Xetra）指数等名称都出自这个公司，此外还有欧宝汽车（Opel）的"威达牌"（Vectra）、保时捷汽车（Porsche）的"卡宴牌"（Cayenne）和戴姆勒汽车（Daimler）的"斯玛特牌"（Smart）。鲁尔煤炭股份有限公司（Ruhrkohle AG）在2003年到2008年12月由德国前经济部长维尔纳·米勒（Werner Müller）执掌董事长大印，他花掉了"几百万的费用来展示"新名称"赢创工业"（Evonik Industries）。这些词语应该是新颖、而且能够注册

233

专利的；这些词语最初应该没有含义，但是要有能力吸收含义。因而问起这些词语含义的人们，他们的作用就如传说中的神奇机器的齿轮，他们与投入新名称中的几百万宣传费用一起充实着新名称，直到这个新名称进入人们的语言里，让这种语言的使用者感到，"好像这个名称一直都存在一样"[32]。1987年，在联邦德国一共注册登记了291075个商标，其中110000个为全球性商标。[33]

　　一旦名称被保护了，那么私有财产可能就会从中开出特别的花朵。在第一卷（第一部分第5节）我们分析了1971年的"罗西对罗西—罗西诉讼案"，而20年之后出现的雀巢公司被德国联邦州萨克森州（Sachsen）起诉的案子，再次让人们想起了前者。在新近的这件诉讼案中，雀巢公司被要求放弃它旗下的一个葡萄酒品牌，因为它的萨克森葡萄酒用出产地的名称"萨克森"做商标——当时，雀巢公司销售日本泉精器集团（Izumi-Gruppe）位于德国宾根市（Bingen）的"萨克森庄园"（Sachsen Villa）出产的葡萄酒。负责处理与葡萄酒法案相关事物的联邦政府回避了与跨国资本的冲突，而由萨克森州出面。[34]

　　一个作为"经过巧妙广告宣传的结果的"商标意味着，在它身上的投入"将比对一台特殊机器或对市场境况不佳产品的生产投资，更加有价值和更加持久有效"。[35]品牌被计作"非物质价值"，并且是可以交易的。品牌的资本价值是从估算的信息利息中加以计算的，信息红利可以保证品牌的垄断性。凭借着这样的价值，品牌作为一种资产最早是在英国的资本负债表上被列出来了。食品业集团伦克·霍维斯·迈克道格尔公司（Rank Hovis McDougal）用这种方式，在1988年凭借"自己创立的面包、糕点和果酱的品牌"，"一夜之间它的资产负债表总

234

额由 6.78 亿英镑扩大到了 20 亿英镑以上"。在这之前，只有由外来资本所买断的品牌才能在资产负债表当中计作"被购得的商誉"。[36] 在"新经济"中，这种"非物质资本"将成为新的燃料，从而使得投机的泡沫先是被吹大，然后破灭。

在商标形式决定市场的这个领域内，商标证明了它有最大的盈利能力，而同时与价值创造链条有最小的联系。工业资本只剩下了一个外壳——品牌管理，低级企业主在工资低廉的国家从事生产，但重要的是对商品美学和市场营销的组织。而且品牌管理自身能尽可能地实现贸易收入。品牌管理是通过品牌的接收对象成群结队地将美学的使用价值承诺变为自己的承诺而获取利润、得到给养。他们现在对自己承诺，并且通过这种方式将承诺"主体化"。将他们称作"封建品牌领主的奴仆"[37]，是用强有力的词语弥补了概念的软弱。

235

**5. 品牌描述成为普遍有效的消费价值承诺；高攀名人显要以抬高身份；品牌扩张；品牌成为投资资本；品牌成为"企业标识"；扩展到主体；将顾客培养成消费者；"校园货币"成为品牌杠杆；商品销售；品牌逻辑在政治领域和公共日常生活领域中的延伸；品牌形式延伸到与之相对抗的阻力中**

我们在第一卷里追踪了"品牌商品"是如何将自己塑造为美学的使用价值垄断的。但是品牌也可以从它最初的基础——可使用的物品、它"烙印"在上面的物品——中分离出来，而转移到其他商品群类上，从而将原始的商品的市场效果也转移到新的商品上。在日常生活中可以看到类似的转移。当某个东

西是由某位令人信任的人士所推荐的，那么这个物品本身也
会得到人们的信任。竞争策略、利益相对策略或者简单的渴求
名望战略都是对转移意愿的利用。使用得最普遍的一种形式就
是努力地加入他人的影响力范围之中，从而普照到他人名望的
光芒。这种被称为高攀名人显要以抬高身份的"艺术"值得学
习，它可以保证在职场上发挥作用，在《法兰克福汇报》副刊
《职场和机会》(*Beruf und Chance*) 的头版上也可以并非偶然地
学到它。[38] 信任转移的日常机制也可以保证带来上亿财源。脸
书公司（Facebook）做着这样的尝试。那里的一个部门负责开
发以此为基础的广告系统，"广告在因特网中靠上人际推荐的
码头"。[39] 公司老板对此解释说，"在媒介消费中……会通过
有名的媒体品牌"打动"个体或朋友"。"人们会更信任购买了
某个产品的朋友的推荐，而不是生产者的广告信息。"扎克伯
格（Zuckerberg）投资建立以传递信任为基础的广告系统，从
而能够"有一天代替谷歌（Google）而成为技术典范和社会模
式……"

　　品牌在它的扩张中也"通过抽象而去物质化"，从而"品牌
的图像信息可以转移到完全不同的产品上去……人们将这种做
法称为品牌转移"。[40] 只是最初的转移并不够，而是应该让"品
牌螺旋"发挥作用，在"品牌螺旋"中，通过"品牌扩展"和
"交叉推广"[41] 能够用美学化的使用价值垄断来代替特定的具
体使用价值，并且通过扩张到其他的使用价值中，而吸收一定
的交换价值特征。通过这样的扩张，次级使用价值承诺由此形
成了。在次级使用价值承诺中，包括某些特定的资本、购物中
心或者销售地点，它们都对上乘的使用价值做出了保证。凯撒
斯汤格尔曼股份有限公司（Kaiser's Tengelmann AG）将低价格

承诺所带来的吸引力与自身的品牌名称联系在一起："我们这里的独特之处在于非常低廉价格下的高品质。这就是我们的标志：A&P——Attraktiv & Preiswert（有吸引力且便宜的）。"用这个品牌代替单独的品牌，使它升格为普遍有效的使用价值承诺，它就不再代表某个特定的使用价值，而是应该对所有可能的使用价值都意味着抽象的质量保证，因而随之而来的是，与之有关的独立资本也具有了集团公司的身份，这从独立资本的角度来看可以被算作"非物质的投资资本"。资本在它的名义下所拥有的采访仿佛翻了倍。

转移动力过程和扩张动力过程不会停息下来。品牌身份不仅对外部市场发挥作用，而且也回击到品牌所属的集团公司内部对集团身份的塑造上，也就是对"企业标识"（Corporate Identity）的构造，将企业用"企业设计"（Corporate Design）和"企业文化"（Corporate Culture）装备起来："在未来信息社会的阵痛中，那些人们习以为常的生活方式和工作形式开始消解的地方，就是比目前为止还要更强有力地关心符号整合的地方。"[42] 对此需要补充的是，企业共同体这样的符号化装备在法西斯主义的时代曾经达到了它的高潮。

从广告逐渐演变为一个独立的业务分支的专业广告的过程，同时也是从告知顾客到将顾客变为消费者、将消费变为生活方式的过程。在某个商标里发现品味的人，这个商标就会将这种品味标记到这个人身上。商标的主体化是我们对商标的"到达"或"落地"的概括；在商标的主体化之中，它能够"触碰"到相应的购买大众的动机机制，因此商标的主体化在蒸蒸日上的福特主义中，被它的行动者标志所"培育"。在德国，AEG公司在埃米尔·拉特瑙（Emil Rathenau）的领导下，跟随美国资本的典范，进行了模式改变。"他们不再寻找消费者，而是培育消费者，拉特瑙说，'通过重新塑造所有现代生活中的大部分行为'来进行培育。"[43] 商品美学蔓延到生活当中——用殖民化的语言来说就是"生活方式"（Lifestyle）中，因而资本切实产生了人类学的力量。当个体正如"他的生活所展现的样子"[44] 时，下述说法是贴切的，所以我们可以说，在广告工业中不仅生长出了"文化权威"（cultural authority）[45]，而且作为塑造生活方式的创作者之一而拥有了物种改变的力量。

有关这个发展过程的例子，可以从对年轻人之间的相互认同过程的有目的控制中找到。当资本掌握了广告心理语言在校园中流通的货币时，它就抓住了控制权。"校园流通货币"意味着，知道"什么是正在流行的、什么牌子的衣服是时髦的、必须要拥有哪一款计算机游戏、哪些电视节目和音乐是热门的"的人，就会在同一类人群中拥有威望。由于"校园货币"能够兑换成日常通用的货币，因而推动了产品制造公司和商业电视台为"争夺网络儿童（Netkids）而战"，也就是说，那些在儿童或青年人中发挥意见领袖作用的台词提示者接受了这些能给他们带来威信的知识。这样的意见领袖作为"校园货币"的提供者而被承认，他们跟随着专注于相关市场领域商品生产者的广告。"赢得这样战争的是那些创造最好'牌子'的人、那些从他们的产品中创造出商标的人，如同在牛群上烙上标识一样，这样的商标也在所有辅助市场的产品上打上标记。"[46] 在年轻人当中，主动使用的因特网与被动使用的电视构成了竞争，与此同时，商业电视台也强化了它们的"品牌渗透"作用。"人们彻头彻尾地沉溺于'即时反馈'，孩子们只要点击一下鼠标就可以对成千上万人做出反馈……在电视台的聊天室，顾客不费吹灰之

239 力就留下了关于他们喜好和愿望的所有重要信息。"[47]媒体资本和工业资本在这里相互交织在一起。他们进行了一些费用不菲的市场调查，也因此获得广告合同。但是，必须要遵循的关键准则仍然是，发挥作用的是媒体在商品接收者那里的受欢迎程度、媒体的品牌特性及其成效。此外还有一条准则是关于周边环境的："没有人愿意他的产品最终出现在其'正面性'值得怀疑的环境中，例如反映战争、暴力、毒品或政治的。"[48]这个双重准则共同促使媒体完全转向接收者，探查他们的喜好，然后经过技术的加工、强化和相应的过滤重新又归还给接收者。[49]接收者尽管非常被动，但是也主动地对他们实实在在的被动作出贡献，使得被动性在他们的行为上进一步得到体现。在这个意义上，商业媒体的所有接收者与那些孩子都一样，大家都参与到了"校园货币"所控制的游戏中。为了将他们锁定在某个电视台——这将决定金钱的流向，要按照品牌战略以及其他原则来行事，就需要在每个节目前后播放其他节目的广告，"因为电视屏幕上原本的信息就是一直迎合着永久带来娱乐的承诺的"[50]。使用价值承诺是抽象而普遍的诱惑力、吸引力，它们通过所有可能的内容从而实现将观众按照广告委托者的意愿吸引过来的目标。广告插入也总会有这样的风险：观众通过"不

240 断地换台"来躲开广告，通过按一个按钮就关掉了某个电视台，而转向此时没有播放广告的竞争对手。为了避免观众在电视频道中间频繁地切换，电视台努力加强它们的品牌特征；为此它们必须让其内容的品牌特征发挥作用。在这其中，有一种方法特别有效，那就是使用品牌转移的特殊的商品推销方式（Merchandising）。演员服装的仿制品和有关节目中出现的各种服饰配件将作为受欢迎的流行事物而被投放到市场。一部关于

求婚故事的电视连续剧受到了"极大的欢迎，因为他们不仅出现在电视节目中，也在报刊亭、运动场、超市和商场中求婚：因而这部名为《好时光、坏时光》(*Gute Zeiten, schlechte Zeiten*，RTL 电视台)的电视连续剧在引入附加物品之后，它最开始较低的收视率得到不断地攀升。"[51] "费厄斯坦恩一家"(Familie Feuerstein)大概推销了 500 种产品，从 T 恤衫到酸奶碗。

这里最后要勾勒的品牌形式和品牌逻辑的扩张涉及政治领域。亚里士多德警告说，当人们都一团和气地和谐相处时，就会毁掉城邦。[52] 与部落、军事联盟不同，城邦包容差异性和相对性，从而成为不可废止的多数。因此，乔治·莱考夫(George Lakoff)最近指出，如同党派竞争可简化为品牌竞争的一个亚种一样，政治竞选正在去政治化，选民也越来越不成熟，这些会破坏民主的政治核心。[53] 如果民主能说话的话，它会说："越多的百姓转变为消费者，我就变得越渺小。"它可能还会继续说："我变得越渺小，你们就越来越多地被简化为消费者。" 如果柏拉图知道现代的情况的话，他不会说"猪的国家"，而是说"消费者的国家"。纳粹在德国将品牌技术向政党转移的过程引起了一个高潮[54]，品牌技术和品牌商品在赞助的外衣下一起入侵着文化机构，使得所有的"公共话语本身越来越多地准备遵循品牌传播的游戏规则了"[55]。

品牌广告的对立形式被命名为"文化干扰"(Culture-Jamming)、"破坏广告"(Adbusting)或者"颠覆广告"(Subvertising)。它们通常的煽动性机制在于，用广告自身所采用的手段打击广告，以及通过异化的干涉而进行归谬。如同广告自身也是在实践环境中按照"从低级技术到中等技术最后到达高科技"这样的轨迹发展的[56]，在这个过程中，以计算机为基础的图像技术使得

"无论是生产还是传播，对广告的讽刺性模仿都变得非常容易了"。[57] 瑙弥·克莱恩（Naomi Klein）举起了反对"商标化生活"[58] 的大旗，这种形式的蔓延在她的措辞里似乎得到再现，她说："有一个为文化干扰而存在的市场。"[59] 她想藉此表示，品牌广告所乘的波浪也承载着对广告的反对："公司批判的激进主义享受着无法估量的优势……这是隐蔽的出发点，也就是说富有讽刺意味的是他们自身又受品牌保护。标识……被永久的光芒所围绕。"克莱恩借用科幻小说作家尼尔·斯蒂芬森（Neal Stevenson）的说法"Loglo"来称呼标识，并且将它描写为"如此明亮，让很多激进主义分子能够享受它的光芒，尽管他们本身正在攻击着一个品牌"。[60]

242

**6. 作为商店聚集地、品牌结合体的购物中心；与休闲度假俱乐部的相似之处；购物成为伪休闲活动；城市当中出现了一个私有化的城中城；在商店里进行徒步运动；一种从来不可能被兑现的诺言；奥乐齐模式；耐克城；连锁书店**

购物成为了休闲活动。从所获得的体验和时间管理的角度来看是这样的。具体来看，购物行为和其他"家务劳动"[61] 一样都属于"必要活动的领域"，而"休闲活动的领域……事实上是[开始于]劳动——其特性为必要性和有外在的目的性，停止的地方"。[62] 在第一卷（第三部分）里，我们研究了商品美学如何延伸到销售场所和销售者身上，当时瑞士哥伦布购物中心的观念代表了其顶峰，这家商场在激烈的竞争中将品牌商品装扮成"体验的舞台"。从那之后，这种趋势成为贸易资本形式的集中推动力和结果，也大大地改变了零售商的装饰造型。正如在第一卷里所写到的那样，当时在联邦德国有 14 家购物中心；而现在，在写作第二卷的时候，购物中心的数目已经接近 400 这一大关了。在 2008 年，平均每三个星期就有一家购物中心开业。[63]

243

购物中心，用殖民化的行话来说就是 "Shopping Centers"，是按照规划组织起来的正式而独立的贸易公司和服务企业的空间聚集，它们在按一定建筑风格所设计的场所里，集中开展经营活动。这里独立的公司通常被塑造为所谓的系统租赁的 "特许经营" 形式，它们从表面上看是独立的。特许经营最初在福特主义时期开始发展，到了 20 世纪 80 年代由于数据处理技术的应用而扩张至全球。[64] 那些中心的形式是多种多样的；它们的领地从绿地上的大型设施到火车站和飞机场里的商店群。这些购物中心，"如同舞台布景对歌剧演出所发挥的作用一样"，一直起到展现具有竞争潜力、引人入胜的空间的作用，"……公众、售货员、活跃气氛的人那里面活动，人们几乎都无法将他们区分开来"。[65] 并且在购物中心里面，永远是由虚构的东西支撑着，人们将耗费时间、消耗精力的购物行为想象为休闲活动，甚至假想自己是在休假。此外，这些或多或少地给人留下这样的印象，即在这里仿佛是一直在同一家影院里反复放映着同一部影片。

在与商场或者与独立的零售商之间展开的激烈竞争中，购物中心将自己定位为 "将贸易世界感性化、而不是功能化的购物机器"。[66] 购物中心 "自身就应该成为一个品牌，通过这个品牌顾客能够对自己进行身份认同"，这是这个行业的看法。斯图加特（Stuttgart）的图腾通讯公司（Totems Communication）的总经理批评道，人们 "在大多数商店里……遇到的是售货员而不是东道主"。于是，在购物中心 "就不再是只满足需求，而且还

244

能实现愿望"。

美国的"超级购物村"（Malls）就是榜样，那里"每一处都和休闲度假俱乐部相似".[67]1992 年在明尼阿波利斯市（Minneapolis）郊区布卢明顿（Bloomington）开业的、由建筑师强·杰德（Jon Jerde）设计的美国超级购物村（Mall of America）也是范例之作。作为当时美国最大的购物商城，在超过 25 万平方米的购物场地上有 520 家商铺。人们甚至可以在那里举办婚礼，而且事实上美国超级购物村和它的"爱情小礼拜堂"（Chapel of Love）是"这个州最受欢迎的地方，准备结婚的情侣都选择在这里订婚"。那里整合了所有的娱乐元素和扣人心弦的要素。"'史努比营地'（Camp Snoopy）是魔幻小城的中心……那是一个娱乐公园，有着嘎嘎作响的过山车、链式旋转木马、从人造悬崖上倾泻而下的瀑布、用乐高玩具组合而成的恐龙，放在地下室的鱼缸里还装着充满异国风情的鱼。这个迪斯尼形式的购物娱乐中心……每年接待 4200 万观光客，是美国最有吸引力的旅游地，比迪斯尼乐园、猫王故居雅园（Graceland）和大峡谷公园（Grand Canyon）加起来的游客还多。"

在维也纳，建筑师汉斯·霍莱因（Hans Hollein）在圣斯特凡大教堂（Stephansdom）对面建造了他的"生意人的庙宇"，"到处传递着超越感官界限的令人着迷的气息"，"从还在创作阶段的米高梅电影（Metro-Goldwyn-Mayer）的美学中"开启了"新资本"……"诸如汉堡的汉斯大型购物中心（Hanse-Passage）或者杜塞尔多夫的科长廊（Kö-Galerie）这些先驱只是对从美国引入的购物中心文艺复兴的第一反应，但是它们通过建筑学的魔术技术将已经走开的人群又重新集中到中心广场上来。"[68] 曾经作为购物车、论坛和市场化身的城市公共领地，现在在这里找到了它的退化版副本——它被塑造为"闭关自守的城市公众半私有化的集会场所，这些城市公众几乎只是通过购买和消费而被定义"，并且"严肃的诗歌、亲和及选举自由在城市生活中只是（被）保留在消费文化的内脏当中了"。原本具有不同社会背景的顾客，现在被"高价格客户所代替，只有他们能进入城市中心"。

2004 年建成的汉堡凤凰中心（Phoenix-Center）用亮闪闪的玻璃外立面和灯火通明的散步平台吸引着人们，德累斯顿的普弗藤豪斯大街（Pfotenhauser Straße）上的购物中心有可口可乐中庭，其中有一个小湖，那里有水上游戏和棕榈树、变换的灯光和波浪般的屋顶。莱比锡的诺瓦埃本提斯购物中心（Nova Ebentis）用各种灯光将自己打造为一个游乐园。2008 年建成、卡尔斯泰特商城里的里姆拜克餐饮中心广场（Limbecker Platz）"以它弧形的、明朗的外立面"，令人想起"玛丽莲·梦露（Marilyn Monroe）在电影《七年之痒》（Das verflixte siebte Jahr）里面被吹起的裙子"[69]，那里有 200 家商店和 2000 个停车位，提供了2000 个工作职位，每天 5 万名顾客的光临，从而帮助投资商阿尔坎多投资公司（Arcandor）、ECE 公司和不动产联合投资公司（Union Investment Real Estate）收回 3 亿欧元的建造成本。

在汉斯·G. 海尔姆斯（Hans G. Helms）的眼中，"所有的**购物中心**（*shopping malls*）……如同安迪·沃霍尔的玛丽莲·梦露丝网印刷作品那样，都是一样的。这些购物中心有一层、两层或者三层，有两到五个小中心广场，重新构建着外面被破坏的自然风景；那些高大的盆栽棕榈树、灌木丛、花坛的布局方式是为了使顾客每走一步都感觉自己像是在英国的一个乡村花园中散步，而不同于随处可见的千篇一律的店铺。在那中间，

246

有溅出小水花的小湖，还有迷你瀑布发出轰隆隆的声音。配合着无处不在的缪扎克（muzak）[70]，使得色调一致的地毯给人以遍地金钱的感觉。在这个展现了世界的一切的地方，精品商店和百货商店的历史性差异在商品的极大丰富之中消失了，如同在过剩的商品中，日用物品和奢侈品之间的历史性差异也消失了。"[71] 此外，这些购物中心通过它们私有的安保服务和清洁服务，"堡垒一般地……保护着顾客不受现实的侵扰，将他们在幻象中轻轻摇动，一切都没有任何瑕疵"。[72] 因而这里是一个"深深地封闭着的、医院般洁净的内部世界，在这里公共空间像购物体验一样被安排控制着"，并且与此同时它也是"社会隔离"的机构[73]，是一个"城市中的私有化城市"[74]。

这样的设施只有在城市瓦解、犯罪滋生和环境破坏，或在缺乏安宁城市结构的环境下，才能被当作世外桃源发挥作用，在美国，人们在商店里开展徒步运动这种现象就体现了这一点。卡伦·鲁奥夫（Karen Ruoff）在 1987 年以布埃纳公园购物中心（Buena Park Mall）为例描写了商店徒步一族。首先，她将这个地方描绘为"完全与世隔绝的并且到处都装有空调的建筑物……通常有好几层高，中间有半楼夹层，可以看到人工瀑布，还有没有植物的小型休息'花园'——在那里没有任何人工生产或需要打理的痕迹，没有窗户——外面的世界因此也无法入侵室内……它地处洛杉矶市郊，被到处铺着沥青的区域包围着，在那里停泊着汽车"。这个购物中心用奖励［完成首个 50 公里可以获得一件"走我们的路 T 恤"（Walk-our-Way-T-Shirt）］吸引着徒步健身的人到这个安全、干净并且温度恒定的走廊里来，这些走廊在商店开门之前就为步行者开放了。[75] 很快，在报纸上就刊登了一则消息说，加利福尼亚的一所社区大学将"商店里徒步作为大学的一项运动"。[76] 这篇报道的大标题是《在购物中心走路带来大学学分》(Walking the Mall Brings College Credit)。[77] 这个例子中的创意出自山顶超级购物中心 (Hilltop Mall) 的广告经理。由于障碍能够让游戏变得更有吸引力，同时也只有在消除广告嫌疑之后才能使广告发挥作用，因此比赛规则不仅禁止使用自动扶梯，而且也不能在这个过程中购物。整整 10 年之后——在此期间，欧洲的国家社会主义瓦解了，卡伦·鲁奥夫重新回顾这个话题："柏林市东南部的'A-10'购物大世界中的真实–发展商店 (Real-Entwicklung)——字面意思应该是"真实–折扣"(Real-Discounts)——在这些年间远远地赶超了在那个时候几乎是超现实的'美国'式做法……美国的做法的确并不总是在一定程度上领先的……在建筑和售货员与购买者相互接触的环境被布置得丰富多彩，还有更引人注目的休息区，在那里界限被打破了，不同元素相互融合在一起（有老年慢跑区、浏览橱窗区、年幼的消费候补者的游戏区、不同价位和为不同种族设立的哺乳区），服务也是更加广泛的：比如女士们在那里不仅可以检查视力，而后立即可以戴上新配好的眼镜，而且还可以进行眼部激光手术，与此同时整个过程的视频会在购物通道里实况转播，如果用安迪·沃霍尔的话来说，那就是这位顾客变成 15 分钟的公众名人。"[78]

　　为了使自己成为第二级品牌，购物中心必须要让自己看起来像与休闲设施相似，但是在那里不能、也不许实现这一点。它最多只能引起休闲和度假的联想。这些从装潢中所引发的联想是幽灵般的使用价值承诺的发散形式：在这里购物带来了乐趣，因而人们从这里如同度假一般。为了真正兑现这样的诺言，就必须走进这样的地方。因为承诺成本已经是高昂的了，因而兑现这样的承诺的费用是不可承受的。由于购物中心最终还是要靠销售额维持运营，因此它们必须将所有坐的地方、休息区和体验区都布置成能够刺激购买、刺激消费的地方，让人们如同着了魔一样。这里要展现出这样的吸引力，使得人们在此比在其他地方更愿意购买。但是这个地方不能让光临者预见到自己将变成高效的购买者。因此，要从纯粹的商品供应中有所超脱，以迎合光临者。为此，通过特别的建筑风格和装潢对建筑进行构造和布置，从而使人们在大量的购买机会中行走。

西班牙和俄罗斯目前是跨国连锁商店正大举进攻的国家。于是，在那里出现了零售商领域的不断集中。2008年9月3日，在西班牙萨拉戈萨（Zaragoza）市郊开张的帝国大厦购物中心（Plaza Imperial），在开业当天就吸引了10万人聚集于此。在那里有180家商店。人们预计在这个领域里，面对经济危机，或者即使出现了经济危机，这类购物中心的市场份额也会在牺牲本国零售商的基础上，实现不断增长。[79] 在德国也是同样的情况。

在这样的前进过程中，同时也出现了与繁茂的购物中心相对的另一个极端，也就是以苦行僧般节俭装饰为标志的折扣商店的世界。在因特网的泡沫破灭后，出现这种情况并非偶然。"这是二战之后零售业最不景气的"时期，卡尔·阿尔布雷希特（Karl Albrecht）和西奥·阿尔布雷希特（Theo Albrecht）兄弟这样说，他们拥有奥乐齐集团（Aldi）①——在福布斯（Forbes）

---

① 奥乐齐集团是德国折扣连锁商店，公司的名称Aldi是从创始人的姓氏"阿尔布雷希特"（Albrecht）和"折扣"（Discount）这个单词中各选取了前两个字母构成的。奥乐齐集团在全球已拥有超过1万家分店。奥乐齐集团对超市里销售的商品种类进行了大幅删减，并将能节省的成本几乎全部省去，例如，取消了昂贵的商店装饰和相关设施，取消了高额的广告费用，放弃售价高的保鲜类商品。奥乐齐还尽可能节省租金开支，把经营面积尽可能缩小。最后，该集团将节省下来的利润通过低廉的价格这种方式返还给终端消费者。

全球富豪年度排行榜上他们排在第三位。[80] 在德国奥乐齐是"最强劲的品牌（位列于可口可乐、妮维雅和大众汽车之前），而且在这家连锁折扣超市里除了哈瑞宝小熊软糖（Haribo）之外没有别的品牌商品"。"奥乐齐首先……是没有特别装修的。"奥乐齐的门店是一栋典型的"没有任何装饰的、狭长的、有着斜屋顶和奥乐齐标志的实用建筑。在走进自动开关的店门之后，光临商店的人就被摆放密集的商品所包围，明亮、安静、一目了然。没有背景音乐，也没有诸如'我们的肉制品部门推荐'这样的播报。在一条条狭小的通道里，一眼便可以看清楚分类，从满足基本需求的用品到即时消费的轻奢食品应有尽有。"一目了然在这里是最重要的。奥乐齐这个品牌代表着持续的低价格和一个星期只用来两次的便捷。

　　在全世界销售的全球品牌中还有与这两种截然相反的设计都不同的形式。普拉达（Prado）在全球各大城市都有分店，在那里面没有货架静候着顾客，每件商品如艺术品一样分别单独摆放在散发着特殊光芒的灯光下。柏林的耐克（Nike）分店可以作为批量产品销售的代表，在那里有"由钢制楼梯、水泥、大量的玻璃组成的建筑混合体，毫无章法、重重叠叠涂着五颜六色颜料的墙壁"，人们感受着"这些画面的力量"，并且"将人类所拥有的欲望……作为自己的目的"。耐克广告攻势的特殊之处在于，以想象中的行动形式吸引人们的渴望。它们将奥巴马（Obama）的竞选宣传中的"是的，我们能"（Yes we can）用作典范。耐克通过运动英雄，如罗纳尔多（Ronaldo）或迈克尔·乔丹（Michael Jordan），帮助广告接收者们再现他们被授予力量的想象。由乔丹具体化了的"成功的道德"正是"在这里的购买保证"。[81] 罗纳尔多在电视上一个接着一个地进球，在这

250

里也成为典范和销售推动器。印象或者想象的空间正是一个全球化领域……通过它，公司可以在它的标志下形成全球的**我们**，从而建立世界共同体……人们共同看着同一部电影，吃着同样的事物，仰慕着同样的英雄。购买耐克产品的人，同时也购买着自我形象和世界形象。像耐克这样的大型集团公司缩减工业资本、将它用在市场营销的例子，体现在它们努力推动的赞助上，"这些与它们的产品无关，品牌标志只是烙印在产品之上而已"。[82] 我们又回到这个问题上来了。赞助在任何时候都能够将所支持的活动融合在品牌宣传中，因此"赞助者和被赞助之间的文化界限完全消失了"[83]，这种现象在运动员当中尤其突出。如同耐克赞助罗纳尔多和乔丹，它的竞争对手彪马（Puma）聘用尤塞恩·博尔特（Usain Bolt）——他在北京奥林匹克运动会上刷新了 100 米和 200 米短跑的世界纪录，因而"彪马的品牌标志出现在全球各个地方"，而且彪马也将通过博尔特的照片占领中国市场。[84] 这种做法并不新鲜，新鲜的是它在全球畅通无阻的运用。奥运会金牌直接化身为世界上的最好成绩和不折不扣的成功。与诺贝尔奖不同，奥运会金牌被形形色色的人们到处谈论。

从西班牙的例子中可以看到，专业的商场连锁正在进入图书和媒介市场，在那里再次体现了品牌原则。在每年生产 3.57 亿本图书的出版领域里，"销售场所就变成了起决定性作用的战场了"。[85] 在这里，跨国图书和媒介资本的连锁书店相互竞争，并且它们又一起与独立书店竞争，希望夺回销售额和销售数量。大型出版社如书之家出版社（Casa del libro）[它属于行星集团（Planeta），行星集团是西班牙-拉丁语国家的出版和传媒集团]、博特朗公司（Bertrand）[它是贝塔斯曼（Bertelsmann）

的子公司兰登书屋（Random House）和蒙达多利（Mondadori）的联合企业］的销售中心，以及国家经理人采购联盟集团公司（FNAC）［它属于开云集团公司（PPR），这家公司除了拥有奢侈品牌古奇（Gucci）、运动生产商彪马之外，还有家具连锁商店］，都在经济危机中不仅提高了营业收入，而且增加了它们分店的数量。仅是国家经理人采购联盟集团公司，2008年在西班牙就开设了19家图书音像制品商店，这个数字到2013年扩大为40。这些巨头使用了各种各样的吸引战略，包括与咖啡店或餐厅联合、商品多样化，还有在购物中心设立图书大厅——摆放在那里的儿童图书、消遣小说以及旅游和烹调书籍吸引着冲动型购买者，以及创造其他类似的谋利机会。

252

第二部分

## 1. 电子商务；为初创企业做营销；互联网公司的死亡名单

因特网在最短时间里取得了一鸣惊人的效果，各个方面的去中心化力量和看起来应该是无政府主义的创始力相互结合在一起，这之后跟随而来的是互联网的商业化。原本非商业化的因特网媒介在其资本化过程中点燃了投机的想象力。用因特网所做的事情，被称为"新经济"（New Economy）。知识社会的到来宣告新的"创世纪"来临了。世纪之交的报道反映着这种欣快。"到处都是有一定成就的经理人、银行家和律师丢掉了他们有保障的职位，开始创建因特网公司……带着这种共同的、对因特网中的机会、在网络中发明新经济的热情，越来越多的年轻经理人选择了自主创业的道路。"[1]但是，"在网络中发明新经济"意味着什么？因特网是数字物品流通的基础。数字物品具有非物质性的特征。唯一的标准是，它们是由一串二进制的、枯燥的符号所构成，即由空洞的"0 或者 1 的编码"组成。在传输要道上，所有信息基本都由因特网这个通道系统传播，而在

此之前，信息是通过其他传播途径传送的。[2] 一旦安装了这种由
信息和通讯技术生产出来的复杂装置，就能够加快传播——理
论上是以电磁波脉冲的速度，所以空间距离对于信息传送是没
有意义的。

　　为了从中产生利润，并且比疲软的"旧经济"产生更多的
利润，"新经济"也必须围绕着供应、订货、出售和购买、付
款，以及由此产生的处理流程来行事。相应的功能——到目前
为止是在企业内部的不同部门中产生的，现在可能要"外包"
（outsourcing）给专业的、外部的企业。重要的新型生产工具、
操作系统和各种各样的应用程序现在都能通过新的因特网的数
字化基础设施获得。在所有一切中广告首当其冲，它作为因特
网门户网站的转租者，对门户网站进行了有利可图的资本投入。

　　将商业过程转移到因特网中的诱惑在于，人们可以充满幻
觉地预计，这将会节省大量的金钱和时间：节省工资开销，通
过消除空间距离而获得大量的时间。[3] 广告、与客户打交道、委
托方式和订购方式，以及类似的活动都因此变得合理化了。对
于多余出来的劳动力，意味着生产效率的提高。另外的一个诱
惑是，通过直接与潜在的顾客接触，"消除了中间商，从而实现
成本的降低"。[4]

　　顾客对于这种在任何时间、任何地点都可以进行的直接沟
通充满兴趣，并且以毫不逊色的兴趣准备为此所必备的设备。
这预示着个人定制装置的出现，于是从与个体到处相伴的因特
网终端中开发了移动电话。几十亿的个体不仅通过这种到处都
可以使用的通道进行交流，而且还在网络上存载、销售、购买
和支付文化工业的产品，甚至"在中介公司的服务中心"积累
了"大量有关手机用户的知识后"，人们还可以通过证券市场来

进行投机交易。这个分支因为使用了手机，因而被称为"手机商务"（M-Commerce）。

　　雅虎公司（Yahoo）属于那些在 20 世纪 90 年代新创立的、短短几年内就登上了世界市场顶峰的公司之一。公司董事长蒂姆·库格尔（Tim Koogle）将他的公司看作"主要是广告公司、信息贸易商和信息提供者的销售平台，从中人们创造了各种利润源头"。[5] 出于这种目的而"走进因特网世界"的人，必须要有进入和发展计划。我们将商品的标志般特性看作为美学的使用价值垄断，也就是它可以看作是"品牌物"，现在这种美学使用价值也延伸到了因特网入口的提供者身上了，并且这种美学价值以及有关用户行为——这可以看作为"客户资本"[6]——的知识一起决定着如何再度实现"品牌价值"。雅虎也属于那些在短短时间内就"建立了世界级品牌"的公司中的一员。[7]

　　"电子商务"（E-Commerce）或"手机商务"只是原有商业活动的新形式，是将新颖的产品和服务唤入生活，将尚缺乏大众信任的媒介引进来，并保证它们能发挥作用。在向新的销售方式过渡的历史性时刻里，对新颖的产品和功能的需求爆炸性地增长。从洗碗工到百万富翁的历程曾经塑造了美国资本主义的神话，现在诸如美国在线（American Online）和雅虎之类的公司的历史则编织了高科技资本主义的神话，"这些公司使得它们的创始人和投资人在不到几年的时间里就变成了亿万富翁"。在这些历史的印记下，寻找投资机会的资本排起了长队。在这样欣快的时刻，"梦幻般利润率"的承诺仿佛是商品生产企业的使用价值承诺，追求这样的承诺，比回避"错误投资"[8]重要得多。相比那些生产物质化产品的新公司，得到投资或者得到贷款对于电子商务领域里的新创公司要容易很多。

　　针对这种新颖的变现战略形成了一个特殊的市场。在这里能够出售、并实现可观利润的商品不是最终的产品，而是公司本身。在这里诱惑着购买的使用价值承诺是盈利预期。在德国，在因特网投机时期，约有 200 家风险投资公司为互联网公司投入公司创建资本，在这些风险投资公司的背后通常站着基金公司，它们管理着私人投资者或者大公司的资金。基金公司的目标就是，让这些新公司"在几年内"从股市中获益或者将它们卖给一个大型集团公司。因此在法兰克福新兴市场上市的公司中，大约有 50% 的技术公司是为了这样的目的而创建的。这些公司用资本装备起来，并且被设计得前途无限，从而可以像商品一样具有更高的出售潜力。当与因特网相应的公司创建形式发挥着"导弹一飞冲天式的开始"效果的时候，对于风险资本来说就将一切都放在了速度这张底牌上了，只有这样才能实现它们的计谋，把钱袋子落在安全之处。出发点是基于这样的认识：在线商店"必须在建设它的因特网页面的同时采取很多行动"，因为在通过因特网消除空间距离的时候，在本地解决方案中因特网却毫无意义，所以这就迫使公司在空间范围内到处都设有供货商店，以符合媒介所抵达的范围。也就是，首先至少要与全国范围内的供货商和物流公司签订合同，并且要组织市场营销。从风险资本的视角来看，这样的"市场进入期"最多只能用一年的时间。员工总数"大多已经增长了好几打了"；起始资本已经花掉了；欧洲式的扩张几百万几百万地消耗。除了额外的利润和募集到的资本之外，还有其他后续的投入资金都转变为股份有限公司的股份和上市所用。在德国，2000 年左右，大约有 3 万名被称为"商业天使"的咨询师，他们为构建这样的"导弹一飞冲天式的开始"提供服务。由国家和大学扶持的交流信息库和交际俱乐部——它们通常被称为"孵化器"——将金钱和创业者带到了一起。[9]

在这段时间里，其他类型的孵化出现在各个商业层面。"手机商务的市场如同龙卷风一般狂暴地发展起来了……因而许多地方会被夷为平地"，推斯特程序（Twister）的发明者在2000年的时候这样预言。[10] 就在不久之后，这个新创建的领域被整个夷为平地。互联网公司泡沫的破灭导致了这些新创公司的死亡。连推斯特公司自己也在2001年11月倒闭了。[11] 那个欣快的时刻，也就是遭到排挤或萎缩了的传统类型贸易企业被遗忘的时候，《法兰克福汇报》在人们所推测的价值消减[12]的印象下，将物质消费产品的生产者轻蔑地看作是失败者，并由此判断它们将"无可置疑地坠至价值创造活动的边缘"[13]，而面临终结。非常萧条的破灭出现了。现在流传的"烧钱名单"中，上面列着新建互联网公司的名字，它们的钱很快就会花光。[14] 这份名单列出了会烧光自己资金的公司，于是这份名单也被叫作"死亡名单"。[15]2000年2月，《法兰克福汇报》还在高喊着新的创世纪的来临，在还不到两个月之后，同样一份报纸报道却说"大部分互联网公司和生物技术公司无法在创立期存活下来"。[16] 不过，对于那些为新创公司提供资金，并且最后将它们卖掉或者使它们上市，从而从这些前景一片光明的"企业商品"中获利的公司，上述这些都不再重要。

## 2. 怀疑地接受；厌烦广告；在反对广告活动中逃避；商品的边缘化；广告成为一种娱乐

对商品短缺的恐惧幻象是一种无能为力的感觉，具体而言就是人们感到反正也没有选择，而且反正也不能改变任何事物，这样的感觉与消费欲望组成了一个矛盾的混合体，它们打破了对广告不断蔓延的怀疑。自我感知通常与由广告和商品消费所影响的感觉和自信背道而驰。当一个 17 岁的青少年在平均看了 25 万条电视广告之后，积淀下来的导向模式就成为他的次级人格特性了。"美国儿童在 7 岁的时候每年平均看 1400 条电视广告，成年人则为 2 万条，到了 12 岁左右，孩子的喜好就会被存储在由消费品营销机构所运行的数据库里。"[17] 所有的迹象都显示了，欧洲国家对美国的发展历程亦步亦趋。[18]

当品牌的幻象和美学化的展现方式成为认知现实的决定性因素的时候，个体对自我意识的关注被抽走，并且基本沦为无意识的状态，这意味着"广告所传达的信息"毋庸置疑地成为被信仰的对象。而与之相对的是，在广告的世界也出现了疲倦的广告幽灵。在美国，罗伯特·W. 麦克切斯尼（Robert W. McChesney）提出了"商业世界的水漫金山"这个说法[19]，在福特主义的欣快期快要结束的时候，也就是从 1987 年到 1997 年，广告的可信度指标从 61 下降到 38。

导致广告公司陷入这种状况的一个原因是对广告的怀疑无处不在。于是广告自身也成了广告的反对者。使用价值承诺同时在否定着它所具有的承诺特性。雪碧公司（Sprite）开展了主题为"形象不能说明什么"的大规模广告攻势，这可以作为一个例证。这个大规模的广告宣传使该公司在三年里利润提高了 35%。[20] 不过，对广告的怀疑并不一定会破坏商品美学的力量，但商品美学只能在一定的范围内发挥作用，也就是说消费者的自我形象和他们的行为方式没办法再由雪碧汽水来润色了。尤其是在富裕的社会——在那里，资本主义社会中被消费主义殖民化了的生活方式的美好预言与满心怀疑的接收者迎头相撞。[21] 人们的厌倦、冷漠情绪在这里占据主导地位，当人们的愿望以虚幻的方式被"满足"时，就像酒醉后突然清醒过来一样，他们的想象力也一下子落回到现实，他们发现"许下这么多的愿望本身就是多余的"。在这种状况下的消费是"如同一个无所事事的电视观众，随意按下了调台的按钮一样，人们只是漫无目的地在所供应的商品中游荡"。[22] 从精神上，人们早就已经关闭了那个愿望世界。但是人们并没有找到实现的、而非隐喻性的关闭力量。人们不再去倾听市场的呼喊，但是这并不是因为市场不再向人们述说什么，而是因为人们已经对市场言听计从了。人们依旧想象着，不过已经对此并不在意了。当人们面对高度威胁的刺激时，会以充满防御的"无动于衷"和"毫无感知"作为回应，沃尔夫冈·威尔士（Wolfgang Welsch）将这样的反应理解为"新的麻醉状态"的标志，它具有药物和麻醉剂的双重含义。[23] 商品美学无处不在的纠缠不休导了情绪上的麻醉、感觉和道德准则上的无感知。

在这种到处存在的第二天性和流淌着的、能够摆脱这类第二天性的幻觉之间存在着无意识的矛盾，它有计划地吸引着谄媚者。这个矛盾顺手将重担推卸给了第三者。"对广告留下深刻的印象、深受广告影响的人表现得像个移民者。"[24] 他们说话的方式完全符合对新的麻醉所达到的市场受欢迎程度的预测，也就是"自我推销式"[25] 的扩张，根据这一点，市场中凭理智办事的人就被看作是多余的。如同任何夸张一样，自我推销的夸张也绝不是没有根据的。"移民者"从全球范围获得这样的认识，即全世界范围内的居民都属于"完全投入消费"的、负担过重的大多数。我们回到了大多数人的命运中。

　　这个关于消费活动中娱乐商品如何"受到欢迎"、如何"走入"市场的完整发展过程，不断地消解着各种各样的差异——原本我们能够从这些差异中不断地遭遇新事物，从而围绕着现实进行思考。对于大多数娱乐商品来说，围绕它们的交易是在广泛的商品美学想象空间里活动的。同时，我们也是持续不断的身份定位的消费产物。身份定位的消费本身并不是新事物，而这种消费的速度却是新的。现在出现了辩证的逆转：商品美学将逐渐成为一切美学；但在美学的无处不在中，广告好像也就消失了。

261

　　能够创造想象的、先进的市场开拓技术越来越像娱乐短片了；广告宣传的商品像赞助者一样越来越多地被推到边缘。在这当中，新世纪的典型广告是由本土广告和全球广告组合在一起、在电影放映前的节目，它是跨国大型集团的广告片。在这其中做广告的商品通常是汽车、饮料、香烟、牛仔服装、去体味香水或口气清新剂、甜点（"休闲食品"）、因特网网站、移动电话或有价证券。通常直接的广告隐现在背景中：这些影片有的展现的是幽默滑稽的奇思异想，有的是积极的梦想世界：想象中的聚会上晒成小麦色的躯体，不胖也不瘦，那些籍籍无名的人们支撑起这样的想象，是的，只要这些人张张嘴，他们的想法和习以为常的世界就立即变成了最美好的样子。在画面上，日常生活散发着光芒，在那里愿望得以实现。许多这样的影片片段在渴望的客体和将渴望本身当作客体——也就是被渴望的和把渴望本身作为被渴望的——之间摇曳。在视频短片连续不断的一帧一帧的画面中，这些画面将想象的吸引力排列组合在一起而形成了雌雄同体的自我爱恋的表达。这其中进一步推动了一种趋势的出现，我们可以从垄断商品的美学中观察到它：

使用价值承诺在想象的空间中延伸，在这样的空间里商品显得边缘化或者甚至只是隐含性的。通过相应的需求所填充的空间将说服潜在的购买者。因而，所传达的消息从与需求相联系的对**未来的**承诺，通过想象被推向**已经成功实现了的**满足。承诺的特性隐藏在表象中，而表象已经兑现。在这个成功的秘诀中也同时涉及这种想象的不稳定性，它会周期性地在现实生活令人失望的日常琐碎中倒塌。因此，作为广告的继续尝试，就是通过去掉这样的衰变和对它进行美化，从而避免它。正如 20 世纪 90 年代在柏林的城市快轨车站可以看到的香烟广告牌：在色彩鲜艳的、大约半米高的广告牌的底部边缘有一条大约 10 厘米宽的、跨越整个广告画面的白色横条。在那上面，用醒目的黑色字体、厚颜无耻地、赫然印着法律规定的告示："吸烟有害健康。"这是唯一的第一眼就能看到的内容，也是在远远的地方就能看到的。在白色横条上面是被放大的一张图片，它是按照物质美学的规则用许多色块构成的，这些色块在一个弄皱了的切斯特菲尔德牌（Chesterfield）香烟盒周围（和图片上面）。接着是一句口号作为图片说明："每个人都是非同寻常的。"（Everyone is an original.）在这之间是用铅笔像涂鸦一般写着的话："再抽一根吧""想一想，你回到家，烟盒就空了"等等。

这里的商品表现得一点也不美好。它是用垃圾来做代表的——弄皱了的烟盒。对它的消费，即抽烟，是通过涂鸦的方式表现出来的，但是没有提到品牌名称。这样的表现与过去的方式完全相反。信任已经坍塌。如何理解这个广告？首先是应用年轻人的"人类文化学"：可以通过语言元素和表情探查"孩子们"；他们的表达习惯和观看习惯都是对时髦且绝妙行为的模仿，年轻人重视的是"他们的表现，而不是权利"（本雅明）。这

（页边码：262）

其实并不是新的认识。前一两代商品中，也就是在福特主义大获全胜的时期，在托普西牌（Topsy）巧克力糖的广告中就可以看到："Eiffe is meff. Topsy is groovy."这些词语在这里除了"押韵"并没有任何含义，不过这形成了它是年轻人的话语这样的印象。而在我们现在所讨论的例子里非同寻常地强调了：**每个人都是非同寻常的！** 这简直是非常过分的谎言，可见这则讯息显然不是要获得信任。香烟和薯片在哪里都是同质化、消费量庞大的大众产品[26]，不过，资本从这个单调的小东西身上赚了很多钱，尤其是国家。"每个人都是非同寻常的"，这句广告词是一句旧口号的逆转版："1300万美国人不会错的"。安迪·沃霍尔将这句来自福特主义全盛时代一则香烟广告中的口号，放在由一堆爬满了苍蝇的排泄物上面，并将它改成"1300万苍蝇不会错的"，引起了广告厌倦情绪的广告伴随着去大众化潮流出现了，这一潮流充斥讨喜的幻觉。在过去，标准化的大众消费是对福特主义的顺应，现在要发生变化，今天的潮流是想象中的不顺应潮流，新的大潮流标准是要与符合主体的个性化和灵活化的标志相符合。[27]这样的想象是一个应该被理解为个性化和灵活化的新时代的产物。通过将完全属于大众产品的香烟制造成寓示着个性化的物品，从而否定了这个想象本身。与之相反，在更有意思的玩世不恭中，伏特加酒在北美的系列广告放弃了将它的接收者卷入这样的幻想中。这则系列广告通过将每一条可以想到的赞美都鄙视为谎言，从而赞同它的商品不是人人都必须拥有的：这"绝对无所谓"（absolutely whatsover），"绝对才是永远的"（absolut was auch immer）。一切都无所谓，你喜欢就好。

　　如果在以上的例子中，商品从广告中消失了，那么就会出

263

264

现与此前相反的模式，即"被叫卖的商品成为幻影般世界中唯一的真实"。[28] 在这里可以将诺贝尔特·波尔茨对雪碧广告的描写作为例子："在一栋房子前（坐着）一位年轻男子，站在他身旁的一位姑娘弯下腰，准备吻他。他对她说：'我不是你真正的朋友，我是一名演员。而且这幢房子也不是真的，它是电影的布景。'他轻轻一推，房子就倒塌了。为了安慰这个姑娘，他拿出了一瓶雪碧，并且说：'唯独不是假的是你、我和雪碧。'然后这位姑娘也通过数字'变形技术'变成了仿制品，于是在混乱的表象中唯一坚如磐石的真实是雪碧汽水。"[29] 这个例子反驳了波尔茨在另一个地方提到的、被错误地到处套用的观点："广告从商品中解脱出来，将与自身有关。"[30] 在这里，商品从世界中解放出来，然后与自己相关。

### 3. 广告所呈现的内容是否可变成现实的问题；谷歌模式；市场推广中的个人化界面；许可性广告

不仅是商品资本，还有商品美学——它的实现能够推动飞跃，都面临着如何实现的问题。当广告被接收了，才可能带来实际的购买行为。潜在的可感知性是真实的被感知的必要前提。导致广告厌倦的其中一个因素在于，消费者要承担消费广告这项工作。也就是说，他们必须要参加一个抽奖游戏或者必须要点击一个广告，才能得到物品、旅游或金钱等形式的赞助作为报酬。这种广告自助使得资本要有所花费。而相对的，这种来自福特主义的自助性劳动给购买者带来"折扣"部分销售工作的负担，但是他们会被承诺，由此省下来的成本会从售价中减去。当在工厂中工人被固定在一定的空间领域中，而劳动产品在流水线上在工人们身边移动时，在新式的"超市"中商品却静止在一排排货架上，而顾客必须在货架之间走动。高科技资本主义时代下，因特网上的购买者坐在家中的屏幕面前，屏幕上的广告信息向他扑面而来，他可以通过点击将它们删除或打开。

谷歌[31]的商业模式就包括诸如此类的广告推送方式，它与直接呈现到受众面前的广告不同：只有当谷歌页面上的小型文本框被用户点击时，才能产生广告收入。点击打开文本框便表示接收了这则信息。这样的广告自身也是一度被包装起来的。外观上，它不承诺任何使用价值，而只含有使用价值承诺。一旦有人决定，让它去承诺些什么时，谷歌就赚到钱了。如果广告灵活地适应购买者个性化的特征，并且最终实现所谓的个性化，那么广告被接收者点击打开的机率就能实现飞跃性增长。在这里，市场研究者跳了进来。他们为企业提供"不用有大的花费，就能获得每个商品群类特殊的购买组合"。[32]在这当中，市场研究者期待着媒介的数字化，"最重要的是带来互动的机会"，数字化媒介的互动性使得第一阶段测试中就实现了45%的反馈率，这是"梦幻一般的成功"。以个性化为目标的广告，可以根据获取对每个人的兴趣爱好特征和渴望需求特征而成为我们量身打造的广告。谷歌也致力于这一领域。2008年春天，市场咨询公司明略行（Millward Brown）通过一个将诸如营业额和未来前景等因素考虑进去的复杂公式，计算了谷歌公司的"品牌价值"——这家大型因特网公司的品牌大约值860亿美元，比上年度增长了30%，[33]这展现了跨国高科技资本主义时代下的一个具有象征意义的特性。首先，谷歌公司根本不为任何网络用户生产任何商品，而是"提供赠送的内容，这些内容是由他人加工处理的，并且将所获得的因特网用户的注意力通过一个完全自动的销售程序传达［更清楚地说就是：出售］给广告主"。[34] 谷歌所赠送给用户的是诸如谷歌地球（Google Earth）等程序，更重要的是搜索引擎本身。在 2007 年初，一天之内发出的搜索指令就已经达到 10 亿条之多。这一年的销售收入估计为 100 亿美元[35]，其中应该有 99% 来自搜索引擎所带来的广告收入。[36] 谷歌的赠品也露出了两只马脚。一是用户界面，这个部分被租赁给其他资本作为广告用途。二是搜索引擎，它与纯洁清白绝对不沾边。搜索引擎会确认我们在搜索什么，是互联网用户行为无所不在的侦探，因而"谁在寻找，谁就会被发现"[37]。这些结果可以卖给其他公司。那些公司购买这些数据，是为了有针对性地投放它们的商品广告。谷歌的职员构成了一群精英，他们的工作环境如梦想一般优越。在那里，独特之处并不在于所付的非常高昂的工资，而是自由性和必然性的奇怪的相互交叉。工作时间是自己决定的，也就是采用那种打破规定时间的做法。第一眼看过去，占主导地位的是自主确定的工作，有很大的自由发挥的余地。第二眼看过去，人们会发现自由的要素启动了一切为工作的行为。去工作场所的通勤过程也变成了工作场所。在这家企业的地貌图上是没有什么地方不会激发工作的。被大力宣传的工作时间的有机构成应该按照 70∶20∶10 这样的公式，即 70% 的时间用来完成主要业务——搜索引擎——中的项目；20% 的时间用来开发新的信息服务项目；10% 的时间用来天马行空地追逐那些创意，完全随心所欲地铺排开来——这在公共关系部门有一个成功的案例，是在一个校园里重新搭建了霸王龙的骨架。在各种可能的解决方案的迷宫中，到处都是产生突发奇想的地方，为各种想法开放。一眼望去，在工作间可以看到健身设施。那里有各种各样的娱乐设施。所有能想到的娱乐设施都摆在那里，它们是为了消除在付出创造力之后随之而来的筋疲力尽。台球、乐高玩具、躺椅，和最好的、最容易消化的有机食品。在"谷歌园区"（Googleplex），每一层都有餐厅，摆放着免费的饮料、新鲜的水果和零食拼盘。软件工程师是当之无愧的精英科学家，他们主要是男性，年龄估计在40岁以下。但是，可以预料到明亮的乌托邦背后的黑暗，因为没有官方的正式要求，反而可以更加无情地强迫人们一直展现出最好的状态、永远都处于业绩的顶点。求职者中会有人被淘汰，但是即便在已经入职的工作人员中也会有定期的筛选。谷歌是贪婪的，不断地大量招收新的劳动力的同时，那些公众视线注意不到的职位上的工作人员，当他们的发明创造力量变弱的时候，就会被裁掉。谷歌因为与所有其他企业完全不同而变得出名。事实上，它几乎实现了所有企业的幻想。实际上，谷歌是资本的乌托邦：一种被劳动力所支持的布局方式，它能够生产出额外的剩余价值。谷歌除了已经提及的各种优势，它还通过股票期权和企业红利展现着它的吸引力。这家大型集团公司以它自己的方式创造了美国式的神话，全面描绘了从洗碗工到百万富翁的飞黄腾达。没有人能够像鲍妮·布朗（Bonnie Brown）更能体现这样的上升了，她在1999年的时候在谷歌做非全日制的工作：她是谷歌工程师的按摩师，周薪为450美元，外加股票期权，在那个时候，谷歌大概只有40名雇员。[38] 五年后，她卖掉了一部分股票期权，这些股票期权值几百万美元，于是她就退休了。在记者撰写那篇有关她的报道的时候，52岁的她住在内华达州（Nevada）280平方米的大房子里面，每周至少享受两次按摩，有私人教练，到世界各地旅游，监管着一个慈善捐助基金——这是她用她的几百万美金中的一部分设立的。[39]

　　属于互联网投机时代的一个产品是前面已经提到的推斯特程序，它曾经在德国引起了一阵旋风，"这是一个电子平台，能够将一个企业所有技术系统中的数据进行过滤、整合，这在与客户打交道时非常重要"，而且在那个时候，这款程序"首先进入了银行领域"。[40]这些知识预示着权力。尤其是，这些知识保证了在因特网的广告领域提供服务可以获得资本。而在短短的几年之后，因特网领域要忍受其目标人群的注意力消失所带来的苦痛。传统的"横幅广告"在不断加深的广告厌倦中变得越来越不受关注了：在美国，"横幅广告的点击率"从1996年9月到2000年1月，从超过3%下降到接近0.5%；在德国，这个发展过程比美国延迟半年。[41]虚拟显示屏上的小广告更多地被当作是一种骚扰。在不经询问就在屏幕上打开的窗口，也就是所谓的"弹出式"（Pop-Ups）广告，和一旦点击就被打开的窗口，遭到了越来越多的拒绝。所谓的"广告邮件"和"垃圾邮件"是在没有发出请求的情况下就寄来的广告信息，在针对这类广告开展的反对活动中，有35000名互联网用户签署了给欧洲议会（Europäische Parlament）的请愿书。在这种情况下，诸如像推斯特这样的工具保证通过"一对一的市场营销"来减少"分散带来的损失"，这些工具提供根据顾客的个人特征而量身打造的广告，《法兰克福汇报》上一篇名为《每个广告运营者的梦想》（Traum jedes Werbetreibenden）的报道提到了这些内容。实现这个梦想需要进行"许可式市场营销"（Permission-Marketing），许可式广告就是一种需要得到广告接收者明确同意的广告形式。因此，在这里广告赠品就发挥着特洛伊木马的作用。例如，专门从事电子邮件广告业务的慕尼黑的基点公司（j-point）设置了积分，以"鼓励网络用户自愿地去观看因特网上的广告电影。潜在的用户首先要从基点公司的主页上下载一个必需的软件到自己的电脑上。在这个过程中，用户也会给出涉及其兴趣爱好的信息。从那之后，他的屏幕上就有一个小图标，每当他的电脑后台有广告载入的时候，这个图标就会闪烁。它直接与广告影片相连，能使广告影片出现在整个屏幕上，同时伴有声响。如果网络用户想看影片，就点击一闪一闪的图标。再点一下，就会进入到广告客户的主页当中。"[42] 每一次点击就能得到一个积分；一旦积分达到了所限定的最低值，就能开始用它兑换奖品了。

　　许可式广告也确定了芬兰的布吕克公司（Blyk）的业务模式，这家公司是由诺基亚公司（Nokia）原来的老板佩卡·阿拉-佩蒂拉（Pekka Ala-Pietilä）所领导运营的。[43] 其业务是从经济危机时期开始的，在那个时候，委任方只愿意拿出更少的钱浪费在"效率低的"广告上，而广告的接收者对担保服务和担保产品不那么反感。布吕克公司将注意力放在某一个年龄段的群体身上，"他们对担保服务非常重视，并且主要通过手机来进行通讯"，这就是 16 到 20 岁年龄段的年轻消费者。这个人群是传统的广告载体——尤其是报纸不能抵达的人群，布吕克公司"赠送"给他们 43 分钟的通话时间，并且每个月可以免费发送 217 条短信，作为交换条件是每天要接收至多 6 条广告。在到目前为止的 900 个广告宣传中，数据显示——当然这些说法也可以用来吸引广告委托——布吕克公司实现了这个领域所梦寐以求的 29% 的反馈率。在英国获得成功后，布吕克公司扩张到了荷兰、德国、比利时和西班牙。

271

在这种商业模式下，用来做广告的资本不仅被支付给广告公司和因特网门户网站的运营者，而且也以相当于一定金钱价值的礼品的形式作为报酬付给广告的"消费者"。当然，事实上，最终购买者会为一切买单，但是如果把这些支出看作是销售成本的话，那么这些商品的生产商或服务的提供商的利润就会降低。

纽约的特莱莫媒体公司（Tremor Media）走得更远。它在因特网上转播电视广告。它的欧洲分部负责人克里斯提安·鲍迪斯（Christian Baudis）之前在谷歌工作。这些电视广告要经过"提炼"，也就是用互动的元素加以补充，并且"只是在高价值的环境中，例如出版社的网站上展示。通过这样的迂回前进，这些广告……能够抵达年轻人群这个目标群体，对于电视广告来说，他们是已经失去的人群"。[44] 在这里，广告委托方也只在有成效的时候才付钱。"因此要有互动的元素，例如在汽车广告中可以约定试驾，或是在一个电影广告中可以购买电影票。由于今天的技术已经成熟到通过用户的 IP 地址就能够知道他所在的地点，因此广告可以只在该用户周围合适的汽车销售商店或电影院呈现。"

### 4."赤身裸体跑进来，衣冠楚楚走出去"；将主体盛装打扮

在第一卷里描述了可口可乐公司的广告，让信鸽在威尼斯的圣马可广场上摆出公司的标识，这是福特主义时代商品美学的象征，而西班牙的德诗高服装公司（Desigual）① 追寻了后福

①　Desigual 在西班牙语中有"不一样""非同寻常"的意思。

特主义的象征。顾客通过参与到广告活动中就可以交换获得商品。将消费者打造成广告代理［如在特百惠派对（Tupper-ware-Partys）上一样］或广告载体并不是个新创意。在即将进入20世纪70年代的时候，资本主义对人们生活世界的直接入侵——在那个时候还算是新事物，打扰着人们的生活。首先是品牌标志从它原来所处的边缘位置被移到了衬衫和外套的前襟上，如同在汽车上长久以来所做的一样。之后，品牌标志又开始在胸前和背后被大大地铺开。对于在这个过渡时期那些还没有因为习惯而变得迟钝的观察者来说，他们惊讶于人们既不是出于贫困，又没有因此被付费，却被变成了到处走动的广告招牌，而且甚至自己还要为这个广告牌付钱。在新的世代，这样的现象更是举目可及，而人们也变得视而不见了。在接下来的这个补充案例中，我们不是要说，我们的衣服上铺满了品牌名称，在这里我们感兴趣的是，衣服将我们的身体包裹了起来。"Entra desnudo-saldrás vestido"——"赤身裸体跑进来，衣冠楚楚走出去"，这是德诗高服装公司于2006年2月17日在巴塞罗那的广告宣传中喊出的最响亮有力的口号，那次活动就是所谓的**街头营销**（*ambient marketing*）。[45] 它引起了所有期待中的回应。那些从早上五点就开始排队直到商店九点开门的前100名——当时来了500人——可以获得免费的服装。人们需要购买衣服，根据否定之否定的逻辑，衣服是用来消除裸体的状态。当把裸体作为背景，就没有必要用特别的力气去招揽顾客了。正如裸体的状态简直就是衣服的缺席一样，穿上衣服就是对裸体的否定。诸如"赤身裸体跑进来，衣冠楚楚走出去"这样的口号考虑到了，那些跟风的人会通过他们的手机短信擂鼓助威，并且用他们口口相传的方式，将这样的口号传播出去。如同滚雪球

273

效应一样，这则口号并不是以线性的方式蔓延：每个接收者都
是一个继续扩散的潜在的中心点。那些没有一起行动的人，也
会对此进行关注，并且谈论它。而那些最终共同参与进来的人，
会害羞地付钱买衣服。商店会无耻地讨好首当其冲的顾客，刺
激他们为此早起，并且这些顾客最终为这个在电视节目里被频
繁报道的商店提供了图像。这些顾客是戏剧表演中的群众演员，
为像他们一样的人做出表演。在普遍存在的广告厌倦中，这样
的人群却越来越大了。

　　与某一类人群用数字化的手段大肆传播真实存在的广告不同，
瑞典跨国时装公司 H&M［海恩斯莫里斯（Hennes&Mauritz）］在
2007 年的时候已经在全球 29 个国家拥有 1600 间门店了，该公
司采取的是另一种方法。"因其华丽鲜艳的花朵图案、狂野的
猛兽图形和用羽毛、皮革和毛皮的大胆组合而闻名的"罗伯
特·卡沃利（Roberto Cavalli），连同"富有的"老主顾，如
麦当娜（Madonna）、格温妮丝·帕特洛（Gwyneth Paltrow）、
查理兹·塞隆（Charlize Theron）、詹妮弗·洛佩慈（Jennifer
Lopez）、蓝尼·克罗维兹（Lenny Kravitz）、阿德里安·布洛迪
（Adrien Brody）等人，共同为男士设计了 20 件时尚物品，为
女士设计了 25 件，这其中包括内衣和相应的配饰。[46] 与此同
时，当卡沃利精品店（Cavalli-Boutique）的一条短裙要价至少
1100 欧元，而"能与施华洛世奇（Swarovski）首饰的光芒相配
的晚礼服"则需要上述价格的三倍的时候，H&M 店内同样的短
裙售价"仅仅 59.90 欧元"，而"另外一件非常漂亮的散发着绿
色光晕、有很多皱褶的裙子……价格是 299 欧元"，后者是"这
家瑞典时装连锁店里挂着的最昂贵的衣服"。[47] 这些系列时装在
全球 200 家指定的 H&M 分店发售，并且在短短几个小时就售

馨了。在苏黎世的火车站大街（Bahnhofstraße）的情形是这样的：“在九点差一刻的时候，已经有上百人堵在入口处了……终于，商店开门了。咆哮般的喝彩、大声的尖叫，就是没有人可以进去。这样大规模的人群向前移动几乎没有可能，只能随波逐流。那里有人从衣架上扯走毛皮大衣，这里有人将牛仔萝卜裤（Rüebli）扔在衣服堆上。重要的是购买。这些打仗一般购物的女顾客最喜欢的形象是：戴着夸张的太阳镜，手上拿着星巴克（Starbucks）的咖啡杯，看上去像名人一样。”[48]

现在是要将目光转向主体的时候了，他们在 H&M 的舞台上，在以群体形式出现的个人主义中，表现为不假思索的购买者-消费者。那些他们藉由表现自身文化身份的元素有很多，它们出现在语言之中——比如某个人所用的某种措辞方式，也可以从表情、发型、首饰、直到饮料的牌子或者其他品牌商品中捕捉到。不过，能够进行区别化的经典元素是着装。这里所用的“着装”（die Kleidung）这个单数名称，并不能掩盖这样的事实，即具体的整体的着装是由所有的单件服装和配件所共同构成的。有关购买的决定（尽管通常这样的决定是缺席的）也往往是文化差异的体现。[49]亚文化是从占统治地位的主流文化中产生的一个文化分支，而特别是当它与主流文化相对立的时候，就可以将它看作具有反叛性的反文化，当某个品牌中包含着这样的文化时也会在短时间内对社会美学产生重要影响。[50]在时间之轴上，文化的记录也发生着变化，同样一件商品依赖于购买行为中活动者和这个领域的力量关系。“查克·泰勒全明星”（Chuck Taylor All Star）是一款卖出了 7.5 亿多双，并且被“数不清的生产商五花八门地剽窃的”运动鞋，它是匡威公司（Converse）在 1917 年向市场投放的，并且从 1923 年开始使用

275

缝上去的五角星作为装饰，这个没有面孔的标志可以表现为没有时效限制的流行，而且也没有"年龄或场景的界限"，可以顺应历史发展过程中剧烈的意义变迁。在 20 世纪 50 年代，借助像"猫王"埃尔维斯·普雷斯利（Elvis Presley）和詹姆斯·迪恩（James Dean）这样的明星所传递的象征意义，匡威被笼罩上了"叛逆的光芒"，使得年轻人开始将运动装束作为他们的日常服装。一时间，穿着匡威的人就表示他"也是希望改变世界"的人。"而今天这些鞋子只是大众现象，是反映一定生活品味的物品而已……一种非常激进的、可以通过鞋子来传播的亚文化，已经不复存在了。"而且，"对年轻的定义也发生了引人注目的变化：在今天 30 多岁仍然算是年轻，并且要有与之相应的穿着"。[51]

相对于主流文化的非顺从的反文化——其成员可能希望"也去改变世界"——的另一极，出现在银行职员那里，他们是平和的值得信赖和谨慎小心的传统人格的体现。40 年前，在这个人群中有着严格的着装规定，核心的要素包括西装套装、领带和像镜子一样光亮的皮鞋。由于在正式场合开始允许一定程度的非正式的着装，于是瑞士的一家大型企业在互联网投机兴起的时候，为其职员设立了公司的着装和形象顾问。瑞士瑞信银行（Credit Suisse）杂志的 1998 年 10/11 月刊也讨论了"着装要求"这个话题——其副标题为"年轻的瑞士时尚设计师为瑞信银行的银行家设计统一的制服，这将展示未来的工作着装应该是什么样子的"。照片上展示了轻快而且精致的服装。蓝灰色的西装外套，里面是发着金色光芒的丝质内衬；灯芯绒材质的马甲，马甲里面的衬衫可以垂在裤子外面。负责流程管理的女秘书在裤子和套衫之间露出了一根手指宽的皮肤。如同副标题上所说，服装装扮人，因而讨论是围绕衣服进行的：它应该是"整洁、简单、永恒的"，上一代的工作制服由于无视时间这个限制因素，所以显得过时难看。讲究生活品味的这一代人同时也被承诺，"这些舒适的服装……今天也能"帮助"带来妙极了的生活感觉"。"服装，"这家公司在其企业哲学中指出，"是向他人的表达。通过我们的服装，我们说出了我们是谁、我们属于哪一'部落'。我们这个时代的'部落'就是指公司和职业团体。""瑞士瑞信银行私人银行部门的员工通过课程以案例的形式学习如何恰当地穿戴。"瑞士苏黎世银行（Zürcher Kantonalbank）也"以格调和颜色课程的形式提供帮助"。由于不确信如何得体地适应不成文的礼仪，以及如何能够从芸芸众生中引人注目，"有一个领域变得非常景气，这就是形象顾问"。一次咨询需要花 500 瑞士法郎。一位女性形象咨询师"非常有说服力地"解释说："未来属于那些穿着突出的个体。每款穿着将传递那些必需的信息：从大众那里脱颖而出的自信和魅力。当她经过苏黎世的火车站大街时会不断地摇头：甚至年轻人也都穿得更加保守了，他们对失去工作职位的担心阻碍了尝试的乐趣。"另外一位形象顾问，克里斯提安·卢兹（Christian Lutz）用一句箴言"设计你自己"来做宣传。"生活应该成为美学项目，"他这样预测下一个时代，"个体……必须不断地找寻自我，并且不断地设计自我。"在这个"必须"中隐藏着真实的要素。现在高科技资本主义社会中的主体正处于之前不可想象的自由之中，这种自由在过去被描绘为同样不可想象的对自我的安排策划。竞争无处不在，文化的保护边界被穿透，并且最终走向了表象的存在。银行将自己变成时装界的老主顾，这与由全球化所带来的不断增多的便宜的进口品令人担忧地联系

277

在一起。"工业国家只集中在高价格领域，并将它作为回避策略。"银行职员必须将自己作为这个领域的主体来做广告。作为依靠工资生活的人，他们和其他人一样会随时跌落到"低价格领域"。这样的威胁伴随着"全世界证券市场中的恐慌"而迫近了[52]，雇员时尚的自我设计又迅速退回到"一本正经的样子"。

## 5. 消费主义的困境

2008 年 9 月，在房地产业的信贷危机还没有到来的时候，德国联邦劳工署（Bundesanstalt für Arbeit）宣布有 25% 的工作岗位变得"棘手"了，也就是说，这些工作岗位将会安排给非全日制或临时的工作人员，或是处于不重要岗位的员工。这类困境"在某种意义上是一个由市场驱动的灵活的生产模式发挥作用的前提条件，这种生产模式的内部活力建立在劳动力又逐渐产生了商品属性这个基础之上"[53]，这意味着，福特主义时代的上一代人，经过努力所赢得的对利润逻辑的限制，和对他们所要听命于之的市场力量的遏制，现在失效了，利润逻辑和市场力量又重新回来了。接下来要谈论不稳定性的问题时，并不只是"因为可以撤回的，因而不确定的，而且棘手的职业劳动"[54]，而是会涉及更多的关系，在这样的关系下"无法在雇佣形式基础上对生活进行长期规划"[55]，并且，人们要"凭借冷静和坚强的神经"接受"从手到口的勤劳的生活艺术"，"没有这样的艺术，我们明天就笑不出来了"[56]。这个领域绝不等同于低工资领域或"试图摆脱与其联系的人群"——那里聚集着对于资本来说"可有可无的事物"。[57] 这个领域首先是包含着收入最好的工作，如曾被成千上万的人趋之若鹜的因特网投机中的职位，在信贷危机爆发后流落街头的证券市场交易员职位，还有金融领域里的其他职位。以工作的基本情况为基础设计的生活规划，揭开了在变动的机会下拼凑而成的生活历程。也就是说将近整整一代人，在更广泛的意义上来说，与他们的父母相比，他们处在显然更加糟糕的社会经济环境中（不断下坠的境况），或多或少地形成了一个"朝不保夕的领域"[58]，在其中所有的生活关系都体现着不确定性。在集体的保险体系中，劳动力之间的竞争被抑制了，并且资本的变现行动要调整到社会可容忍的程度，但是由于这种保险体系被破坏和侵蚀了，因此每个个体被扔回给了自己。国家的代理者出于对他们自身安全的考虑退了回去，从他们的角度来看，他们将被作为"劳动力企业主"而被请求来对"可雇用性"的问题负责。从个人具体的出场和神情可以看到，他们期待可雇用性的使用价值承诺能够被发出，在与处于类似情境下的人们的竞争中进行自我安排设计。在这种意义下，适应市场的能力就是不跌落到社会底层的前提条件，如果失去了它就没有任何保障了。约阿西姆·策尔特（Joachim Zelter）的讽刺作品《失业者的学校》(*Schule der Arbeitslosen*)虽然有所夸张，但从中仍然可以辨认出那是德国联邦劳工署真实存在的措施和呼吁。长期失业者将去一些学校以提高个人能力。由于长期找不到工作职位，他们从找工作变成了"骂工作"。为了找到工作，个体首先要学会，向任何一个雇主表现自己的适应性。"写简历是主要课程，并且在这个例行公事的工作中进行自我设计，这种设计应该遵循销售活动规定中的每个细节。"[59] 每次"都要重新写申请信，并且附上合适的经过修饰的照片——眼睛里闪烁着虚幻的成功光芒"。[60] 在这个讽刺作品中可以认出彼得·哈尔茨（Peter Hartz）①的配方。在"广告欣快又愤世嫉俗的对主体的召唤中，主体的个人特性最终还是发生了转变，以使得自己能够在快速变化的市场中变得易于出售，并且在这其中将自己理解为一种力量，一种灵活的、如同一台机器一样可以承担负荷、永远可以使用的力量。"[61] 这个主意就是"对人进行整体的全新设计，使得自己在这个过程中感觉像国王一样"。[62]

通过观察所谓"超级消费社会"[63] 中的顾客可以看到，只有数量变得越来越少的少数人会有帝王般的感觉。由于在这样的社会中，"普通老百姓的第一责任"就是"赚钱，然后花出去、买东西、消费"[64]，因此出现在他们面前的是迈向更大的危机的门槛，而不是通往最好的生活的入口。"消费者，"2008年5月的《法兰克福汇报》同意，"目前没有什么可以笑得出来的了。那个随着收入的提高，而可以不断地有更高消费的时代，已经过去了。"[65] 全球上亿人在购买生活必需品上变得越来越困难，因为钱几乎不够生活的必需。那些生活在富裕的国家里，有工资和食品的人是幸运的，而且他们的收入甚至可能是世界上穷人收入的50倍：如美国政策研究所（Institute for Policy Studies）在2007年8月的计算所示，私人资产和对冲基金的管理者每10分钟就能捞到的一笔款项，相当于这个星球上发达国家所设定的最低年收入的50倍。根据西班牙报纸《国家报》（El País）的报道，这笔钱是一个西方人的平均年收入的22250倍，相当于全球100多万的**穷忙族**（working poor）一年的收入。[66] 亚当·斯密（Adam Smith）②认

---

① 彼得·哈尔茨曾任德国大众汽车公司的人力资源总监。
② 亚当·斯密（1723—1790），英国哲学家和经济学家，他所著的《国富论》成为第一本试图阐述欧洲产业和商业发展历史的著作，被后世经济学家认定是"古典经济学"的开端。从这本书发展出了现代的经济学学科，也为现代自由贸易、资本主义和自由意志主义提供了理论基础。

为在他生活的时代，每产生一个富人，就会有 500 个穷人。如果他生活在今天，认识到了超级富有的状况，他会说，与一个富人相对应的必须有 50 万个穷人，假如不是 100 万的话。[67]

当信贷危机滚滚而来的时候，当通货膨胀——它翻天覆地地改变了消费者——走远，而人们仍有顾虑的时候，当房地产经济仍然展现出增长的时候，有 1/4 的德国家庭生活在富足之中，也有 1/4 的德国家庭生活在贫穷当中，而在剩下的"正好够"的家庭中，有 44% 的家庭"每个月可自由支配的购买力少于 100 欧元"。[68] 广告业将潜在的顾客分为溢价购买者（20%）、品牌商品购买者（28%）、促销品购买者（13%）和商店自营品牌商品购买者（39%）。购买者的阶级社会出现了。[69] 代表资本主义中心增长领域的商品美学的承诺，和它可能的兑现与可信性的断裂相遇了。

## 6. 商品美学成为全球化的吸引力；去贫穷的地方旅行

在市场上，出现的是存在的表象（Schein），而不是存在的表现（Vorschein）。在任何一个发达的资本主义市场行之有效的，都会在另一种意义上符合前资本主义或半资本主义社会的实际情况：当跨国大型集团公司（生产汽车、家用电器、酒类等）做广告的商品只能在成熟的资本主义市场招揽数量很小的少数人群时，使消费具体化的广告在非常广泛的范围里把使用价值承诺的实现带给被排除在外的大众。在还没有通自来水的很久之前，就有了电视信号的接口。在贫民区瓦楞房子的屋顶上已经竖起了电视天线。终于，"电子媒介的高速发展使得世界上的穷人可以被动领略其他生活方式的幻影，而无需事先征得他们的同意"。[70] 跨国高科技资本主义对于在前资本主义或半资本主义社会的扩张有着非常强烈的动机。"是否还有,"本雅明·R. 巴伯（Benjamin R. Barber）在《世界报外交版》(*Le Monde diplomatique*) 上问道,"比贸易活动更强大地被推向全球化的活动吗?"[71] 巴伯引用了一条广告口号:"锐步（Reebok）的星球没有边界",但是这中间他忘记说了,无力支付的悲惨境况为商品构成了一个无法逾越的界限,而且那些全球化的行为对于大多数人来说只是幽灵般的交易而已。那个边界,就是绝对贫穷的人们为商品的流通所划上的界限,被商品的美学策划毫不困难地飞越而过。如果说所有的商品美学表象都受缺乏存在感之苦,那么在最糟糕的情况下,人们完全感受不到商品美学表象的存在。对物质财富的展现是以这些财富只具有可以体现价值的特征为前提的。在资本主义财富的中心即那些"大都市"里,孩子们与幻象化的数字技术一起玩耍;在那里,通过展现各种场面的转换、消失,人们能够像内行那样认出一个如同计算机游戏一样的过程。在这个过程中,那些与人们相对的技术文化对于人们来说是陌生的——如同在日常生活中与商品世界的使用层面打交道一样——为了对半数的人们产生效力,许多商品的美学展现要超越仅仅成为这些商品的代表,而尽可能变得具有魔力或者有宗教神秘感。当一切都可能被想象出来,由于陌生的幻象也是完全可能的,真实的界限消失了,只存在超越边界、靠近那个愿望世界的努力了。商品美学在前资本主义世界和封建资本主义世界所渗透之处,对贫民窟居民产生了极大的诱惑力,高科技资本主义用愿望填满全球的南部地区,通过这种方式,高科技资本主义把萨特的话"des irrealisables a realiser"[72]——"实现不可能实现的"[73]——告诉那些正生活在贫困之中的大众。在这样的环境下，贫困的意思发生了改变——它现在意味着缺席。当穷人被排除在对跨国高科技资本主义的典型商品的消费之外时，他们就在这些商品的美学使用价值承诺中缺席了。使用价值承诺的虚拟性并不会削弱它的作用，而是将它的作用转移到实际存在的关系当中。正如身处富裕中心区的比特·威斯（Beat Wyss）所指出的，广告所指向的事物"超越了直接的贪欲"，因为啤酒广告不是展示饮用，而是展现了愉快的享用者[74]，因此广告在贫困的外围助长了对彼岸有力的渴望。在商品美学做出使用价值承诺的地方恰恰没有商品，广告预示着另一个世界。正是因为商品美学不断地将它的边界向文化工业推进，于是文化工业的产品与商品美学的差异越来越小了，而且这个边界在世界上非常广阔的贫困区域——处于幻象工业这两个分支的光芒下——无论如何已经不再重要了。在生活所需商品无法抵达的情况下，娱乐商品就是有关生活方式的宣传影片。

因而，在前资本主义或半资本主义区域的居民中，商品美学发挥着实现全球化的最强大驱动力的作用。它形成了不可抗拒的吸引力。在全球化背景下，"全球村"的说法揭开了"离开村庄"所表达的并非其所希望的言外之意。前进的道路通往城市，因而导致了超大型城市的膨胀。希望加入资本主义文明世界的候补者形成的包围圈，围绕着超大型城市。全球化从自身城市化开始，这导致城市里出现了大量无家可归的人。这幕戏剧的另一个变体在格雷戈里·内瓦（Gregory Nava）1983年拍摄的电影《北方》（El Norte）中得以描绘。在危地马拉的一个村庄里，人们生活在为世界市场进行生产的大地主的剥削下，这些残酷压榨老百姓的大地主受到了军队的保护。有人翻阅着来

284

自北美的破旧的画报。在这里，北方从亮闪闪的广告中向南方的人们散发着光芒，从而被视为值得向往的领地。在闪耀的广告中，以刷得雪白、透着淡淡光泽的墙壁为背景，那里有一个可以冲水的厕所，这些引发了一对兄妹对完全不一样的"北方"世界的强烈渴望，尽管他们读不懂那上面的英语。他们努力冲破了美国的"边界墙"，最后终于作为没有绿卡的非法移民生活在美国，而之后是一段充满痛苦驶向地狱的路程，在这个过程中，年轻的女子丢掉了性命，而她的兄弟则内心崩溃了。

与来自富裕北方国家的消费者前往南部贫困地区的远途旅行不同，劳工移民的路径通往相反方向。全球化是从电视广告中开始的，它承诺在世界各地都可以买到同样的小物件。包机飞向被称赞的远方和珍奇之地。在飞机上，这个过程再次出现，因为作为娱乐方式的电影一直在电视屏幕上播放着，它们招揽着游客。数字化的超现实主义和旅游商品的美学魅力共同发挥力量。旅游者将全球化体验为拼图。录像带的拍摄模式追求每秒钟都包含更多的内容，因而来自世界各地的镜头根据其吸引力一个接一个地被剪辑进来，这些录制的镜头主要来自贫困地区，但是却将贫困本身排除出去了。要装饰出风景如画的、上镜的图景，就必须对图片上的细微元素进行调整。通过有选择地系列化地展现美好希望的特性，并将自己展现为提供魅力的超级市场，世界收获了一大堆影片。被展示出来的身体和陌生的视线通过奇思异想的剪辑组合，构成被热切追求的欲望表现。这就是旅游业的商品美学。它开发出"风景名胜"丰满的感官性。当然，这一切都发生在消费主义的外形下：视线不是在探索，而是不由自主地投在确定的东西上。目光在虚幻的东西面前应接不暇，这些虚幻的填充物呈现着"贪婪的空洞"[75]。类似的是"英国人的眼睛"，它作为传统欧洲殖民统治者的主体视角，使得去穷国旅行的"富裕"的人用与当地人完全不同的角度看待他们旅行之地的一切，但是这样的旅行者没有清楚地认识到，"他"自己本身就是使自己的视线投向世界的那个人。从"英国人的眼睛"中衍生而来的是来自富裕的国家而去穷国旅行的人的眼睛。"因此这样的眼睛知道这是哪里和这是什么，这里一切都安排得不一样。"[76] 与殖民主义者视角的不同之处在于，对于来自富裕地区前往贫困地区旅游的人而言，这种"不一样"是在享受的愿望视角下展现的，是根据美学的"消费主义"准则进行评判的。他们的乐趣在于能够由此逃脱自我。霍尔（Hall）所谈论的这种僵硬的传统的英国式的做法，同时也是男子气概的表现形式，它在后现代的享受主义背景下潜伏下来，后现代主义的享受主义直接否定了它："人们走遍全球：当人们知道，那里有什么不一样的，才会知道，这里不是什么样。"[77] 当然，去贫困地区旅游的商品美学为它的客户筛选出了在别的地方享受不到的东西。资本"努力创造一个世界，在那里，物品之间是不同的。这使这个世界变得轻松愉快，但是这种差异其实并不真正重要"，霍尔这样评论。[78] 去贫穷的地方旅游的人享受着被美学提取的东西，如同透过防弹玻璃观察与他们所处的现实世界的不同之处。

## 7. 全球化商品的美学

马克思在《政治经济学批判大纲》中谈到了资本的"重大的文明化影响"[79]，他指出这个概念在富裕国家-贫穷国家分界线上产生了散发着邪恶光芒的双重含义。在全球化的南方世界，商品美学"还没有"（Noch-nicht）普遍存在，商品价值的实现"还是虚幻的"（Nach-Irrealität），这些特别的"还没有"对于资本主义的大众消费世界走入南方尤其具有决定性意义。人们，尤其那些一无所有的人，不断地通过经过过滤的市场信息来追逐商品美学，在这个过程中他们所凭借的力量在全球都具有吸引力；我们可以从商品美好表象中的辩证结构和功能出发，对这样的力量做出如下的解释：在"还没有"所带来的差距中，跳出来未来的购买者，他们听从所有对立一方的逻辑。促使商品美学成为指挥商品美学接收者需求力量的利益，就是从购买者出发的，不过它只与幸运的人有关。不走运的人看向商品美学的世界时如同在仰望天堂。当然，被购买的物品其外表也被装扮成像天堂一般的独特，另一个极端是：它们对于其所主导的利益来说有双重含义，从利益的角度来看，一切都只是抽象的价值量，它们之间具体的差异是无关紧要的。货币上的平等主义对它们来说无所谓。

差别是微不足道的，于是它们被拉入到展示当中，通过展示为进入新的市场铺平道路。一部分到目前为止被排除在外的购买力成长起来的地方，正是跨国资本在多种文化基础上运作的地方。资本"进行商讨"的时候，即如同斯图尔特·霍尔所说，是要学习"吸收资本所要努力克服的差别，并且从局部对它做出反应"的时候[80]，因此在这样的商讨中，文化的特殊性只是作为商品的内涵被牵扯进来。

在去往贫穷地方的旅游中，通过从中心地区向外围地带出发，使得原本边缘的外围地带也进入了有关中心地区的幻象之中。在闯入外围区域时，中心地区的主导地位并没有降低，而是因转化了形式而变得不同，而且通过旅游形式的闯入宣布了

在全球化的进程中中心地区的统治地位。"一方面是同质化和同
化吸收，另一方面是多元化和多样化"，霍尔将这种现象理解
为"占主导地位的文化体现出后现代化的新形式特征"[81]，这
一特征预示着全球性的以西方为中心的大众文化。这样的大众
文化"说着美国话"（正如霍尔所指出的，不是英语）；当然他
们仿佛将美国话作为基本的共同语言，这种共同语言是驯化的
区域主义和民族文化所组成的拼凑图案。"驯化"意味着，这
种大众文化仿佛只有在它的独立性和文化主权被抢夺走了之
后，才能够进入多种多样的发展当中，而这才是世界为消费主
义目光所"提供"的。墨西哥文化社会学家海克特·戴阿兹-珀
兰克（Héctor Díaz-Polanco）指出，传统的"民族的"身份定
位通过融入资本主义全球化的幻象中而被废除，他将这样的现
象称作"民族吞噬"，字面意思就是"民族被吃掉了"，并视其
为"大型企业集团跨文化市场营销"的结果。[82] 珀兰克首先以
在全球电信领域中活跃的美国大型集团公司威讯通讯（Verizon
Communications）为例来阐释他的理论，这家公司的品牌形象
被构建为"多样化是我们文化中的重要部分"[83]。"走到一起来"
（Coming Together）的其他表现形式都是通过对同一个品牌商品
的消费，而形成某种虚拟的世界共同体的特征，并且进一步展
现了全球品牌广告中的象征性形象。

　　大众消费中"福特主义"商品的成功历史通常是以牛仔服
装、"汉堡包"和可口可乐为典范的，它们在高科技资本主义环
境下就成为完整的"世界历史"。由于数字化构建的表象所辐
射的范围广大，因此商品的幻象也能够实现全球化。"在工业-
电子世界文明中到底还有没有多种多样性？"比特·威斯这样
问。[84] 这个问题有修辞学上的含义，并且与沃尔夫冈·威尔士

的"让多元化的五颜六色的拼贴图案……遍布全球的想法"相反。当然，正是由于当把资本对其产品所进行的使用设计与价值设计相比时，前者对资本来说没有意义，所以资本可以就文化上的代表性进行"商讨"。"麦当劳世界的文化"并不一定是一致的，巴伯这样认为。麦当劳世界的文化并不一定就如霍尔所说，差异没有发挥真正的作用；市场的全球化促使了"混杂的、混合的、杂居的和组合的美学出现"（前者同样也是在后者的推动下形成的）。[85] 新的"汇聚组合的文化"的所有市场片段都必须能够"表述"某个世界大型集团公司的商品，如同大众汽车公共关系总监克劳斯·考克斯（Klaus Kocks）所解释的那样。大众汽车集团因此将利奥塔（Lyotard）① 的概念变成公司的哲学。[86] 这个宏大的叙述被分解为无数个可以移来移去的单元。"我们给人们讲述了，"考克斯说，"汽车世界的童话。在那个世界里，所有生活格调都是可以实现的。"《法兰克福汇报》的记者评论说："当把每个人理解为有个人自由的导弹的时候，就能够计算出他的需求，并且对此进行引导。所以这家企业如同加足了油的机器一样好用。历史性的知识和文化提供了软件。"[87]

美泰玩具公司（Mattel）的芭比娃娃（Babiepuppe）可以作为跨国集团多样文化主义的一个案例，这家公司自从1994年开始，"每两秒钟……就能在世界的某个角落"卖出去一个娃娃。[88] "生来就是为了打扮，生来就是为了购物"，芭比娃娃被定位为"展现最新的化妆技巧和最新时尚的模特"。尽管白皮肤、金黄色头发、蓝眼睛的原始类型是最受欢迎的，但是美泰公司还是

---

① 让-弗朗索瓦·利奥塔（Jean-Francois Lyotard, 1924—1998），当代法国著名哲学家，后现代思潮理论家，解构主义哲学的杰出代表。主要著作有《力比多经济》《后现代状况》《非人》等。

在全球化的过程中，为不同肤色和文化的人们开发了其他变种。为这种忽略细节、粗枝大叶的文化所付的代价就是，该公司制造了以"原生态的美国人"，即北美的原住民为原型的娃娃：这些娃娃"长着一张张美洲土著阿帕切人的面孔，但穿的衣服却来自许多不同印第安部落的混合"。

法国传媒大型集团法雅克集团（Fnac）董事长克里斯托弗·古维埃（Christophe Cuvillier）将定位于多样文化的原则落实到表现形象、广告和这家公司所提供的商品上："作为董事会主席，我感兴趣的是，米兰人把法雅克看作是伦巴第风格的，而巴塞罗那人则把它看作是加泰罗尼亚味道的，生活在马德里的人则认为这家公司来自马德里。"他将柏林分店的失败归结于"过于法国化了"，也就是说在那里推出的时装没有体现足够的跨国性特征。[89]

有关跨国大型公司的美学再现也加入了对"该死的地球"的幻象式拯救，而这对其所代表的不言自明的内容并非微不足道。当然对非白种人的符号化容忍也找到了通往广告的幻象入口，它如同一个捕鲸鱼的大鱼叉，使得商品世界具有越来越强烈的吸引力。而且通过这种方式，商品美学也像市场的传教士一般影响着尚未成为市场的地方或者仍然空白的小市场区域。商品美学将民众拉扯到它在资本主义工业社会的愿望图景中来，让他们成为处于"局外"的局内人，从而遭遇到令人恐慌的、有更多特权的、新型富裕无产阶级的种族主义。跨国高科技资本主义的商品美学在运动中产生了次级全球化力量，它的作用也带上了百牲祭的牺牲色彩，并且消费的"麦当劳化"[90]产生着对这种类型下的资本主义全球化人类文化剥夺的影响，也同时对葛兰西所说的人类"文化联合"（kultureller Vereinigung）的要素发生作用[91]，使人类的"文化联合"以异化的和具体化的形式得以实现。错误的普遍性主义使资本主义将穷人和富人都拽到一起，将商品魔力的错误反映变成了演出，尽管这种错误的普遍主义载有较弱的救世主潜能，它想在这样的异化之中，逐渐地将人类这个物种构建为人。全球性商品的美学推动着对人类文化联合的模仿。这种模仿在某些地方——也就是在那些生活方式最反对人类文化联合愿景的地方——转瞬即逝，这样的地方有：由私人警察守护着的购物中心，位于居住中心、装有空调的少数人群居住区，在大型商场中聚集在一起的店铺和它的私人公共区域，即"商品文化的新教堂"或"文明世界的购物长廊"。[92]对标准化批量产品的销售额计算为所谓的受世界市场欢迎的风格元素赋予了特权。这会回过头来对资本主义的中心产生影响，而在资本主义中心，全球所追求的销售战略通过时尚制造者而得以持续发展，至少是在穷人的沙漠上拓展着财富的绿洲，并且为它们的产品开发美学的全球通用语。"亚洲和美国的奢侈品工业越是强大——在这当中，俄罗斯和中欧也发挥着同样的决定作用——那么它们就越是强烈地关注某种形式语言，这种语言不是保留了令人不解的折衷主义的法语、具有强有力表现力的意大利语或街头的英语，而是易懂的美国话。""出于通过销售策略而被呈现出来的美学考虑，这种形式的语言用全球化的符号夷平了差别。……由于简单化一的裁剪，而使新的样式变得千篇一律，从而削减了差异性：它可以容忍不同种族，在生态方面具有正确性，为社会所接受，同时也是性别中立的。"[93]

在富人的全球种族隔离政体下，在城市中强行划定少数族裔居住区这种做法将会逐渐解体。但是只要这种种族隔离制度

292

所形成的界限仍然具有吸引力，那么贝纳通公司（Benetton）广告上的欢庆就显得具有挖苦的意味了：在它的广告中，贝纳通呼吁"和睦友好地在世界村中消费"。对此进行过赞美的比特·威斯[94]，论证了广告是普通的"文明世界的委托"。广告的无处不在造就了"参与到美好之中的共同感受"。[95]威斯将"通过美妙的表象而实现的对广告市民社会理想政治最受欢迎的维护"解释为"实际美学"。[96]这是未经赞同的善意。消费主义从它的对立面——贫困化——中生发出来。消费主义在意识形态上的双重性所暗自忧虑的是，没有被讨论到、却贯穿所有现象的反抗主义。潜伏着的反抗主义秘密地寻找着它的宣言，它隐藏在宣言当中。

文明进程没有从根本上改变什么，只是从文明化的状态中解放出了资本主义的一个并不独立的变体，使得那些以前被文明排除在外的，现在可以参与文明化的初级成就。但是，这个并非独立的变体不会为文明化进程带来什么，而且它的起义会失败——只要没有从财富中心所产生的相关运动能与它呼应，这些运动与霸权力量一起为社会化的财富和美好生活的另外一种设想，提供了与之相对的全球消费主义漫画。斯图尔特·霍尔因此不相信"全球化这个概念是一个没有反对意见的、不必为之争论的领域"。[97]不仅是反对意见本身，而且主要是因为在反对之中会产生希望。

293

294

第三部分

## 1. 市场和媒体的共生现象

雷蒙德·威廉斯（Raymond Williams）已经标示出了福特主义的高潮，那就是"刊登广告现象"——他没有使用"商品美学"这个无所不包的概念——成为"文化的主导"的时候。[1] 在欧洲的核心国家，当引入私有化电视台的时候，如同此前美国的情况一样，在福特时代也将这种主导现象扩大到几乎没有了边界的程度。现在，在高度发展的高科技资本主义的环境下，这股强大的力量开始着手于互联网上的广告播放。"在物理市场逐步消失，以及商品渐渐地通过它的图像（或品牌名称、或标识）进行身份确定的过程中"，就出现了市场和媒体的密切共生，它们之间的界限在后现代化的特征中消融在一起。[2]

私有的大众媒体作为广告载体而存在。"今天一本杂志的水准将主要通过它里面的广告来确定。"[3] 信息是私有大众媒体的陪衬，娱乐才是正题。在电视里，可以看到娱乐的大爆炸。从那之后，娱乐跨越了所有的界限，并且无处不在，正如同霍克海默和阿多诺在 20 世纪 40 年代的美国所看到的那样。它简直就是新型的狂热，并且通过吞噬新闻媒体自有的批判能力而支配着这些媒体机构。但是这并非全新的现象，到目前为止并没有发生根本性的变化。在报纸领域，订阅收入构成了被削减的配菜。私有化电视，除了对普通公众加密的订购节目之外，只存在来自广告的收入。"什么类型的市场传播是受到赞赏的，什么类型的是会受到惩罚的，具体都由广告来决定，并完全依赖于广告……由此产生了广告对日常业务和战略都不可更改的强迫力。"[4]只要媒体作为广告载体而存在，它就必须通过内容吸引广告合同，这些内容应该是对广告的接收方有吸引力的。在这个连锁反应中出现了与金鹅童话中一样的现象：要去抓住它的人，就会被它黏住，想去抓住被它黏住的人的人，也会被这个人黏住。这样，最后大众自己就成了追在后面的人，而广告在非广告上得到延伸。当然对于信息来说致命的例外是，媒体与这只能下金蛋的鹅分离了，假设这种情况出现，那么"这会得到公众的赞同，而失去广告的赞同。当出现这样的情况，媒体企业和它们的代理机构就得为银行、洗漱用品和远途旅行项目想出一些细小的调整策略"。经济"也会受到相应的影响，有的影响是明显的，有的是隐含的，有的只是氛围上的"，这些影响是按照"购买力、目标群体和友好的环境"来划分的。如果在一本杂志上报道了汽车制造领域中企业间的冲突，或者这个行业的产品对环境的影响，那么这本杂志的出版人就要考虑到，这样做对汽车制造业的广告来说就形成了"不友好的环境"，所以要么不刊登这个领域的广告，要么为它们提供它们所希望的环境。购买力的标准不是将大众一概而论。从这个角度出发，"有些报道要表扬，而有些是不去赞扬的"。由于目标群体的"分散性所带来的损失"，最终会导致在衡量目标群体时，不再

那么看重开机率的重要性。这样的变化要求每天对购买者按照
商品群类（住宅、饮食、旅游、汽车）进行预先的分类。"我们
今天找到了三到四本杂志是针对普通公众的，而有三百到四百
本杂志是针对酝酿着附带消费行为的顾客的。""准确地说"，后
一种媒体"只是掺杂着编辑内容的商品目录"。为商品美学而构
建的"夸张的艺术"将能表达格调，这样才能受到欢迎。因此，
媒体制作人通常"如同自然而然的习惯般灵巧地展现或是昂贵
或是轻松的风格"，这种做法比内容更重要。对于广告周围的编
辑内容而言，分散注意力的风格是有用的，也就是说使人们在
任何时候都会用余光瞟向广告，并且随时准备转向广告，"一部
分临时注意力随时为任何展示出来的吸引力保持开放。人们的
注意力将最终、并且必须最终转向广告，那里比媒体上的编辑
内容更好，因为它服从了分散注意力的原则"。杂志与那些通
过提供五彩缤纷的图像吸引人们"迅速点击，并快速略过"的
"用户界面"没有区别。

## 2. 营销活动的扩张和"销售行为"的转喻

媒介向广告机构出售的播放时间或者页面，是根据电视
频道的开机率或印刷媒介的销售份数来进行价值评估的。媒体
出售广告给某些特定的观众群体。根据观众群体的数量可以确
定出售空间、时间、单位的价格。在视听媒介上，空间是通过
广告的播放时间来确定的；在印刷媒介上，时间则由在上面所
占版面和位置来确定，时间和空间承载着广告。在因特网入口
的提供商那里，顾客数量或者"点击频率"具有资本意义。那
些将大量广告带给接收者的节目带来了双倍效果。一方面，这

样的节目贯彻了广告领域众人皆知的组织方法，另一方面有变
现要求的商品所发挥的吸引人注意的功能——不惜一切代价而
形成的"受欢迎的"美学装饰，直接在它身上得以体现。安德
鲁·温尼克（Andrew Wernick）为所有这类节目套上了"销售
促进"的外衣，他将原来只是局限在市场营销"促销"目录下
的这个概念做了相应的语意上的拓展。当"促销"（Promotion）
这个表达隐喻了各种形式的推销（如推动创意、目标、节目等
事物投入市场），那么这就又会反映出历史的趋势，所有要引
起主体兴趣的讨论都会对广告的特性产生影响。做广告（**促销**）
是一个符号类别，标志着广告行为。[5] 在这个定义的基础上，温
尼克提出了以下理论：文化现象的带宽在（至少是部分的）广
告功能的影响下，"在今天将**逐渐**（*virtually*）成为无处不在的、
被生产出来的符号的世界"。这体现在整个从商业化过程里生产
出来的物品（和服务）世界当中，只要这些物品或服务是"**为
了能够被出售而设计的**（*imaged to sell*），并且将它们作为自身
的广告来塑造的"。这个趋势将物品或服务转变为"商品标识"
（commodity signs），而它们的例外情况就是温尼克所说的"文
化品"（cultural goods），他应该更确切地将这些例外称为"文化
商品"。当尤塔·迪特夫施（Jutta Ditfurth）谈到约舍卡·费舍
尔（Joschka Fischer）[①] 时说："他将自己完全变成了商品"，她要
说的是，费舍尔是按照媒介发挥展示功能的方式行事的。"他们
崇尚自我中心主义。自我表现形象被长时间地精心策划，直到
他不是别的样子，而就是这个样子。"[6] 打开权力的钥匙不能忘

---

① 约舍卡·费舍尔（1948—　），德国政治家，1998—2005 年曾任德国外交部
部长。

记金钱，也就是说**在媒体上露面**。让自己成为媒体出席的主体，这样的人需要的不是其他的特性，而是要使自己能够在公众那里"受到欢迎"。转换到商品身上，就是商品在接收者那里要有展现的关键要点，并且能够让自己置于"受欢迎"的情境中。

普遍的"促销化"可以理解为商品美学的去边界化，并且通过完全对市场开展去政治管制化，商品美学的去边界化同时可以作为"系统的'消除管制'的基础进程"[7]。布莱希特已经在20世纪40年代的美国看到了呈现出来的这种趋势。这位移居到美国的艺术家注意到，**销售**（to sell）在美国的口语中意味着"劝说他人接受自己的观点。它实际上只有这个含义：将某个人们正想给出去的东西说成是某人不可抗拒的需求。……因此，也可以说总统向人们兜售战争。他说服百姓，战争对他们是有好处的，是必需的"[8]。布莱希特在《劳动杂志》（Arbeitsjournal）上一条标注日期为1940年1月21日的评论中提到，在好莱坞周围的田野中，人们"不由自主地在每个丘陵、每个低矮的柠檬树上寻找小价签。人们也在人的身上寻找着这样的价签……这里的风俗就是要求人们，哪怕是从一个耸肩膀的动作中，也要去寻找一个创意，再将它'销售'出去，这意味着，人们是永不停止的购买者或出售者，人们甚至向便池出售他的小便"。

### 3. 文化的过度商业化

商品美学的边界消除可以成为所有自身不直接作为商品而发挥作用的事物的模式，它们必须实现自身的价值，而这当中都面临着类似的变现问题。这其中涉及高等教育机构里面的课程，它"真正"抵达学生的是："信息娱乐"（信息＋娱乐)、"娱乐培训"(娱乐 + 培训)和"信息广告"(信息 + 广告)这些杂交的形式,在不同的领域相互交织。当乔治·W. 布什(George W. Bush)在迪斯尼乐园进行竞选宣传的时候,他同时也在为迪斯尼乐园做广告。在"一个领域内的"不断地**相互链接**(*interconnects*),使得这些链接成为神话、符号、措辞和价值观的共同资源,同时也创造了这样的共同资源,它们相互依赖形成了一个"无穷无尽的、相互的索引和暗示的链条"。[9]这种类型的过度商业的文化如同一个没有出口、也没有边际的迷宫,在那里墙是由图画和出自图画的图画所构成,因此图画上的"奶酪总是不断地再翻倍"。这样的世界在它的正式结构中总是那么"**有迷惑力的**(*intriguing*),使人受到扰动,而它在内容上却是空洞无物的枯燥"。

温尼克有理由确定,"**自我做广告的形态**"(*self-promotional form*)不只是装饰性的成分;它也不能被理解为**虚饰**(*dissimulation*),而是如同商品美学附着在商品的物质实体当中一样,它停靠在文化符码中。温尼克只是不知道如何用语言来表示,是什么使得自我做广告的形态发挥着(如果它能够发挥作用的话)所谓使用价值承诺的作用,对于使用价值的承诺是怎么通过自我做广告的方式传播出来的。由于温尼克没有辨析地区分使用形态和变现功能,因此在他的书中每个细微的地方,"每个细节上",都出现了明显的"促销的特征"。为了论证性地、并且尽可能清楚地进行描述,以便能够说服读者,就必须符合理性的或者甚至是学术性交流的基本要求,自从贺拉斯 ① 提出了"寓教于乐"

300

---

① 贺拉斯(Quintus Horatius Flaccus,公元前 65—公元前 8),古罗马诗人、批评家。主要著作有《诗艺》等。

（*prodesse et delectare*）这个概念，在艺术中就尤其强调用途和乐趣之间的结合，这也是布莱希特所倡导的理想的表演，即"将辩证法变成享受"[10]，这些看上去似乎与广告没有不同。

## 4. 从商品美学向使用价值的过渡

事实上，感性认识无法，或者至少不可能完全无例外地在产品美学与商品美学之间做出区分。之所以如此，是因为接收者的感官模式通常会随着表象制造的进步而发生改变。表象和实在之间的界限发生了移动。从现实美学服务于销售的表象中发展出了使用美学。因此商品美学的边界也在浮动。直到昨天还是商品美学的，今天可能就成为使用价值的美学组成部分了。这个过程每天都会在那些服装被展示为身体外壳的地方看到。在这个意义上，密歇艾尔·克拉斯卡德（Michel Clouscard）探寻了，如何"用臀部进行表达"以及"这个符号是如何表达欲望的"。[11]在这里身体和它的其他装饰一样，都留在中心位置，因此作为符号它没有办法发挥作用。符号的理想模式是，自身就有含义。

301

在被使用的或被消耗的物品的具体形式下，出现了"游走"，它们可以一直走到物理的边界。在运用想象的过程形式中是另一种情况，娱乐商品作为"令人放松的节目"被消费。在市场上出售的产品"自身将成为对媒体图景的造型，因此看上去一样的所指对象将在两个领域被强调'主张'"，例如在电视连续剧《豪门恩怨》（*Dynasty*）中，就不清楚电视剧在哪里结束，而广告从哪里开始。[12]处于这样的环境下，市场和媒体相互之间可以进行比较，两者都与它们自身的概念不相符，因为两者都"被分割"了。当两者的互相渗透达到某一个程度，就出现了商品美学界限的消失。借用罗伯特·W.麦克切斯尼的话，可以将这种现象称为"文化的过度商品化"。"因此人们必须采用另一种消费类型：对消费过程本身的消费，而不再关注它的内容和可直接消费的产品。"[13] 当然这也并不是全新的说法，西奥多·阿多诺在第16届德国社会学大会上（16. Deutschen Soziologentag）所发表的开场演讲中就提到了这个问题，在这篇演讲中，他描绘了这种交界现象，并且反驳了社会学其他陈旧的描述："在不是完全维持生命所需的必要物品的这个领域里，交换价值会逐渐被享受品所取代；在经验社会学中作为身份象征和特权出现的现象，不再能够被客观地领会。"当然，在这里辩证法比阿多诺所理解的要走得更远。在人们的购买的基础上，能够满足人们虚荣心的是所购买物品的使用价值。首饰，不是被当作花费了大量财产的东西，而是将这些财产的名望价值被吸纳到它的使用价值之中了。[14]

302

## 5. 社会公益的市场营销

与宏观的景象和渴望利润的引人注目的效果相反的是"社会公益的市场营销"，也就是"非商业组织对市场营销的战略和行为的计划、组织、执行和控制"。[15] 这里的主体是公共的或非营利企业。从内容上来看，这样的营销是要引起所有对社会和环境现状的关注和支持，或是警告诸如交通事故或传染病这样的危险，并且促进采取相应的态度及行为。"不要酒后驾车"或者"不给艾滋病任何机会"都是这类大规模传播活动的模式，它将把作为整体的全社会从迫近的危险中拉开。因此，启发和教育行动的行动者从形式上套用商品美学的名称和技巧，尤其是这其中的品牌广告的名称和技巧。而且事实上，这些公益事务的广告牌或电视广告，就是以它要在广告讯息的竞争中保持受到关注的方式而被构造出来的。对于典型社会伦理动机下的人格来说，这样的倡导会带来矛盾。它不出售任何东西，而相反，是在"世界不是商品"这个口号的含义中，框定了普通的购买行为。但是，它的行为方式却又像它要把商品特征如同一个商品一样硬塞给世界。"还需要经过很多时间，"一位研究商业化运作的专业人士注意到，"才能出现负责任的决策者，他们将使在联邦德国运作的12000家社会组织以市场为导向，而拒绝忽视市场的做法。"[16]

符合社会意义要求的非盈利实践活动却由盈利实践活动者来控制，他们将其品牌的使用价值承诺与非盈利实践活动的目标结合在一起。例如，在1989年，IBM的德国公司安排12名工作人员作为"环境保护、支援残疾人和运动"项目的顾问，这是该公司"一项新的赞助计划的一部分……在这项计划放弃采用金钱和产品捐助的方式。……这些员工在这个项目中开发了数据库，以提供市场营销和物流方面的咨询。他们仍然从IBM公司获得他们的工资，他们的办公桌也在公司里。IBM还将长期雇用大约30名所谓的实习生，也就是平均几千名员工中有一个实习生"。[17] IBM的一位员工为德国盲人协会（Deutsche Blindenanstalt）开发了"为盲人设计的计算机产品的营销方案"，这其中新颖的业务创意是："到目前为止，还没有人将盲人不可思议的敏锐的听觉能力用在电话营销上。"在IBM宣布了它作为企业联合的总的全权代表之后，它对外获得了良好的形象，对内加强了联系："在一个行善的企业里，员工更容易

为自己定位。"这家盎格鲁-萨克逊（angelsächsisch）企业通过
"雇员的市民性的贡献"从众多德国企业中脱颖而出。当然，欧
文·斯陶特（Erwin Staudts）——IBM 德国子公司的总裁——也
用更开放的态度听取了"对志愿者行为的赞赏反映了领导者的
关键能力"的报告。[18]

　　1991 年，马克·西蒙斯（Mark Siemons）记录了一种
出于广告目的、异化的社会公益的市场营销做法：一家杂志
报道知名人士的前提，是他们要将自己的奖金捐助慈善，并
且用这样的话为自己做广告："当他们捐助时，他们就在行
**善事**（*Charity*）。"麦当劳支持废品回收项目。慕温匹克公司
（Mövenpick）和宝马公司（BMW）在柏林开展了"别出心裁地
设计办公室"的"特别活动"。西蒙斯从结果中看到了产生总体
性的过度包容性，在这当中所有的东西都可以和其他东西相互
联系。因此，当"一家香烟公司与一位有名作家所提出的热带
雨林遭到破坏联系起来时，它就变得引人注意了。破坏环境的
产品、批判、环境保护、它的美学化处理，所有的一切都在一
个屋檐下了……所有事物都集成在一起，再没有什么被排除在
外。因而不再有不正确的生活，或那些不属于'正确'范畴的
生活。因此品牌转移将复杂的现实变成了一个单独的'产品植
入'行为：到处都放上品牌名称，并且将创意和当初打动人们
的美学形式变成品牌标志"。[19]

　　关于这类"对社会资本的投资"，2006 年有一项题为"社
会贡献的价值创造链"（Wertschöpfungskette des gesellschaftlichen
Engagements）的相关研究对它进行了总结：出现这种投资的主
要原因在于激烈的竞争，企业要努力在市场中存活。[20]2008 年
的一项研究发现在"顾客部落"中出现了两个群体，他们为企

304

业带来了变革的压力："知识饥渴的顾客"和有关注社会这一思想倾向的顾客，这些人"广泛地寻求所有的信息，并且通常通过因特网告诉他人他的想法和期望"。[21] 在西班牙也率先出现了"社会公益的广告"（*publicidad solidaria*）。一项民意调查显示，90% 的西班牙人愿意支付额外的价钱，"如果所涉及的产品赚到这笔钱是为了帮助他人的话"。[22] 榜样来自美国，这种情况在那里早就出现了。"做好事并且谈论它"——这是早在福特主义时代就有的集团形象维护和品牌形象维护的老规矩，相应的形象意味着在改善生活条件方面国家不必承担过多的责任，令这些商业集团赢得了新的重要性。随着国家社会主义的衰落，大型企业同时要保证对它所在地区的社会（医疗、文化等等）加以照料，因此跨国大型企业逐条逐项地实现这些，尽管只是以微缩的象征性的剂量。早在 20 世纪 80 年代，美国运通公司（American Express）就开展了一项活动：人们每使用一次它的信用卡，就为自由女神像的修缮项目捐献了一美分，以此运通公司为自己做广告。"在诸如英国和美国这样的国家里，人们继续为这些品牌付账，哪怕它们不再与社会事务或环境保护事务有关了。"根据 2007 年的一项调查，"2/3 的美国消费者在购买企业的产品时关注它的实践活动"。[23] 当一家集团公司出现诸如耐克的剥削童工行为，却又没有公开进行捐助，那么就一定会导致其营业额的下降。百事可乐公司（Pepsi）和星巴克公司一起发明了"社会公益水"：每卖出去一瓶他们的"埃瑟斯"（Ethos）[①] 品牌饮料，他们就捐助 5 美分给埃瑟斯饮水（Ethos Water）慈善基金。这些款项将用于为贫穷国家引入清洁的饮用水。凯博斐俪（Campofrio）[②] 让一个

---

① *Ethos* 有道德、伦理的含义。
② 凯博斐俪是西班牙肉类产品生产公司。

坐在轮椅上的年轻人出现在它的广告宣传中，以此对"将残疾人形象正常化"做出贡献。社会广告节（Festivals der Sozialen Werbung）的负责人伊斯多若·阿罗约（Isidoro Arroyo）将这个趋势归结于，相互竞争的品牌在"内容"上的差异越来越难以分辨。"在残酷竞争的时代中，由于价格的压力和难以赢得顾客——尤其是留住他们，社会层面的市场营销技巧就成为一个附加战略，可以使得企业从竞争中脱颖而出，并且维系住消费者。"[24] 社会层面的市场营销技巧为社会的创意做广告，"它们自动地将其价值附着在品牌上面"。对此金融市场也会以"持续投资"计划做出反应。汉诺·贝克斯广告公司（Hanno Becks Werbung）"保证，用恰当的方式将对私利的追求与对全体社会福利的改善联系在一起"。[25] "因而我们将成为全世界最好的。"[26]

　　根据在此之前所引用的 IBM 全球商业中心的研究，"顾客对于企业社会责任（Corporate Social Responsibility, CSR）的期望不断增强"，其中新出现的现象是，"企业的社会形象现在要公开展示出来，而且它对购买决策起到决定性的作用"。[27] 一家大型公司在构建企业社会责任的过程中，向外传递了它的诚实正直，如同每个"正派本分的"市民所做的那样，因此这样的构建过程可以作为"形象维护"工具。但是现在还没有哪家企业完全做到这一点，芭芭拉·萨默霍夫（Barbara Sommerhoff）解释说。[28] 她是一家名为"战略性传播机构"（Agentur für strategische Kommunikation）的公司的共同拥有人。这个公司名称展现了它所从事的业务：它是将对抗性传播乔装打扮成令人享受的形式。在这当中似乎包含着这样一个矛盾：战略的归宿是战争，是国家组织的紧急对抗；但是传播听上去却是面向结盟的共同体的。战略性的传播是在幻想的共同体的形式下与对手战斗。它会发展出敌人。当一个政府围绕着原材料资源或者销售市场为本国的（近来越来越多的是跨国的）资本而引发战争的时候，它在这个过程中会有两个不同的对手：自己的人民和所针对的"敌人"。与自己百姓的对抗关系，恰好契合了那句谚语："让我们一起去钓鱼吧，渔夫这样对蠕虫说。"在市场营销中，诱饵是为大家的好处牺牲自己，但它会被告知，做这些是对自己有好处的。"每个人为自己，上帝为大家。"由于这样的谚语准确地描述了私有财产所有者的关系，因此在资本当中，被异化的社会公益市场营销就将一家大型企业集团宣传为一个既为自己、同时也像上帝一样在行动的企业。投资者既是敌对者，也是正发挥作用的资本的共同运作者。彼得·格劳兹（Peter Glotz）用"对抗性的合作"这个富有表现力的概念描绘了雇佣劳动和资本之间的关系，这个概念也可以表现上述的矛盾关系。因此，需要特别的"声誉和可持续性管理"，如同商业银行（Commerzbank）为它的一个部门所取这个名字一样。诸如商业银行、意昂集团（E.ON）①、宝马或麦德龙（Metro）这些向外传播其"社会责任"的大型集团企业，一直紧盯着那些不愿意参与到肮脏的商业中，而希望以"正直的"方式进行资本收益的人们，他们的口袋里有大量的货币资本，这些投资者渴望——即便通常是自我欺骗——以此来保持表象，或者至少让自己相信这一点。[29]

公共福利的活动"并没有做任何与企业原始的社会行

---

① 意昂集团是一家总部位于德国杜塞尔多夫的能源公司，是一家处于世界领先地位的欧洲能源大型集团公司，业务以欧洲范围内的天然气、电力为主，也包括新能源的开发及利用等。

为有关的事情。但是，它为企业带来了美好的形象，并且比有关能源消耗、废水利用和员工支持计划的数字要更容易传播。"[30] "做好事并且告诉所有的人"，这是"赞助的基本原则"，如同萨默霍夫所说，它也适用于在对人类和自然资源的利用中，采取社会道德伦理的和环境保护的视角。当然，大家或多或少都清楚，这条基本原则可以简化为"告诉大家，你做了好事"。人们可以**做**好事，但是其实不必一定要说起这些。这条原则不是别的，正是化身于可持续性报道和广告片段的使用价值承诺，这样的价值承诺如同所有的商品美学一样，是"针对目标群体进行调整的"。企业的社会责任传播"对于企业来说是非常敏感的领域"；它必须一直考虑到，要符合维护形象的非实质性活动，并且很可能"它会在公众中……被诋毁为公共关系式的插科打诨"，汉高集团企业传播部门的副总监艾恩斯特·普瑞矛史（Ernst Primosch）有过这样的抱怨。可信性需要一个"善意封印"。为了增强可信性，有的大型企业集团对企业责任部门和公共关系部门进行了权力分配。"目标是被列在可持续发展的排行和评级如道琼斯可持续发展指数（Dow Jones SI）中。"当全社会处于紧急情况需要进行权力分配时，在资本主义大型企业集团内，企业目标当然会发生完全的变化。

## 6. 通过品牌扩张进行全方位的广告；赞助行为

美学模式也出现了消除边界和扩张，这最初是从"横跨所有节目领域的剪辑美学"开始的[31]，包括其中的解说词本身，都分割为"几乎是严格的格式化的时间长度和间歇"，这些解说关于摄影机在空间中的位置、故事、特性、模式，乃至明星的打造——如何让他们变成公共生活的人物，让他们的名字成为新闻的标识 [32]。另一方面，从电影中提取出来的商品美学一直被认为是有吸引力的。因此一切如同典范式的舞台布景那样充满形象的比喻。值得关注的是自身就能像品牌一样发挥影响力的明星，例如早年在德国有着"犯罪现场委员会的斯涛沃（Stoever）"这一别名的演员曼弗瑞德·克鲁格（Manfred Krug）和他的搭档一起为德国电信股票做广告（Telekom-Aktien-Werbung），或者在全球范围内，当欧米茄手表（Omega）成为"乔治·克鲁尼（George Clooney）的选择"时，到处都在用这个明星的照片做广告。娱乐和广告之间的界限随着名望的授予而模糊了。广告成为了娱乐，而娱乐发挥着广告的作用。并非虚构的明星魅力被移植到品牌形象中：人们会想起到目前为止德国最成功的网球运动员——施特菲·格拉芙（Steffi Graf），德意志银行（Deutsche Bank）买断了她的肖像使用权。与此同时，米哈伊尔·戈尔巴乔夫（Michail Gorbatschow）为路易·威登行李箱（Vuitton-Koffer）摆好姿势。

到目前为止的例子都是有关简单的交换合同的，在这当中，明星因其在品牌广告中的作用而得到报酬。除此之外，也进一步敞开了一些模棱两可的领域。汉堡政治和经济大学（Hamburg Hochschlue für Wirtschaft und Politik）的校长将她的肖像使用权转让给微软公司（Microsoft），以交换一项软件资助，她个人至少得不到金钱上的好处，如果她不能将她不断增长的知名度用于她今后的职业升迁的话。这里所提到的这所大学，通过物物交换的形式而使自己担任了广告认证的角色。

美国保险公司美国国际集团（AIG）的董事长在 2006 年签署了迄今为止"英超联赛（Premier-League）历史上最昂贵的球

衣广告合同",红魔队(Red Devils)每个赛季获得 1700 万英镑
的报酬,相应地他们必须要将该公司的标识贴在胸前[33],而与
此同时,根据服务合同里关于环境保护方面的内容,会为服务
于公共利益的公司带来纳税方面的优惠,这如同通过签合同而
给予参与其中的人高额报酬一样,都是商业活动者的重要风格。
这个例子还表明,不仅可以将个人的名望转移到品牌形象中,
还可以让品牌形象与有声望的活动联系起来。参加某个艺术展
览的开幕式或者柏林的"文化之家"(Haus der Kulturen)某个活
动的邀请函,甚至室内音乐会的节目单或者布莱希特剧目演出
的节目表,都可以为公司标识进行展示。过度商业化的特征也
隐藏在委婉的赞助方式之中。在新自由主义的去管制化和私有
化的环境下,这成为许多文化项目、医疗诊所和公共设施能够
生存下来的条件,也就是说,它们要与强大的资本的广告利益
结成"伙伴关系",并且置身于广告利益"具有慈善外表的统治
之下"[34]。

　　商品美学的去边界也会导致侵略的出现,如同在体育节目
中,那里不仅是竞技的场地,而且也使其中活动者的每个身体
部分都布满品牌标志。对于某个大型公司的标识来说,承载它
的人越是有名,它就赢得了越多的威望。在名人服装上的品牌
标志和名人本身之间会产生交互影响,也就是当某个名人成为
他自己的品牌时,他相对于资本就变得独立了,创立了这个明
星的独立的商业模式。这发生在篮球运动员迈克尔·乔丹身上,
他的"卓越不凡的能力……将耐克弹射到品牌的天堂,但是实
际上是耐克的广告将乔丹变成世界闻名的超级明星"[35],将他变
成一个独立行动的"超级品牌"[36]。品牌图像的特征最终从第二
层的变成了第一层的,也就是品牌标志直接出现在身体的皮肤

310

311

上面，如耐克的标识，即所谓的"旋风"（Swoosh）标识①——一个画在案卷上表示处理完毕的对勾。"不仅很多耐克的员工将这个标识纹在脸颊上，而且在美国的纹身美容室里，对钩也是最受欢迎的纹身。"[37]

当有冲突阻碍变现过程的时候，资本就会以另一种行动方式绕道而行。当意大利在1972年禁止烟草广告的时候，英美烟草公司（British American Tobacco）一年后在意大利引入了目标客户为女士的基姆品牌（Kim）。1975年，这个牌子的香烟销售了8500万根，五年后，销售量达到了近23亿根。这个集团就是通过所谓的"暗中做广告"的方式达到这样的销售成果的。米兰诺和葛瑞广告代理公司（Milano & Grey）为此让最重要的时尚设计师对基姆香烟包装的颜色系列进行调配。在这种模式的广告中，香烟包装的轮廓一直出现在背景当中。[38]与此同时，在其他国家，香烟广告也变得越来越难以取得成功，因此这家集团公司以香烟品牌的转移战略作为回应，将香烟品牌转移到钟表、服装、鞋子上，甚至是色彩上，从而间接产生了合法的广告效果。也正是凭借这样的品牌拓展，"骆驼"（Camel）这个商标具有了休闲时尚的内涵，而对于这个商标的广告同时也是围绕着这个品牌香烟所做的迂回广告。

赞助看上去是受到社会的尊重的。因此"骆驼"首先资助了以"铁克诺音乐（Techno）为基础的一款可以随之一起舞

---

① 1971年，一名平面设计的学生卡洛琳·戴维森（Carolyn Davidson）设计了第一个Swoosh标志，其创意灵感来源于名叫Nike的胜利女神的舞动的翅膀。Nike公司通常把它叫作"Swoosh标识"，形容跑步速度像飞行速度，"嗖"的一声，运动员已飞了出去，标识就像是声音留下的痕迹，同时也是运动鞋的抽象表现。标识还是英语单词"victory"（胜利）的第一个字母，也是英语国家的人用来表示"胜利"的手势，寓意胜利女神（Nike of Samothrace）。

蹈的电子游戏，在每分钟 200 个节拍下一起欢庆'歌曲的死亡'"，而摇滚乐界名为"生活就是出走与付出"[39] 的反抗活动，其主旨是通过"疯狂的"自我消耗来替代保守的音乐表达，主要的赞助商也是骆驼烟草公司。T 恤、流行音乐的杂志和传单上都印有"骆驼"的标志。彼得·凯姆珀（Peter Kemper）将这里所涉及的工业称为"生活方式工业"，因为它们是围绕着购买者的形象和消费背景而展开的。在回顾了摇滚乐之后，凯姆珀形容了"对立和化解的循环，从反对既定游戏规则到被收编进来：从'感觉和不屈'到'赫尔特（Hertie）① 熙熙攘攘的人群'"。

312

　　一个第一眼看上去显得荒谬的赞助是将宇宙空间变成了广告空间，即便没有人可以看到那里的广告。[40] "凤凰"（Phönix）被称作"太空中的第一个广告招牌"，将这个品牌标志贴在了一个以研究为目的的火箭上花费了至少 100 万美元。当然这个品牌标志不一定非要在宇宙空间中被看到。当在地球上的人们谈论到它远征外太空时，对于广告目的的来说就已经足够了。要被看到的是媒体事件，而它正是通过将品牌标志运送到看不到的地方而实现的。

　　不只是运动赛事、艺术展览和研究项目在新自由主义的私有化标志下越来越依赖于赞助商，就连国家事务也是如此，如西班牙 1995 年的王室婚礼成了大型集团公司的品牌聚会。15 米长的鲜艳的锦缎来自可口可乐公司，锦缎是可口可乐品牌的红色；婚礼举办城市塞维利亚市（Sevilla）的指南手册来自摩

---

① 赫尔特商城（Hertie）是德国知名大型购物中心，成立于 1882 年，于 2008 年 8 月宣布破产，2009 年 8 月底最终闭店。

托罗拉公司（Motorola）；游弋在瓜达基维尔河（Guadalquivir）上夹道欢迎的帆船是雷克斯银行（Großbank Bex）的；马车是多梅克大型酿酒公司（Domecq）赞助的，而马车夫的制服来自英国宫连锁百货商店（El Corte Inglés）。简而言之，赞助商使得国家活动具有了奥芬巴赫（Offenbach）轻歌剧的特性。

### 7. 作家的起义；金融危机暴露了企业对赞助活动的依赖

2007 年，在图林根州（Thüringen）发生了一起极为罕见的反对将赞助作为广告手段的事件。"我感到自己受到了打扰，"2007 年 11 月初，作家英戈·舒尔茨（Ingo Schulze）在魏玛（Weimar）接受图林根文学奖（Thüringer Literaturpreis）时说，"因为如果我要接受图林根文学奖的话，我必须要表示对意昂集团的感谢。"[41] 奖金是由意昂集团图林根公司支付的，"看得见的"手什么都没给。从此前颁奖仪式的照片资料来看，舒尔茨形成了这样的印象，在这里颁发的是公司的"企业奖"。他感觉到自己恰恰是被利用为"一种广告载体"。这家公司在公布了 2007 年上半年税前盈利为 55 亿欧元之后，却又大幅地提高了电力价格，它所提高的价格带来的收入和瑞士联合银行（Union de Banques Suisses）在美国的"次级按揭贷款"中的损失一样多，后面这家公司在比勒（Bieler）瑞士联合银行中心召开了主题为"我买故我在"（Ich kaufe, also bin ich）比勒哲学大会（Bieler Philosophietage, 2007）。现在我们的作家在他的获奖感言中说出了自己的想法，他不知道，颁奖仪式是否是"就其追逐利益最大化的行为，对颁给我奖金的人"进行指责的合适

场合。"我是不是应该说，如果已经获得了这么高的利润，就不
应该再更进一步提高商品的价格了？"意昂集团的发言人欧拉
夫·维纳（Olaf Werner）被媒体要求对此做出反馈，他说："我
们为国家提供帮助，并且认真地履行我们在企业所在地图林根
的社会责任。"尽管这家图林根公司在获得了巨额的盈利后又提
高了电力价格，但是值得重视的是它不与"我们的社会责任"
相冲突。这位发言人继续说，在文学颁奖这个事件中的广告效
果，与其他的赞助获得不同，是非常微不足道的。当然，与之
相应的是，文学奖奖金也是只有区区 6000 欧元奖金，正好相
当于之前所提到的半年利润的百万分之一，不过，这对意昂集
团来说是具有减税的用途的。我们勇敢的作家进一步引申：公
共管理从它的文化政治责任的界限中撤了回来。我们可以更准
确地说：从那些被意昂集团所承诺的"社会责任"中撤了出来。
文化因此变成了依赖于商业的因变量，后者将它看作是"软性
的环境因素"。音乐会、展览、歌剧演出，都和比勒哲学大会一
样具有美好的首创精神，都将如同英戈·舒尔茨所说的臣服于
"再封建化"。"我感到自己受到了打扰，"舒尔茨继续说，"几乎
没有一本活动目录上没有企业的标识或者名称；几乎所有的庆
典活动或者特约演出都是从宣读它的赞助商名单开始的。"

对于作家的批判，赞助这种方式的获益者会耸耸肩膀走
开。随着一年之后金融危机进入急发期，这些获益者会听到关
于大规模经济危机的更加强有力的说法。突然之间，对私有资
本的依赖不仅出现在像美国这样的国家，而且也非常明显地出
现在几乎没有私人资本赞助的那些国家。瑞士联合银行在 2006
年 8 月还是赞助活动的世界纪录拥有者，它的资金在美国诸多
投资银行错综复杂的金融工具"赌博"中输掉了，因而最后由

国家来维持，那些账面价值为 600 亿美元的废纸事实上也被国家所接收。为美国国际集团"购买"了红魔队球衣作为广告载体的马丁·苏利文（Martin Sullivan），在此期间必须让这家破产了的大型保险公司由美国政府在它崩溃前接手管理，以防止出现可以预见的灾难性的后果。作为纽卡斯尔球队（Newcastle United）主要赞助商的英国北岩银行（Northern Rock），在 2008 年 2 月成为危机中第一批银行牺牲者之一。雷曼兄弟（Lehman Brothers）的破产不仅使法兰克福的锡恩美术馆（Schirn-Kunsthalle）和施泰德博物馆（Städel-Museum）在艺术赞助方面出现了"多位数"的亏损[42]，而且以更大的规模影响了纽约的古根海姆美术馆（Guggenheim Museum）、大都会艺术博物馆（Metropolitan Museum of Art）、芝加哥艺术博物馆（Art Institute in Chicago）；还有在雷曼（Lehman）赞助下的巴黎歌剧院（Pariser Oper）和卢浮宫（Louvre）、伦敦的泰特现代美术馆（Tate Modern）和国家肖像馆（National Portrait Gallery），现在也要为财政问题担心了。[43] 不只是这些。雷曼也参与到了"一级方程式赛车集团帝国"（Formel-1-Imperium）中，它拥有在英国泽西岛（Jersey）登记注册的达美托普科（Delta Topco）公司据说是 16.8% 的股份，达美托普科公司控制着一级方程式赛车经营权，因而达美托普科公司背上了"大约为 16.5 亿欧元的债务"，它除了偿还雷曼兄弟的债务之外，还得偿还在这期间通过国有化而免于破产的苏格兰皇家银行（Royal Bank of Scotland）① 的债务。[44] 不仅是金钱，包括那些被认为理所当然

_____

① 苏格兰皇家银行和雷曼兄弟在 2006 年支持亿万富翁伯尼·埃克莱斯通（Bernie Ecclestone）经营的控股公司达美托普科公司以杠杆收购一级方程式赛车集团。两家银行后来将债务转售给了其他投资者。

的捐赠，也离开了博物馆。雷曼公司总裁的妻子凯西·富尔德
（Kathy Fuld）是纽约现代艺术博物馆（MoMA）董事会的第二
主席，她拍卖了她放在那里展览的一件藏品，纽约现代艺术博
物馆曾经一度坚信那会是对他们的捐赠。2008 年 11 月，德意志
银行不再赞助威尼斯双年展德国馆（Deutschen Pavillon），而在　316
一年前，它还在那里布置了"宏大的场面"，"以至于在人们的
记忆中无法将当时艺术家伊萨·根泽肯（Isa Genzken）的展览
与德意志银行的公司标识区分开来"。[45] 商品美学"暧昧"地接
管了美学任务，而这最终使人们在危机四伏的天空下猛然清醒。　317

## 第四部分

### 1. 批判的衰退和"无条件的服从"

在东部欧洲国家社会主义的解体和西部欧洲社会民主福利国家的危机——两者都是以生产方式的飞跃式发展为前提的——之后，由精神和当前的机会两者并不门当户对地结合而成的"时代精神"[1]也完全倒塌在新自由主义的霸权下。时代精神的翻译者今后将从根本上质疑批判的意义。"老旧的概念，"现在可以这么说，"不再能解释任何事物……在社会主义解体后——这是通常的说法，在整个世界要保证'常态'的迁入。"[2]现在看上去，由于在资本主义之外还有其他的选择，或者在资本主义之中也有其他的选择，这些给养了批判。全球化的、没有选择余地的资本主义呈现出这样一个世界："关于它人们没有什么能说的，因为在这样的世界当中没有外部，而只有内部。"[3]"包装和图案、外立面和装饰，这些在几年前就被斥责为商品美学，而且暴露了它们的真面目"[4]，这正是约翰·米歇尔·缪勒（Johann Michael Möller）的观点，这些东西现在"突然之间成为了艺术差异的合法地点"[5]。许多知识分子在过

分热心的服从中藏起了自己的武器。"自从世界在统治地位的现
实性和乌托邦的可能性间的两个极点被打破之后，无条件服从
的美学姿态赢得了现实性。……用快乐而冷漠的态度接受了这
些……的人，就能够理解时代精神。"[6]

　　沃尔夫冈·威尔士承认，当商品美学批判使他感到"在今
天是有些陈旧"的时候，并不是说"商品美学批判是要被驳倒
的，而是它被现实强有力地超越了"。[7]布莱希特关于犯罪的看
法是，犯罪行为的规模超过了一定的尺度，就变得"不可见"
了，因为我们的目光变得顺从，或者跟随更强大的人群，这种
现象也出现在商品美学当中。当批判的分析不再对此关注，尽
管它的重要性在不断地增加，那么经济的、政治的和文化的环
境就会共同推动这样的结果出现：通过宣布终止社会对福特主
义的妥协、新自由主义对市场边界的去除以及竞争，使得所有
的关系变得越来越棘手，这些关系推动着个体主义化进程中的
每个个体；政治期望的失落和社会的行动能力的被侵蚀，也会
同时使得这些关系向后倒退，从而最后出现了文化的过度商业
化。被媒体所加强的争论和多元化的讨论，产生了双重的和被
压缩了的精神状态，而所讨论的意识形态又会以更强烈的形式
对精神状态产生影响。因此当要做出大体解释的时候，人们喜
欢将商品美学批判作为被认可的"广告美学"。[8]最后通过抉择，
广告被毫不犹疑地看作纯粹是"美学的"。但是，这需要一种知
性的牺牲，才能解决主要问题。因此，人们应该将眼睛闭上，
因为那里是商业资本，它在通过广告美学进行美学策划。这样
预测主导趋势是那些代管人愿意看到的。但对于知识分子来说，
这意味着在权力面前的屈服，这是在"认同侵略者"（弗洛伊
德）。威斯感觉到了失败，这反映在他放弃了智力行为。他抱怨

318

319

在这个领域里的批判精神"迷失在那些在批判和模仿之间彷徨的商品上"，对此瓦尔特·本雅明就是"最好的例子"。但是威斯却赞美了安迪·沃霍尔，因为他变现得冷静和从容，"如同表象所创造的美好那样"。[9] 这种意识形态式的肯定迎来了对商品美学具有讽刺意味的培养趋势，也许就是波尔茨所描述的所谓"充满讽刺的消费"，即某个可以买得起更上乘食品的人，却在麦当劳吃东西。[10] 波尔茨没有将这个有代表性的故事的重点放在**垃圾食品**（junk food）上，而是将这个故事引回到所谓的新趋势上，"不只是物品，还有……消费活动本身"也是可以被消费的[11]，而与此同时，巴宗·布拉克（Bazon Brock）发现"人们谈论产品的样子和方式比消费这个产品的可能性要更重要"[12]。当"对消费过程的消费"比"最高勋章"（恩格斯）还要重大时，它就涉及所有消费的映像特性，这种特性产生了消费的文化层面——这是从如何提供这些商品、如何对消费者"讲述"当中形成的，也就是说，在这样的过程当中同时提供意义。

在其他人发誓放弃他们以前的批判性洞察的时候，巴宗·布拉克坚持早在1968年代"关于广告的力量和商品美学"的讨论中他已经得出的观点，"广告证明了自己的决定性革命力量，因为它通过毫不迟疑地将它的欢快信息与社会真实脱钩，从而最终从空洞的承诺中产生了向心聚爆的黑洞真空"。[13] 这是他当时对资本主义的看法。但是现在他又一直将他的"是的革命"（Revolution des Ja）与国家社会主义的瓦解联系在一起："自从远程通讯技术超越了所有与地球有关的界限，西方的广告就被到处传播，每个人都被热情地邀请，根据自己的愿望从超市的货架上拿东西，让友好的银行雇员用充裕的资本装备自己，并且让自己在照顾失业者的天堂自由自在地活动，而获得被邀请到消费自由的王国的机会只是时间问题。"[14] 第一个证据是压倒性的。大批涌向西方商品的人流出现在边界开放之后。在那之前的两年，在布达佩斯的阿迪达斯（Adidas）分店"商品奇幻世界的入口"排着长长的队伍，等待着最初的体验。可笑的地方就在于，这些西方的商品就是在匈牙利生产出来的。但是阿迪达斯公司声称，它们是用西方的材料进行加工的。"对产品受到巨大欢迎起决定性作用的不是质量，而是西方的风姿。早在几年前，阿迪达斯就为社会主义国家的顶尖运动员提供运动装备。但是，这不足以解释它的吸引力。匈牙利人购买阿迪达斯的产品不只是买到了慢跑运动服或者一双运动鞋，而且还包括生活感受。"[15] 这篇报道最后在思考——顺从于品牌神话力量的思考——中结束："品牌名称恰恰不是过眼云烟。"但是当名称恰似过眼云烟却又非常有力的时候，就会使得过眼云烟也变得强有力。它的力量要联系起来考虑。这就是批判的意义。

随着大批人群涌向西方商品，商品也向着东部的百姓移动。首当其冲的是这些商品的"过眼云烟"的商品美学。这不会持续很长的时间，而且人们的体验也开始消磨商品美学的神话。美国广告代理公司 MC&LB 法兰克福办公室的负责人抱怨说："来自西部的广告越来越频繁地遭受破坏。"[16] 在当地，由于缺乏合适的人因此无法制作这些广告。在东德，尽管有大量失业的人，但是却没法将他们用于品牌广告的生产。"来自前德意志民主共和国的广告人，"MC&LB 广告公司的德国老板说，"习惯于考虑产品，而不是考虑消费者。"但是他又对广告接收者做了这样的评价："对于伴随着某种商品供给而来的广告洪流不断增强的攻击性，当时的东德人是无力承受的。"购买力的匮乏并不是怀疑西方商品世界的唯一的理由，对此可以从德意志

民主共和国作家加布里尔·艾卡哈特（Gabriele Eckart）的经历
中得到推断，她在 1986 年得到签证，可以受邀参加法兰克福书
展（Frankfurt Buchmesse）以及那之后的阅读旅行。在德意志民
主共和国，她"大部分是从教堂"看到在社会管理的一些领域
里国家控制是缺席的。"在最初几天的兴奋过去之后，"她在她
的经历报告中写道，"我感到了神经紧张。它对我来说显得过于
好了。太多的出租车、香蕉和各种奶酪。与德意志民主共和国
相反，在这里东西排着队追求顾客，在两边夹道等候。"[17] 在她
之前，布莱希特在美国也有这样的感觉，在"售票员、服务员
的友好态度中可以注意到他们的敬业，好像每个人都要向我兜
售些什么"。

322

当巴宗·布拉克把广告只是"作为有关日常生活用品的传
播形式"[18] 时，他剥离了"广告"这个概念的核心，或者只是
将广告理解为"在媒介形式上对传播语言进行策略性的优化"[19]。
核心是对抗，形式的作用就是将对抗隐藏起来。与在东部的情
况正好相反，在一个包含着自我愚化成分的行为中，布拉克渴
望他自己和其他所有人都放弃"对表象和内在、包装和本质的
区分"，并且宣布，将来将"不再会有关于本质和表象之间关系
的疑问"了。[20]

政治的坏情绪越是增强，以及社会批判行为越是往回退缩，
消费主义就赢得了越大的空间。新自由主义所创立的"乐趣社
会"在 20 世纪末期将社会批判挤到了边缘。"与过去的……媒
介批判不同"，现在"意义的造型会通过广告表示欢迎"，海因
茨·斯特因奈特（Heinz Steinert）这样写道。[21] 他发现"过去
的媒介批判"是"伤感的"。有批判性的地方，却又蔓延着具有
讽刺意味的肯定。诺贝尔特·波尔茨建议造型理论家应该"重

新解释过去的批判性词汇，诸如'商品美学'和'文化工业'，这主要意味着，将它们从其负面征兆中解放出来"。文化正是工业，美学正是"设计产品以及使得产品通过美学手段出售的理论"。他呼吁，"商品拜物教不再是坏事"。我们应该"认识到，感觉不涉及人，而是针对物品"。当然在"了不起的感觉真空中"——"我们生活"在其中——"出现了后现代消费"。

323

在当时的讨论中，商品美学的使用价值承诺加了一倍，并且又用在了商品美学者的产品之上，也就是作用于美学使用价值承诺的生产者的所有领域当中。这个商业分支承担了使人类的感觉模式化的任务。"这只是商品市场，"甚至连阿克塞尔·霍耐特（Axel Honneth）最终也同意，"但它的王国却是在产生影响力的符号当中，这些符号在今天为日常生活注入了如同浪漫的理想爱情一般反功利的动机。"[22] 马克思批判了"集体劳动中的社会生产关系"通过拜物教的逆转变成了"在这种社会关系之外存在的物品之间的社会关系"[23]，而如今这样的批判被撤走了，人们果断地顺从物品，现在正是这样："感性的造型负责将'人与人之间'的价值转移到物品的世界。"[24]

那个时代是一个"现实""真相"和"批判"被时代精神所蔑视的一个时代，马克·西蒙斯清晰地描述了那个时代的精神状态："当经济将公共生活中越来越广泛的领域纳入它的计算时，看上去公共讨论自身也越来越多地追随品牌传播的游戏规则了。"[25] 西蒙斯用卢曼（Luhmann）① 的学生迪尔克·贝克

---

① 尼克拉斯·卢曼（Niklas Luhmann, 1927—1998），德国当代最为重要的社会学家之一，他的主要贡献是发展了社会系统论。卢曼也是"宏大理论"的推崇者，主张把社会上纷繁复杂的现象全部纳入一种理论框架当中去解释。主要著作有《社会的社会》《社会的艺术》《社会的法律》等。

（Dirk Baecker）① 的一段论述作为论据，贝克特别强调了："政治家不再关心问题的解决方案，而是操心哪些问题的解决方案也许是可以带来选举投票的。"与之相应，瑞士人汉斯·冯·贝尔根（Hans von Bergen）说："新的市场营销不是人们曾经所说的、用来决定交易的'现实'，而是人们所假设的、其他人会将它作为现实的东西……最终的消费者应该得到完美的招待。不能有愿望没有得到满足。"因此可以看到，将这些知识流传下来的童话是多么正确，怀有愿望的人其愿望被满足是多么危险。

## 2. 反对使用价值的简化

在针对市场中的知识分子所安排的告别表象与存在之间区别的庆典活动上，使用价值拨弄是非。在使用价值与使用价值承诺的区分中，使用价值通常被简化为某种没有价值的物质存在。与之相对的是使用价值再现的确立。对使用价值的设想应该是存在于使用潜力之中，并且在使用的过程中得以实现，但是实际上却是根据幻象而来的。没有什么比将幻象解释为实质这样的操作，以及美学的使用价值承诺和在使用中可以体验到的两者之间的差异被解释为无效，要更为容易的了。使用价值表明了某个东西能够做什么，但是它不再存在于其他地方，而是存在于预定用途的存在模式之中。[26] "使用价值只是在使用或者消费中得以实现。"[27] 使用价值本身反复再三地斡旋和再现。再现是以实现为前提的。但是实现又跟随着再现。使用价值再

---

① 迪尔克·贝克（1955— ），德国当代知名社会学家。主要著作有《市场经济中的信息与风险》《企业的形式》《社会学何去何从》等。

现的意义是通过登记到需求满足的网络中而超越需求满足网络，而需求满足网络又不断地被传播过程所围绕、解释，最后发出新的声音。

325

人们是否设想（vorstellt）使用价值与人们是否被介绍了（vorgestellt）使用价值，人们是否也是接收者与人们只是接收者，人们是否参与视听互动与人们仅受其影响，这些是不同的。在这样的区别中隐藏着对抗。"再现"或"设想"这样的术语过于普通，因为它将差异中隐含的统治隐藏起来了，使得我们无法区分，哪些是我们自己真正看到和想到的，而哪些又是再现工业在它密不透风的聚合体中，通过利用其自身非常强大的高科技生产力，而不断对我们实施的越来越大的影响。**真实不再能从再现中或者对它的思考过程中分离出来了**，这句话第一眼看上去没有瑕疵，因此人们到处套用它。奥伊伦施皮格尔（Eulenspiegel）系列故事将动物尸体制成的香肠和涂上了一层糖浆的烤苹果之间的差别显著地推到眼前。在一则故事中，当一位牧师吃掉一根香肠之后，他需要从屠宰师傅那里用钱换来"第二根好看的香肠"，而屠宰师傅正把杀死的猪放在屠宰场的大坑里。这些香肠看上去"几乎是我所见过的最好看的两根香肠了"，女服务员这样对牧师说，"而且她觉得香肠和牧师一样有趣"。[28] 人们带着由表象所引起的兴奋去尝试粗劣的食物。在第二个故事中，奥伊伦施皮格尔向一个荷兰商人报仇，因为他轻蔑地嘲笑奥伊伦施皮格尔吃了酒友的两个鸡蛋。"一个晚上，奥伊伦施皮格尔买了一只外观漂亮的苹果，他将里面爬满了苍蝇和蚊子的苹果浸上牛奶和果汁进行烘烤，然后又在外面贴上生姜。"奥伊伦施皮格尔将这个圈套放在盘子里，端到桌上。"当他转过身去的时候，那个荷兰人就凑过去，从盘子里抓起一

326

块烤苹果，迅速地将它吃掉。过了一个小时，这个荷兰人开始呕吐，吐出了他肚子里的所有东西"，因此，人们开始相信他中毒了。[29] 这个故事中的两个参与者——奥伊伦施皮格尔和他的对头，都对这个烤苹果设想了所有的可能性。这种设想的方式如同胃口和饥饿之间的关系。它们是其中主体的使用价值承诺。这是以准备和吃掉为前提的。奥伊伦施皮格尔知道这个使用价值承诺，并且利用了客体的相关事物——"不错的外表"，从而在对手那里触发了使用价值承诺，并且第二次引发了（像小偷一样的）吃掉的行为。但是我们需要一种说辞，能够将美味和看上去美味实则令人恶心的东西区分开来。

现在对使用价值这个概念的发展进程产生影响的是现实化的要求，现实化的要求是由使用价值来确定的，并且它提供了可以区分实际的存在和想象中的表象之间差异的标准。为了去除这个障碍，就要将"使用价值"的含义首先客观地简化为一个大致的技术尺度，以便之后可以进入这样的领域，在那里没有人会因为这些东西——事实上，这些东西对我们也没有反应——而感到高兴，因为它们几乎不存在。每个设想都将继续适合生产手段的基本形式，生产工具的造型是通过技术系统的建造方式决定的，造型必须适合技术系统，或者它们共同服务于工业标准。如果某个特定大小的钉子，能够在创造真正的使用价值的同时附带产生变现功能，那么使用价值承诺就完全不重要了，或者将它拉回到包装上，复杂的产品，如机器，也已经显示出它自身的、根据美学使用价值垄断规则所形成的商品美学过渡形态，这样的形态使得产品装备了特别的感官吸引力和能够引起联想的特征。技术和商品美学之间模糊不清的边界领域是解释辨析的活动空间，在那里，大型企业集团可以从它的品牌中抽取信息红利，从而用技术层面的使用价值来对抗它的竞争对手。品牌商品是通过中国的配件供应商和加工企业生产出来的，这一点对于生产者来说已经不是什么秘密了。但这种做法也会为市场带来特有的问题。例如，上海的大众汽车公司（VG）在 2000 年抱怨，"假的"配件进入了生产流通，当然"真的"与假的区分只是前者能够带来剩余价值。垄断价格的辩护者对此安插了间谍系统，与警察一起进行突然的检查，大众仅在 1998—1999 年间就检查了 770 家企业。[30]

戈尔诺特·伯梅（Gernot Böhme）在使用价值之下思考它的"技术性"影响，他认为是让·鲍德里亚（Jean Baudrillard）[①]最早提出了这样的设想。"商品美学既不是由商品的使用价值，也不是由商品的交换价值所决定的，它更多地是通过设计新的价值类型而实现的，即**价值 / 符号**，'符号的价值'。商品将成为符号，于是人们购买商品，是为了展示他们能够付得起这些东西……人们身上就承载着品牌，并且通过这些品牌的归属来将自己标注为特定的阶层，今后他们就只属于某个特定的群体了。"[31] 现在商品美学是第三类东西了，它既不是使用价值，也不是价值，而是在价值的统治下，并且因此在表象的模式或美学抽象的模式当中的使用价值承诺。但是，一个可使用物品的符号特征如何将它的文化含义变成了它的使用价值呢？当路德维希·维特根斯坦（Ludwig Wittgenstein）[②]指出"一种表达的含义就是对它的使用"时，我们可以有更充足的理由坚持马克

328

---

① 让·鲍德里亚（1929—2007），法国哲学家，后现代理论家。主要著作有《物体系》《象征交换与死亡》《消费社会》等。
② 路德维希·维特根斯坦（1889—1951），奥地利裔英国哲学家，数理逻辑学家，语言哲学的奠基人，20 世纪最有影响的哲学家之一。主要著作有《逻辑哲学论》《哲学研究》《哲学评注》《论数学的基础》《论色彩》等。

思主义的洞察，使用价值的实际真实就是对它的使用。所以使用价值是由产品决定的，并且这样的确认对于在消费中实现它是必要的。而伯梅的观点与此相反，他认为，商品将"无法通过广告展示它的使用价值，而是成为一种生活方式的元素"，而在这当中"商品的美学在与使用的相互联系中变得有意义了"。也就是说在"与使用的相互联系"中所实现的就是使用价值。除了伯梅用生活填充的背景之外，他充其量只是假设了这种实现过程的可能性。当使用价值比现实的实际操作中的主体-客体关系——在这个关系中主体一直有决定作用——更加真实时，幻象和感觉就会参与其中。凭借客观具体化的、美学的使用价值承诺，商品生产者努力将被作为购买者所瞄准的主体带来，向他们承诺所涉及商品的使用价值。伯梅的主张——商品将不再是使用价值，而是作为与使用关系中的元素来招揽顾客，并不知道自己的含义是什么。商品作为使用关系中的要素或者作为"以舞台方式进行展现的有组织元素"被供应，这可能与皮埃尔·布迪厄（Pierre Bourdieu）[①]所形容的社会中的区隔和群体归属的功能有联系，而这正是使用价值承诺。商品使用价值承诺的存在方式是美学的表象，而表象由于是表象，因此是不可能交换的。[32] 伯梅用另一种方式将存在背离为交换。即便在资本主义的早期阶段，商品也不是"赤裸地拿出来或者直接展示的"。最多是在短缺经济中才会有这样的现象。商品已经习惯通过它的外表来展示，并且用装饰进行乔装，它的物质的-发挥功能的裸体被吸引力所遮盖，吸引力从商品物体散发出来，并且通过包装或者展示在舞台一样的环境中，而得到增

329

① 皮埃尔·布迪厄（1930—2002），法国社会学家、人类学家、哲学家。主要著作有《区隔：品味判断的社会批判》《文化生产的场域》《艺术的规则》《实践感》等。

强，从而最终它以非物质的广告讯息的形式飞遍全世界。在这当中，市场像社会一样被分割，而商品美学用它的方式再一次进行了这样的分割。人群和他们对生活方式的幻想构成了市场区域。大众汽车再一次意识到它的几十亿收入不是来自奢侈消费领域。因而，这个品牌所在的领域是添加现实-想象的"剩余价值"，尤其是所有的商品美学都在幸福的图景中达到顶点，其中可能的使用价值放送着过剩的使用价值承诺。因此，豪华车辉腾（Phaeton）中的1200个零部件和34道预装配工序都是手工完成的，并且在对环保问题周密的考虑下组织特殊的电车将部件运输到拥有公园一样环境的德累斯顿，在那里的"用玻璃制成的工厂"中将这些部件装配在一起，所有与恶臭和噪声联系在一起的生产环节都从这个地方"过滤掉"了，那一切发生在茨维考市（Zwickau）。[33]

330

在柏林墙倒塌后，德意志民主共和国居民的购买行为给米歇尔·亚格（Michael Jäger）留下了很深的印象，因此他相信，在马克思将商品作为使用价值和交换价值的双重用途外还要加上第三层，也就是所谓的隐喻的用途。[34]对德意志民主共和国的失败也起到作用的是，他们在以马克思主义思想为依据的时候，只是将商品作为价值和使用价值。于是在他们的商品美学中，他们尝试着"消除**消费者的无意识**"。从这里亚格现在理解了，刚刚通过西德马克装备起来的德意志民主共和国的购买人群对西方商品不理性的偏好：他们"在40年里都一直忍受着国产的商品美学，这种商品美学是'以使用价值为导向'，而今天可以高兴地**摆脱**它了，这需要付出代价；这首先就以这些人失去工作岗位为代价"。亚格将当时最新的体验，与刚刚用西德马克武装起来的东德的百姓在还没有根据经验对价格和性能进行理性比较之前就偏爱西方物品这个事实联系在一起。没有味道的荷兰西红柿被卖光了，而产自德意志民主共和国的香喷喷的西红柿仍然留在那里。亚格不仅在那里看到了商品美学在东德社会主义中发挥作用的特殊情况，而且作为一种行为倾向的证据，他将它提升为对抗性的基本事实："消费者，或者甚至可能是一大群消费者，应该强调的是，在他们面对资本所产生的每一个影响时，**更多地对'某些美学表象'感兴趣，而不是对'使用价值'。**"但是，使用价值和美学外表并不构成对立。因此使用"要么……要么……"这样的说法没有意义。当需要美学表象的时候，也正是渴望使用价值的时候。通常一直是被渴望的，总是使用价值的完整组合的体现。亚格将转折点上的购买者出现在德意志民主共和国归因于"除了使用价值的利益之外，还有其他的自利性因素"，"也就是所谓的对于神话般消费的需求……因为到目前为止这种需求一直被否定……因此对于他们来说，今天神话般的消费是迫不及待的。"只要是在想到食品以及初级营养品的"使用价值"的时候，对上述说法的反驳就是可信的。但是，一旦食品清晰地表达了文化的含义，它就名正言顺地拥有了神话的特征，于是它意味着什么，并且似乎包裹在一个"故事"当中。马克思主义的使用价值的概念是指产品对主体和他们的需求而言的性质，而亚格认为，这个概念同时被扩大和被限制了："需求的特性，无论这种需求来自胃部还是幻想出来的，都不会对物品有所改变。"[35]

## 3. 不谈现实

沃尔夫冈·威尔士将"用对现实更优越的模拟来代替现

实，理解为媒体世界的基本原则"。[36] 当他自己在一定的距离下将这个过程描述为媒体引入联想的趋势的时候，其他人却已经宣布"现实消失了"，好像事实本身就是这样，而不是在当时主要的讨论中人们放弃了现实。"现实，"范·德·布姆（van den Boom）呼吁，"在今后的日子里，不应该只是设想、幻象和想象的媒介。"[37] 暂时阻挡这种日子到来的是"有批判意识的巫师"，他们凭借"诉求'现实'……的魔力来对抗由计算出来的图景所组成的世界"。[38] 现实在这种视角下，只是"对现实所有可能的模仿的汇总"。[39]

一个并非抽象的辩证推动着"按照它已经是的样子"接受"事物"决定性的赞同开始运转。为了接受这个事物，这个辩证就必须否定它的真实状况。在这个辩证的设想中，商品美学吸收了商品的物质实体，如同购买吸收了使用。比特·威斯认为："消费的循环运行……激发了对广告没有目的的享受。"[40] 并且，诺贝尔特·波尔茨有些害怕那些强迫人们欢笑的喜剧[41]，他指出："消费长久以来已经不是为了满足需求了，而是奥斯卡·王尔德所说的'自我文化'的媒介。"[42] 为了证明这一点，他引用了米歇尔·塞尔（Michel Serres）的一句话[43]，作为"物质的终结"的证据："我们只是在饮用波浪。"[44] 在这里，对更高一层的物理抽象被感性的想象所缠绕着。葡萄酒的物质实体是被我们饮用的，但是我们生活世界的物质基础很少被涉及，如同有朝一日在爱情生活中，通过显微镜我们发现爱人绸缎般的脸颊呈现出油脂池塘中沙漠般的风景。

波尔茨在这里所赞同的转变又变成了一种批判，他转过身来将孩子和洗澡水一起倒掉了：奥特玛·约翰（Ottmar John）在介绍本雅明的演讲中说："物品的实质消失在表象中……因此根据表象产生的商品概念，看上去是用欺骗的迷雾围绕着物品，在迷雾之中和迷雾之后，可以猜测意识形态批判下的物品，很久以来就已经提升为物品的性质了。物品的表面不再存在，只有云雾覆盖，每一眼望去都飞散出新的造型……表象就是（一个空了就扔掉的社会里的、一个疯狂加速的商品流通中的）实质、本质、物质的基质。幻觉效应、广告图片、想象和虚构，这些产生了商品的流通，而且不是短暂的……理论上它们就是手中的商品或者人们习惯的模式。两者在时间的延伸和它们的存在结构中同时发生。"[45]

### 4. 模拟

> 人们可以给最蹩脚的东西梳妆打扮，只要能把它卖掉，怎么做都无所谓。
>
> ——海纳·穆勒（Heiner Müller）

满足需求和享受都在两个端点进行着：从产生需求到购买用来消费的产品，比如说在喝葡萄酒的时候会涉及欲望、葡萄品种的好坏、灌装、存储和年份等。为了让回避真实不至于影响到健康的人类理解，需要建立一个桥梁，对此波尔茨回溯到计算机模拟模式。他猜想计算机模拟模式，以"能指的死亡为前提；它的模式不再是映像，而是电路系统。它在内心最深处动摇了真实的概念"。[46]由于作为计划工具使用的计算机模拟抽走了"实现原则"[47]，所以进一步思考这个想法是无意义的。但是，与波尔茨所宣称的完全相反，技术应该也可以严肃地发挥作用。若正确运用并且基于其巨大的运算潜能，计算机模拟能够在过程中动态地坚持实现原则，并且完成试验性的复杂计算，如同到目前为止在实验室里的尝试中所可能做到的那样。计算机模拟使得对由结构细节、环境条件和行为选择所组成的几乎无法划定界限的、多种多样的组合可以进行演练。在飞行模拟中，模型在作用关系的含义下模仿了"真实"。计算机模拟是以反映了起决定作用的现实关系为基础的。计算机模拟不是"能指的死亡"，而是由通过数字化的能指进行模拟作为替代。正如必要时，为了模拟在观众和歌剧评论家面前演出，剧团会通过计算机设计出一个尽可能符合真实情况的模型来进行模拟排练。与真正的歌剧排练不同，计算机模拟是通过符号和链接代替了实际的行为主体和他们之间的互动。这的确就是能指关系的含义，被指代者自己不必出现，出现的是起代表作用的再现符号。这就像结构工程师借助可用的运算机器可以完成抽象的计算，在确定的负载情况下，可以设计出一座桥梁的建筑模型。

　　计算机模拟不是对真实的破坏或使之变形，而是一种特定的公开谈论现实的形式。它看似矛盾但实际可能是正确地在它的媒介里重复了对来自使用价值的使用价值承诺的接替，从而抽离了对这个替代者的批判性分析的基础。这样的讨论在竞争中是过于武断的，计算机模拟考虑到了这一点。因为一旦它们被广泛地应用于当下的各种场合，就会被赋予温尼克（Wernicke）所描述的促销角色，而这正是具有竞争力的特征。销售促进或者我们所用的涵义更为广泛的概念——商品美学不只是人们所谈论的对象，而同时也会影响谈论本身的形式。商品美学的每个语句都必须具有销售促进的特征，并且在嘈杂的背景中，能盖过竞争对手的类似的声音。每个当前想脱颖而出的声音都通过提高音量而得以实现。从表现上来看，现在各种主张都开始发出响亮而刺耳的声音。接下来就是普遍的在供给过剩中竞争。而且如同在电子游戏机屏幕上被击毁的人物不会死去，被消灭的只是虚拟存在一样，随着真实世界不断与电子游戏中的世界混淆在一起，商品美学的修辞活动所产生的效果，连同真实世界残存的地平线，看上去似乎都要消失了。"'一切都是可能的'的幻象"，与它相反的"没有任何东西是真实的"，"两者使得未来的可能性都存在于任意有吸引力的不确定中，并且有利于"，如同君特·迈耶（Günter Mayer）所指出的，"极端自私主义和宿命论的不同的类型，一种漠不关心——所有的过于个性化的社会的和政治的策略都被高度怀疑"。[48] 没有比杰伦·拉尼尔（Jaron Lanier）更关注细节的了，他提出了"虚拟现实"（2000）这个说法，他将信息理论对世界的解释绝对化理解为"控制论的极权主义"，涉及"知识分子误解的"、庸俗化的宗教信仰。每个有关风格的讨论都在这种极权主义的航迹之中。这些讨论追求市场影响和各种各样的红利，这些讨论许诺会实现这些。

336

## 5. "人民的鸦片：每天 19 点"

知识分子屈服于当下事实的力量，在我们的例子中这表现为他们屈服于商品美学的力量，而造成这种现象的一个源头是，他们令人失望地相信了对有关实践-社会批判方向的假设。年轻时代的马克思相信，宗教批判是"所有批判的前提"，并且对于德国来说，宗教批判"已经从根本上结束了"。这个假说的基础是，没有天堂的合法性，俗世的关系将不断变化。"一个人，"马克思认为，"在天堂幻想的现实中……只能发现了他自己的**反**

射，而不再有办法，发现……他自己的**表象**，那是他寻找、以及必须寻找真正现实的地方。"[49] 现实在这里以影响为目标，以活动和行为能力为目标，因此对于马克思所提出的我们的"真正现实"世界，可以理解为我们凭借我们所有的行为能力，在协调自然环境和我们需求的基础上，去构造我们社会的存在形式。但是，在跨国高科技资本主义的过度商业化的文化中，却是另一番景象，人们好像被判处只能去找到他们自己的**表象**[50]，并且好像要维护这种状态，而不再维护宗教。

现在为了将表象和存在的批判性的对抗基础抽走，就必须让现实和真实消失，而没有考虑，发展理论为了自身的意义，也提出了对现实和真实的要求。于是，商品美学的似是而非就被钉到了关于它的讨论中去了。商品美学必须被当作是现实的和真实的，只是在最后的迫不得已中才割断与现实和真实的关系。正是因为商品美学没有实体，而只是"受欢迎的"，也如同它一直所具有的特定目标，它使得所有的"受欢迎的"都成为商品美学的表象及实质。商品美学是寄生在一切实体中的力量。宗教和艺术一样，商品美学通过利用这两个领域的观念和印象，而将它们掏空为没有实质的空壳。即便连革命也没有逃脱这种寄生虫般的力量。没有比以下做法更值得批判的了：RTL2 台在广告牌上以庸俗化了的马克思主义语式为它的电视节目《老大哥》(*Big Brother*) 做广告，"人民的鸦片：每天 19 点"。市场智囊复制了这个流程，他们在捉襟见肘的想法中没法想到更好的，而只能永远跟随在商品美学后面回收利用。"消费者丢掉了他们不健全的良知，"波尔茨平静地谈到了与消费主义错综复杂地拴在一起的个人主义，"他们将会成功地把购买行为变成祈祷式风格。"[51]

### 6. 艺术和"全然表象的美学"

艺术看上去被请求从这样的消费宗教中逃走。"在表象和实际之间，或虚构和结构之间存在着模糊的界限和无法区分的过渡带，现实从那里产生，于是，我们需要找到这个过程的踪迹，并且让这个过程发展起来，"按照沃尔夫冈·威尔士的观点，"一个灵活而有弹性的类似想法是，只有美学思想是有导航能力的……美学思想的兴旺不是某种风格的影响，而是现实的变化。"[52] 当然，对于艺术来说，没有什么像美学的边界消失而成为普遍的组成部分那样是致命的。艺术在自身之外找不到标准，因而最后陷入什么都不是的状态。当"为了艺术而艺术"以及艺术以自我服务为任务走向极端时，会趋向艺术与美学的合一。现实中的力量助长了这个趋势，世界的变化好像丢尽了颜面。"在今天，"贝恩德·古根贝格尔（Bernd Guggenberger）注意到了在柏林墙刚刚倒塌之后，"艺术被寻求作为对政治模式的肯定，或者艺术成为日常生活的革命工具，没有人再愿意去倾听。艺术愤怒地从平庸乏味和习惯的压抑中抽回身来，并且成为人造的。"[53] 当然，"人造的"在这里如同一个掩护词语。在没有东西愿意是外观美学的地方，大多就是外观美学胜利的地方，外观美学是抽象的财富。它们的示范性表象世界反映了"闪闪发亮的波普艺术（pop-art）①、欧普艺术

---

① 波普艺术，是一个探讨通俗文化与艺术之间关连的艺术运动。波普艺术试图推翻抽象表现主义艺术并转向符号、商标等具象的大众文化主题。波普艺术同时也是一些讽刺市侩贪婪本性的延伸。简单来说，波普艺术是当今较底层艺术市场的前身。

（Op-art）① 的表面，反映了商品美学，但是不是作为批判性或者滑稽讽刺的模仿，而是作为一种'无表现力的滑稽模仿'"。[54]弗雷德里克·詹姆逊（Frederic Jameson）将安迪·沃霍尔的商品图片看作是"肤浅的"，这些图片"无法为观察者找到哪怕是最小的落脚点"，而只是"某些不可解释的自然物体完全偶然的相遇"。[55]沃霍尔是从作为商业插画师和鞋子商店的橱窗设计师起家的。他晚一些的作品"围绕着商品化展开"（kreist um das Zur-Ware-Werden），"而且用可口可乐瓶子或者金宝汤（Campbell）罐头组成的大幅组图，这些都明确地构造了商品崇拜的前台正向晚期资本主义过渡，它**必须**有力而且政治化地表达。如果不是这样，人们想知道为什么"，以及如何从根本上使"政治的或批评的艺术有可能出现在晚期资本主义的后现代阶段中"。[56]第一个问题唤来了意料之中的第二个问题：如何去理解，如此多的批判意图或者有批判倾向的陈述都是肯定性的？如何做到将沙子想象为机器中的润滑油？如何将因尖锐批判而出名的理论家，如让·鲍德里亚，变成"所有广告人和艺术品交易商都喜欢的哲学家"？[57]是因为这些没有对政治经济进行批判、没有历史的文化批评家自身已经屈服于表面的迷人魅力了吗？批判性的解释已经跌落到具有启发性的玩世不恭当中了吗？从这样的玩世不恭当中，产生了可以将"我们的时代描绘为当代的反宗教改革时代"，在这样的时代中，再一次在"漂亮表象占主导"的保护伞下，将历史的车轮按资本主义方式继续

<small>339</small>

---

① 欧普艺术，又称为"光效应艺术"和"视幻艺术"，产生于20世纪60年代的法国，是精心计算的"视觉的艺术"，使用明亮的色彩，造成刺眼的颤动效果，达到视觉上的亢奋，利用人类视觉上的错视所绘制而成的绘画艺术。欧普艺术是继波普艺术之后，在西欧科学技术革命的推动下出现的一种新的风格流派。

往回拽，社会倒退了。进而言之："因而……今天资本主义成为没有对手的反宗教改革。社会主义，作为 31 年战争的结果，先在 1945 年受到了限制；经过这个过程后，因为媒体不可抗拒的感官享受主义——它的图像战略从现在开始占领了全球，它的对手在文化上攻占了它。"[58] 那么在这样的情况下，艺术家做了些什么，或者他们能够做什么？对于"艺术家们"，威斯说，他们"昏昏欲睡地处在相互交织的媒体风景中，并且在夜里，他们的内心喃喃自语"。[59] 美国的艺术界与这里相反，人们走了出来，来到操场，也就是走到一些适合打棒球的地方。毕加索（Picasso）本应具有 17 种风格，但是现在需要简单的风格："一个保持不变的、引人注目的产品商标作为再识别性，这在艺术继续向前发展的系统中是关乎生存的。"[60] 威斯是如何描绘他们的品牌战略的呢？这类艺术家是"自我的市场营销大师"。[61] 这些艺术家仿佛是脑袋里有一把锐利剪刀的"天生的广告专业人士"，而且他们所生产的艺术"带有牢牢地吸附于其上的市场营销温度计"。[62] 没有在经营中横冲直撞的人就像"有着伤感形象的骑士"，一个做出了决定性牺牲的角色，如同威斯对安迪·沃霍尔的赞扬一样。[63]

詹姆逊将沃霍尔的《钻石灰尘鞋》（*Diamond Dust Shoes*）与文森特·梵高（Vincent van Gogh）的《农鞋》（*Ein Paar Schuhe*）进行对比观察，"在浅薄和没有深度当中出现了新的风格"，"表面化的新风格是按照最字面的意思理解的"，并且是"奇怪的、补偿性的、装饰性的愉快"。[64] 作为对詹姆逊的回应，威斯关于这个问题也写了文章，他将这称为"平淡的讨论"，当然他对此的描述有两层含义，因此并不清楚，他究竟是批判，还是在争取这种平淡。"平淡的讨论将技术所制造的图画同样理解为手工作品，如同不形象的艺术一样形象。这种讨论的全球化是与扩张到全球的流行文化一起形成的，艺术舞台和我们所有的生活方式一样都全球同步了。"[65] 在这里要补充上杰夫·昆斯在凡尔赛宫（Versailles）所举行的展览。他的作品是虚荣的商品美学的表面，是用完美的、一再吸引目光的塑料做的包装。如同詹姆逊在观察沃霍尔的《钻石灰尘鞋》时试图表达的感觉，这个作品"根本不再与我们交谈"[66]，这些来自昆斯的塑料作品完全保持"沉默，在它们面前出现了一个疑惑，它们从未说过什么。它们所保守的秘密，就是它们在物质的浪费和内在的空虚之间的矛盾"[67]。这是艺术在商品世界面前的投降。"在这个讨论中没有谈到的，"威斯知道，"也从艺术的表现中消失了。"[68] 依据鲍里斯·格罗伊斯（Boris Groys）的观点，可以在这里提出反驳，即所讨论的这种风格在资本主义社会中"自身发挥了商品的作用"，也就是说，"原本就是哑口无言的"。[69] 决定权落在了货币之上。当昆斯的人工制品被当作"后波普"艺术来谈论时，会在市场上获得"天文数量的金钱"[70]，这样的价格将这些作品弹射到了艺术系统里。展览本身就发挥着"巨大的市场开拓良机"的作用，一位亿万富翁作为对此感兴趣的赞助商支付了展览的一半费用，而这其中有 1/3 是属于被展出的物品的。这位亿万富翁的"慷慨不是无私的，而是他预测到通过展览能够完全公开地提高他的声誉以及他的藏品的市场价值"。[71]

"全然表象的美学，"对于马丁·泽尔（Martin Seel）而言意味着，"是对存在的美学的错误答复。"[72] 那些错误的答复追随着神化这些错误的脚步，并且长时间地决定着智力气候。最终，人们"因为他们的消费生活而高兴"；最终，人们可以不对"享受消费上瘾"感到良心上的亏欠；而且最终，"艺术是娱

342　乐……哲学也许还没有注意到，艺术已经从智慧的强迫中解脱出来了"。[73] 在没有触碰现实当中，真实被扔掉了。

接着这些讨论之后，在艺术包含了商品的特性并且化为商品之后，广告和消费也就被添加了艺术特性："新的非物质的消费以……质量为导向，它是无法用手去把握的，而是一种精神状态。……人们喝百事可乐或喝可口可乐，并不是味觉神经的问题，而是由世界观来决定的，而世界观是由录像带所设计的。"[74] 大众汽车在为帕萨特（Passat）推出的广告标语中说它是"为人们精心设计的精神充电器"，将它表现为"完全是具有精神美的产品"，并且展现了："**后现代的广告承担了宗教的功能。它打开了消费者的心灵**。"[75]

"购买是美国人的事，但思考不是。"福特主义商品美学的肖像画家安迪·沃霍尔用这句没有被记录在册的格言描绘了美国的消费主义，正切重点。那之后的一代人从嘲讽的批判突然变成了嘲讽的赞同。"后现代的市场营销需要包装精神的艺术家……真实和商品是一样的。我们从后现代学习到，艺术是一门生意。现在我们必须从后物质社会学习，生意是一种艺术。"[76] 巨大的危机突然降落到这门生意上，画家安塞姆·基弗（Anselm Kiefer）① 是一名"艺术企业的**全球玩家**"[77]，他曾获得德国图书贸易协会的和平奖（Friedenspreis des Deutschen Buchhandels），对于这个危机，他认为其中的原因是打破了"战后不亲切的非物质作品的摆布"；而按照维纳·斯皮斯（Werner

343　Spies）的说法，当代没有其他的艺术家能够"以这种显而易见

---

① 安塞姆·基弗（1945— ），德国"新表现主义"画家、造型艺术家，他的作品常以圣经、北欧神话、瓦格纳的音乐和对纳粹的讽刺为主题。

的和冒险的方式专心致志于历史了"。[78]

## 7. 批判重新归来

"那个欢快-机会主义的宿命论标志着今天的文化",10 年前比特·威斯,还有马克·西蒙斯这样颂扬道。[79] 当然这样的宿命论已经带着一只笑着的、一只哭着的眼睛告别了。因为在这期间瑙弥·克莱恩反对"品牌"的战斗口号——"**不要标志!**"(*No Logo!*),引起了轰动。她赞同"强有力反对的浪潮,迎头针对跨国大型集团公司,而且尤其反对那些完全通过某个品牌进行身份认同的公司"。[80] 她并不知道我们将"品牌"分析为"美学的使用价值垄断"。她关注设在印度尼西亚的工厂"糟糕的劳动环境",那里"为跨国大型集团公司,如耐克、盖普(Gap)和丽姿·克莱本(Liz Claiborne)等公司"生产产品。[81] 作为品牌网络——它将时尚美学的地球村集合在一起——的"相反的一面",克莱恩将"时尚工业的贫民窟"带到公众的意识中。[82] 与此同时,时尚品牌"美国服饰"(American Apparel)似乎又通过否定之否定为自己挖下陷阱,它将自己的身份一方面与其产品的民族起源联系在一起,另一方面又建立在越来越淫秽的广告照片的基础上。

克莱恩呼吁的"公共空间至少能有短时间从广告、汽车和警察的监禁中解放出来"[83],这一呼吁得到了回应,如同西蒙斯所记录的,这个回声归功于全球化批评者在全世界范围发起的运动。1999 年在西雅图的第一次运动,不仅冲破了警察的布阵,还冲破了阻挡在大众媒体入口的障碍物。西蒙斯将这次运动视作反对资本主义运动中新的"非讽刺性"风气的确立。瑙弥·克莱恩或弗雷德里克·贝格伯德（Frédéric Beigbeder）[①] 没有打算对这次运动有更深的认识，"品牌世界后面的世界并不比品牌世界本身更真实，"而且总之，"这个'秘密诱骗'上演的重点，长久以来都变成了再一次沦为供给市场营销世界的文化品……到目前为止，人们看透了所有在他们的拜物教结构和异化结构中的一切，但是仍然参与其中：这是因为一方面反正也无法摆脱；另一方面，是思想和市场营销想法的混合体预示着生活将变得更加愉快和更加轻飘飘。"西蒙斯发现，这个时期的精神状态再一次开始发生变化，并且开始不再拒绝对说服力量的批判。"新的现象，"他评述道，"撤销了那些默许的眨眼会意，这样的眨眼会意是在广告和市场营销的环境中被驯化出来的。"[84] 事实上，伴随着战斗呼吁**"世界不是商品"**，出现了对凭借商品美学招揽顾客的幻象而包装起来的世界的反对。

因而新的批判自由地出现在这个世界上，尽管它还很无力。它在新自由主义的文化霸权上凿洞，尽管还不能代替它。沃尔夫冈·乌尔里希（Wolfgang Ullrich）进一步赞扬了对商品的"虚构价值"与它的"使用价值"之间的区分；他想将学习"解码能力"建设成中小学校的一门课程，通过这类课程，中小学生能够从附着在商品的包装和外表上的"故事"中理解商品。乌尔里希用波尔茨的话描写购买者，他们对商品提出这样的要求："改变我！"他将这样的结果称为"通过消费形成个体的特性"。在消费中，生产者和造型设计者是集合在一起的，消费将他们神化为当代的牧师和占卜人，并且在他们那里，可以

345

---

① 弗雷德里克·贝格伯德（1965— ），法国当代作家、文学批评家，曾经是广告人。主要作品有《99 法郎》《一本法国小说》等。

改写马克思在《关于费尔巴哈的论纲》第 11 条（11. Feuerbach-These）中的话："哲学家只是用不同的方式解释世界，而设计师改变了世界。"[85] 丹·艾瑞里（Dan Ariely）[①] 是行为经济学（Behavioral Economics）领域的代表人物，对经济人模型（Homo-oeconomicus-Modell）的理性主义提出了质疑，并且从某种意义上来说，他彻底研究了商品美学的虚构主义空间，他为如何"挑选最好的虚构价值"（乌尔里希）列举了例子。[86] 与哈诺·贝克（Hanno Beck）在《法兰克福汇报》的报道中所赞同的观点一样，艾瑞里"展示了理性人的思想是多么容易被去除掉"[87]。贝克批评了，艾瑞里没有在可能的演化意义上（在更早的历史时期）探寻非理性主义。艾瑞里将他的主张和维生素 C 药片一起分发，这成为新的特别有效的止痛剂。"他建议把病痛也分成不同的价格……由此而带来的结果就是：维生素 C 止痛片越是昂贵，它就越能强烈地减轻受试者所表达出来的痛苦。换而言之，某个东西越是昂贵，就能越好地实现我们的期望，并且在我们的感觉中它也显得越好。"

当然，这些"不再有批判"的时代，从 21 世纪的开端开始再一次走向它的终点——当然不是它的"永远有效的终点"，这样的终点在人类历史的继续发展中是始终不会出现的。危机和战争在辩证中重新开始它们的补习课程。批判的声音在此之前也没有缺席，只是现在它得到了更多的倾听和回响。通常，这两者只是零星地散布在从来没有被中断的、对占主导地位关系双重美化的主流中。因此，位于法兰克福的锡恩美术馆（Schirn

346

---

① 丹·艾瑞里（1968—　），经济学家、美国麻省理工大学的经济学教授。主要著作有《怪诞行为学》等。

Kunsthalle）在 2002 年所举办的《购物》（SHOPPING）展览中，就致力于消费文化和现代以及当代艺术之间的关系。因特网上的演示以这样的话语结束："因此购物看上去最终上升为消费社会重要的社会力量和形成自我身份的力量。"美国艺术家芭芭拉·克鲁格（Barbara Kruger）用另一种语言表达了这样的意思，她此前用图片合成作品《我购物故我在》（*I shop therefore I am*）作为对这个话题的支持。而现在，她创造了里程碑式的有思想深度的图画：在法兰克福的商业中心蔡尔街（Zeil）上，在游廊购物中心（Galeria）正面墙上 2200 平方米的平面上，有一双巨大的眼睛正注视着来往的人群，那上面有一句话：**"这就是你，这是新的，这什么都不是。这什么都是。你想要它，你购买它，你忘记它。"** 在这里，艺术承担了批判哲学的角色。通过**"这什么都不是"**，克鲁格再一次引入了被抛弃的现实和真实。

尤迪特·威尔斯克（Judith Wilske）不是研究如何拒绝错误的顺从，而是探索在夸张的顺从面具中的相似之处。顺从商品美学，同时拒绝现实，在一本儿童故事书中可以找到对它们的讽刺挪揄。[88] 广告过分渲染了购买行为：通过购物，人们在生活中才有更多的乐趣；但必须是购买品牌商品。一直保持沉默的规则现在被大声说了出来，并且可以在特别针对儿童的广告和商品包装中发现："不收自己手工制作的礼物。"以及"注意：有更多的钱会更好。"父母在威胁下被迫付款，另一种情况就是去偷盗。被遮掩的不道德战胜了被掩藏为不道德的道德：这种带有"似非而是的干涉"内容的图书，和将颂扬武力的以及淫秽的图书一起指向了这样的观点：孩子将"迷惘于社会伦理"。[89]

尝试思考新出现表象的真实实质性，需要这样的前提：要随同艺术，再次赢得理论的现实性和真实性。这样的思想不会

347

飘浮在空气中。在人们为了使世界团结一致而进行社会活动的地方，就是这样的思想存在的地方。在总能找到听众，并且开始吸引大批人群的地方，这些倾听和吸引力会尝试着使商品美学变得有用。长久以来作为反抗文化的年轻人亚文化所繁荣发展的，就是被资本所摘出来的这种文化的表达形式，并且将它们商业化，因此这种文化不能坚持"反抗和革命的规范"[90]，只能在悲剧的追随中，让商品美学成为"激进时髦浪潮"的闹剧。"迪赛（Diesel）品牌用年轻人中时髦的假革命群体的照片提出'反抗、支持和行动''为你的权利而战''参加革命''使你的生活变得激进'。"切·格瓦拉（Che Guevara）[①]的身份形象变成了"超级品牌"就是最直接的例证。切的图片"被用来作为对真正的价值、自由和冒险的模糊而狂热的完美投影。几乎没有什么产品不能用格瓦拉的肖像来打开市场：切-内裤、切-女式衬衫、切-书包、切-棒球帽、切-香烟、用来擦鼻子的切-纸巾。模特吉赛尔·邦辰（Gisele Bündchen）穿着切-比基尼拍照，而在 1995 年出现的切-斯沃琪手表（Swatch）是当时贵重的收藏品"。类似地，"几年前，赤军旅（RAF）[②]开始在时尚工业中出

348

---

① 切·格瓦拉（1928—1967），本名埃内斯托·格瓦拉（Ernesto Guevara），是阿根廷的马克思主义革命家、医师、作家、游击队队长、军事理论家、国际政治家及古巴革命的核心人物。自切·格瓦拉死后，他的肖像已成为反主流文化的普遍象征、全球流行文化的标志，同时也是第三世界共产主义革命运动中的英雄和世界左翼运动的象征。
② 赤军旅（Rote Armee Fraktion，简称 RAF），是德国的一个左翼恐怖主义组织，主要由安德列亚斯·巴德（Andreas Baader）、古德伦·安司林（Gudrun Ensslin）、霍尔斯特·马乐（Horst Mahler）、乌莉克·麦因霍夫（Ulrike Meinhof）等人建立；他们认为自己是一群共产主义者，并且以南美洲的反帝国主义游击队为榜样。他们主要活动时期为 1970 年至 1998 年间，犯下 34 次谋杀案，造成了 34 人死亡和无数人受伤。1977 年，由于其猖獗的活动，导致了联邦德国发生大规模的社会危机，史称"德意志之秋"。该组织与其他许多左翼恐怖主义组织均有着千丝万缕的联系。1998 年 4 月 22 日，该组织宣布解散。

现：安德列亚斯·巴德（Andreas Baader）风格的立绒裤子和褶皱衬衫突然应和着电影《巴德》（*Baader*）流行起来。这部电影带来并且增强了所谓的恐怖活动–时髦的风潮……配合对激进派的大肆宣传，玛格达和科内科特艾尔特豪斯时装公司（Maegde & Knechte Elterhaus）在老百姓中推出了'普拉达–麦因霍夫'（Prada Meinhof）T恤衫"。德国之翼航空公司（Germen Wings）在它的公司广告中，以《国际歌》为背景音乐，配上"十月革命"画面，并最终打出"以阶级斗争的代价换取经理人才能享有的舒适"这样的口号。这则广告完全是以商品美学的实际表现嘲笑了所有讽刺作品。当它随即遇到它的无意义反射时，任何反抗都显得没有目的。直到有一次，危机动摇了原来的布景，这"对于市场的原教旨主义来说，相当于柏林墙倒塌对于共产党的影响"。[91] 市场原教旨主义是新自由主义的核心。它的"陈述"在几十年来都决定着公众的意识。"人们对于这些叙述是对还是错没有兴趣。……金钱来了，于是没有联盟、没有党派的童话……在夜晚通过数字化的形式从办公室里制造出来了，并且之后……。超级富豪如同星尘一样纷纷落下，飞黄腾达的是穷人，他们不再整天坐在家中或很晚才懒洋洋地起床，他们可以经营电话中心或者美甲院，并且从一大早当他们从马路边端来一杯咖啡的时候，就已经握紧了拳头。最后这一章是以'德国2010议程'（Agenda 2010）① 为标题的。……那么接下来是什么呢？……英雄沉默了。"[92] 不过，开始说批判的语言这个现象已经开始了。

---

① 德国2010议程是施罗德政府在2003年初提出的改革议程，是德国接下来10年社会、经济改革发展的纲领。

如果有人在这里受到了伤害，那么不用为这样的嘲讽上心。那些一定是爱开玩笑的人，斯图加特梅尔茨设计高等专业学校（Merz-Akademie für Gestaltung）的讲师托马斯·威克勒（Thomas Winkler）和他的十二名学生将广告赞颂为对抗大型危机的灵丹妙药：商品美学不是带来了钱吗？那么为什么钱不应该带来商品美学？作为购物媒介的纸币——它们会自动地传播，并且从来不会被丢弃——难道不能理想地实现广告用途吗？在市面上流通的120亿纸币中，如果每个广告面积每月的价格是1.2欧元的话，那么在两年内就一共会有7000亿欧元的收入。可以用它来对抗由金融危机所引发的经济危机。[93] 然而，从自己的羽毛中拔出7000亿欧元作广告之后，又如何能将本身已经陷入困境的经济从沼泽中拉出来呢？[94]

349

350

# 注 释

## 前 言

1. Jürgen Schmidt,»Am Ende aufs Glatteis«, in: *Frankfurter Rundschau*, 31. Mai 1972.

2. Wolfgang Fritz Haug, *Gotbatschow. Versuch über den Zusammenhang seiner Gedanken*, Hamburg 1989, 以及作为对于第一部作品错误观点的弥补的，*Versuch, beim Verlieren des Bodens unter den Füßen neuen Grund zu bekommen. Das Perestrojka-Journal*, Hamburg 1990。

## 第一卷　福特主义标准化大生产下的商品美学

### 导言

1. »Zur Ästhetik von Manipulation«, in: *Das Argument*, 25, 5. Jg., 1963, S. 25; 再次发表于：Wolfgang Fritz Haug, *Warenästhetik, Sexualität und Herrschaft*, Frankfurt am Main 1972, S. 31-45。

2. Karl Marx, *Das Kapital I, Marx-Engels-Werke*(MEW), Bd. 23, S. 393, Anm. 89.

3. Friedrich Engels, »*Vorwort zur englischen Ausgabe des Kapitals*«, MEW 23, S. 37 f.

4. 广播演讲»Zur Kritik der Warenästhetik«, 发表于：*Kursbuch* 20, 6. Jg., 1970, S. 140-158; 再次发表于：*Warenästhetik, Sexualität und Herrschaft*, Frankfurt am Main 1972, S. 11-30。专题论文»Funktionen des Ästhetischen

zur Scheinlösung von Grundwidersprächen der kapitalistischen Gesellschaft«,
提交给新图像艺术协会（Neuen Gesellschaft für bildende Kunst），西柏林，
发表于：展览手册»Funktionen bildender Kunst in unserer Gesellschaft«，
以及 *Das Argument* 64, 13. Jg., 1971, S. 190-213。这两篇发表的文章都
在之前的作品上进行了修改。

5. Norbert Elias, *Über den Prozeß der Zivilisation und psychogenetische Untersuchungen*, 2. Aufl., Bern/München 1969.

## 第一部分

1. Karl Marx, *Das Kapital I*, MEW 23, S. 127.

2. 资本家所操心的不外乎就是其产品未来的销售额和今后的利润；他
们利用贷款，将产品在亲切友好的广告中展现出来。"今天打出广
告，明天就可以收获营业额和利润，而到了后天才需要缴付广告费"，
这是工商业广告金融及租赁服务有限公司（Firma Leasing Werbung
Werbefinanzierung für Handel und Industrie GmbH）的宣传口号，这家
公司在联邦德国（BRD）为工商企业提供用于做广告的贷款。该公司
的创始人兼老板希特曼（H. Hietmann）描述了公司的这项主营业务：
"'广告贷款'采用了一种非常有吸引力的分期付款方式，即企业在盈
利后，通过转让部分利润来偿还之前的广告费贷款。通过计算，我们
可以看到，对于那些很有必要做广告，而又没有能力付广告费的公司
来说，它们并不需要为这项业务支付可观的费用。"贷款的年利率为
9.6%，顾客以中型企业为主。当这类客户觉得需要做广告，但又无法
支付广告费用时，就会找到这家特别和蔼可亲的广告金融公司，并保
证从公司受益中拿出相当大的比例交给提供贷款的一方，这就像在童
话故事《名字古怪的小矮人》（*Rumpelstilzchen*）中，磨坊主的女儿要
将自己的第一个孩子送给曾经帮她把稻草纺成金线的小矮人一样。如
果借债的公司没有实现或者少于预期的利润，那么这家中型企业就被
套上了债务的枷锁，并且会被勒断脖子。

3. 上述涉及马克思在年轻时代的表述，部分为直接引用，部分进行了改
写，原文出自 » [Bedürfnis, Produktion und Arbeitsteilung] « *der Pariser Manuskripte*; vgl. MEW 40, S. 547 f。

4. 当商品开始按类别分别销售的时候，商品广告也随之出现了，它们出
现在"常规的商贸交易过程"之外，并且"意想不到地在市场中登场"
（Werner Sombart, *Der moderne Kapitalismus,* Bd. II. l., München/ Leipzig

1924, S. 410），这些类别的商品通常比较特殊，而且很新颖。桑巴特列举了六类商品，他认为这些商品在工业资本主义发展起来之前，"就通过广告在买主和卖主之间传递信息了"，这些商品品类为：1. 图书（从15世纪开始）；2. 被称之为药品的商品；3. 新颖的食品或奢侈品（茶叶、巧克力等）；4. 新发明（望远镜、假发、洗发水等）；5. 新出现的外贸交易商品（杏仁、板栗、外国葡萄酒——在英国主要是来自法国和葡萄牙的葡萄酒）；6. 机会（减价讯息，比如因为卖主要离开或仓储空间紧张）。在列举了这样的分类之后，桑巴特最后总结道："一言蔽之，没有竞争性广告！……在那时的商业社会里，竞争还是个陌生的概念。"（Ebd.）

5. Karl Marx, *Das Kapital I*, MEW 23, S. 122 und 124.

6. MEW 40, S. 555.

7. Ebd., S. 546f.

8. Ebd., S. 556f.

9. Josef Kulischer, *Allgemeine Wirtschafsgeschichte des Mittelalters und der Neuzeit*, Bd. II, München 1965, S. 27. 其讲述的故事出自：Alfred Franklin, *Le café, le thé et le chocolat*, Paris 1893, S. 109 ff.。

10. Vgl. Kulischer ebd.; Franklin, a. a. O., S. 1 ff. und 76 ff.

11. Bernard Mandeville, *Die Bienenfabel*, Übersetzt von Otto Bobertag, Dorothea Bassenge, Friedrich Bassenge，Berlin/Ost 1957, S. 322 f.（后再版，并由 Walter Euchner 作序，Frankfurt am Main, 1968, S. 389）

12. Friedrich Engels, »Preußischer Schnaps im deutschen Reichstag«(1876), MEW 19, S. 40. 恩格斯借助"德意志议会中的普鲁士白酒"这个主题揭露了封建贵族极端反动的立场，他指出在广泛传播社会主义民主思想的战斗性宣传中——这样的宣传与有关社会主义国家的幻想紧密相连——看不到普鲁士封建专制主义的身影。"有一个产业，产生了极其严重的直接恶果，尽管它不是针对自己的国民，而是针对外国国民，这就是英国-印度让中国中毒很深的鸦片工业。"（Ebd., S. 42）

13. *Das Kapital II*, MEW 24, S. 146 f.

14. 商业中的风险可能也会导致新的业务出现。如果商品成为滞销品，就会失去附着其上的价值，而广告公司的服务就是用来抵御这类风险的。不过，广告业务也并非毫无风险，一个慕尼黑人在1971年成立的一家广告公司可以为上述论点提供证据。这家名为伊卡洛斯降落伞影像服务（Ikarus Fallschirmwerung GmbH & Co. Film und Foto KG）的公司，将自己打造为一个神奇仪式般的存在，从而让人们感觉到，它可以帮助委托于它的公司承担风险，因此降低了那些找它做广告的公司所面对的风险。这家广告公司将跳伞用的降落伞作为广告和公共关系的载体。"公司的发起人和经营者是四位德国跳伞者，他们凭借这个创意得到了大量的企业订单，从而成立了这家公司。"（*Blick durch die Wirtschaft*, 25. August 1971）

15. *Das Kapital II*, MEW 24, S. 132.

16. Walter Benjamin, *Charles Baudelaire. Ein Lyriker im Zeitalter des Hochkapitalismus*, Frankfurt am Main 1969, S. 58.

17. *Printer's Ink*, 1905, Zitiert bei David M. Potter, *People of Plenty*, Chicago 1954, S. 170 f. (Vgl. Paul A. Baran und Paul M. Sweezy, *Monopolkapital*, Frankfurt am Main 1967, S. 120)

18. 品牌商品的品牌特性一旦被构造了，意味着此后生产的每一件商品都体现了品牌特性所代表的使用价值，而那些没有使用这个品牌名称的商品，即便是由同一家集团公司所生产，也是针对别的销售渠道所制造的，它们属于"无名商品"。（Vgl. *Frankfurter Allgemeine Zeitung*, 23. September 1971, S. 14）

19. "自从联合水果公司 1967 年在联邦德国将香蕉变成一种品牌商品以来，该公司在这个国家卖出了大约 90 万吨的香蕉。"（*Frankfurter Allgemeine Zeitung*, 21. Juli 1971）1970 年联邦德国（西德）从国外进口了多达 51.2 万吨香蕉。在这些进口香蕉中，仅 1971 年第一季度就有 6.7 万吨是由联合水果公司进口的（前一年同期为 4.45 万吨）。联合水果公司的市场份额扩大了 50%。

20. 对"品牌"的构建根本不会对产品本身的品质产生任何作用，但将产品打造成为品牌商品却是广告设计者在培训中必须学习的非常重要的内容。过去，在一些制图、印刷和广告学院中，经常有将根本不存在的物品通过品牌构建和品牌传播打造成实实在在物件的毕业设计。对于这些作品的评判是以所关注的目标顾客对其的喜爱程度为依据的，当然在这些评判标准中也部分包含了形式美学方面的评价。

21. *Frankfurter Rundschau*, 23. Juni 1971；文章以一项调查研究项目为基础完成，这项调查研究受联邦德国反垄断管理局（Bundeskartellamt）的委托由调查机构展开。

22. *Der Spiegel*, 5. Januar 1971, S. 54 f.；其中也包括葡萄酒法案（Weingesetz）的其他相关信息。

23. *Der Spiegel*, 8. Juni 1964, S. 76.

24. Ebd.

25. *Frankfurter Allgemeine Zeitung*, 20. Juli 1971；这里还包括有关丹赫酒庄合作公司案件的其他信息。品牌联合会（Markenverband）是从品牌专属这个角度出发的，他们指出品牌是"有效使用标志"的前提条件，品牌的标识构成和其特有的组成部分都应该与所有私有财产一样受到同等的保护。克拉夫特（Kraft）教授也再次提起品牌专属这个角度，他的重点是强调其委托人的特有权利，并且将它明朗化。克拉夫特反驳了欧洲法院（Europäischer Gerichtshof）针对赛琳娜（Sirena）公司一案做出的判决，他指出："赛琳娜公司案的判决中让人联想到，最终……所有各种可能的商品和专利的交易都会被反对。在每一个被使用的标识背后都包含着企业的绩效，尽管它是以另一种形式体现出来的，但是这些根本没有被当作标识所有者的业绩，从而像保护技术专利那样被保护起来。"（*Blick durch die Wirtschaft*, 6. September 1971）

26. 德国通讯社（Deutsche Presse Agentur，DPA）1970年9月29日的报道如是说。

27. *Frankfurter Rundschau*, 10. Dezember 1970；1970年一家集团公司的营业额在33亿到34亿马克之间，但在这里面只有一部分来自洗衣粉业务。计算一个行业的广告支出在营业额中所占的比例经常会引起非同一般的误导。在洗涤日化这个行业中，集团公司的广告支出通常是在零售额基础上进行计算的。集团公司为旗下的品牌产品做广告，从而直接带来购买潜力，这一点看上去不错。但是，如果将广告支出与产品生产支出联系到一起，就会看到完全不同的图景。比如，庞氏公司（Chesebrough-Pond's），其营业额在全球化妆品生产领域排第三，从它1970年的资产负债表中我们可以看到："在总财务报表中，净营业额为2.61亿美元，生产支出为1.08亿美元，首次低于用在销售、广告和管理方面的费用，后者共为1.12亿美元。"（*Frankfurter Allgemeine Zeitung*, 14. August 1971）在这里所提到的1.08亿美元的"生产支出"其实也包括了为了促进销售而进行的装饰、美学方面的改进等支出，这些支出是以隐蔽的形式出现的，因此生产费用和广告费用之间的关系远比108比之于112要更加激烈。在洗涤日化行业，真正的生产支出要比表面上看上去的低得多。

28. *Der Tagesspiegel*, 6. November 1969, S. 20；在这则报道中引用了以下数据：食品和享乐品行业1968年的年营业额为630亿马克，排在它后面

的是化工业，营业额为 448 亿马克；然后是机械制造业，营业额为 445
亿马克。在食品和享乐品行业中，两家外国公司拥有最高的营业额：
联合利华（Unilever）大约为 20 亿马克，雀巢超过 10 亿马克，其后才
是德国的厄特克尔（Oetker）集团公司。

29. Willi Bongard, *Fetische des Konsums*, *Portraits Klassischer
   Markenartikel*, Hamburg 1964, S. 25.

30. Ebd.

31. Ebd., S. 26.

32. Ebd., S. 25.

33. Ebd., S. 187.

34. Ebd., S. 28, Anm.

35. 1970 年在联邦德国仅仅在大众媒体中的广告投放就超过了 37 亿马克。
   汉堡的广告统计公司施密特与坡尔曼公司（Schmidt & Pohlmann）发
   布的数据显示，1970 年的广告投放费用比上年增长了 8.8%。大约同样
   多的宣传费用被西德的零售商用于卖场内的广告传播，具体的数字是
   44 亿马克（*FR*, 26. 2. 1970）。而用在品牌商品和大型企业集团的外观
   形象设计方面，尤其是定期进行的美学方面改进上的花费到底是多少，
   就很难估算了。根据巴兰和斯威齐的计算，美国人 20 世纪 50 年代末
   期仅在"对汽车模型改造"上的花费就占了美国国民生产总值的 2.5%
   （*Monopolkapital*, a. a. O., S. 138）。毫无疑问的是，"我们看到的广告
   花费只是实际支出的冰山一角而已"（Carola Möller, *Gesellschaftliche
   Funktionen der Konsumwerbung*, Stuttgart 1970, S. 24）。按照弗里茨·克
   莱恩-布兰科尔（Fritz Klein-Blenker）的计算，1966 年在西德国民经
   济中，狭义的、明确标示意义上的、"而不是没有做出明确标识、隐藏
   在其他支出类别"的广告费用约为 136 亿马克，这相当于当年国民生
   产总值的 2.85%（Carola Möller, a. a. O.）。同样，这个客观存在并发
   挥影响的广告复合体在 1966 年的 136 亿马克的花费也只是总花费的冰
   山一角，默勒（Möller）将我们这里所用的商品美学这个概念改写为
   "商品展现"。他的这个概念涵盖了"展现商品的全过程，从最初的产
   品设计，到对广告营销环境的设计，直至后续的广告"（a. a. O., S. 13,
   Anm）。"商品展现"这种表达方式是从美国人的表达中借用而来的。
   与只是盲目地紧盯狭义的广告不同，"商品展现"这个广泛的概念体现
   了对展现功能的强调。"商品美学"这个概念也强调了漂亮的外观作为
   一种手段的功能；并且，除此之外，还考虑到了人们对于漂亮外观的

感知，并在研究中，将两者放在一起考虑。

36. Bongard, a. a. O., S. 25.

37. Helmut Schmidt, »Die Macht der Information«, in: *Die Zeit*, 25. Dezember 1970, S. 36.

38. Gerhard Voigt, »Goebbels als Markentechniker«, in: *Warenästhetik. Beiträge zur Diskussion, Weiterentwicklung und Vermittelung ihrer Kritik*, herausgegeben von Wolfgang Fritz Haug, Frankfurt am Main 1975, S. 247.

39. Georg Lukács, *Die Zerstörung der Vernunft*, Neuwied 1962, S. 633.

40. 参照社会民主党党派人士费德森（J. Feddersen）的反对意见，»Politik muß verkauft werden«, in: *Die Neue Gesellschaft*, V, 1958, S. 21-26。

41. Wilhelm Alff, *Der Begriff des Faschismus und andere Aufsätz zur Zeitgeschichte*, Frankfurt am Main 1971, S. 23 f., Anm. 17.

42. Gert Mattenklott, *Bilderdienst. Ästhetische Opposition bei Beardsley und George*, München 1970, S. 116.

43. H. L. Blies, »Die Ausstrahlung des Werbegeschenkes«, in: *Industriekurier*, 30. April 1970, Sonderausgabe »Mit Geschenken werben«.

44. 根据《法兰克福汇报》（*Frankfurter Allgemeine Zeitung*, 2. September 1971, S. 17）的文章《广告赠品作为交际手段》（Werbegeschenke als Kontaktmittel）。路德维希·戈塔无限责任公司（Ludwig Gotta OHG）是一家皮革制品制造公司，文中所引用的话出自这家公司的恩斯特·戈塔（Ernst Gotta）。用恩斯特·戈塔的话来说，在"戈塔派克"（Gottapac）这个品牌下包括一些"近几年里突然像明星一样升起"的产品。这些产品是"用合成原材料制成的所谓可以被再次使用的包装物，比如用来装酒水、咖啡、茶叶、甜品、烟草、化妆品和玩具的小箱子、小盒子和其他设计美观的包装材料。购买者在用完包装中的东西后，还可以将这些包装另作它途继续使用"。（*Frankfurter Allgemeine Zeitung*, 2. September 1971）那些顾客之所以慷慨付钱，是因为他们被所谓的额外赠予了一些东西的这个表象蛊惑了。

45. Ebd.《法兰克福汇报》指出，这家企业的产品"围着所谓的时髦优雅的精品打转。"——"他们送给商业伙伴的每件物品平均成本在25马克至30马克之间。在圣诞节期间当然会送得贵一些。"一家大型集团公司内部层级结构与资本量的大小排序是一样的，而这也体现在广告赠品的价格层级结构上。最后这种技巧也运用到大型企业集团内部。资本方通过"赠品"招揽额外的"公司忠诚"和劳动力的付出。

46. *Blick durch die Wirtschaft*, 1. September 1971；这家庆典公司 1970 年的营业额为 450 万马克。这家企业"通过'母与子'礼品服务和贺礼销售促进业务，从而不断增加所提供的服务种类。此外，在扩张的过程中，这家公司又开发了驾校贺礼服务，也就是所有通过驾驶考试获得驾驶执照的人都将从驾校老师那里得到礼品作为奖励"。另外，为了节省人工传递信息所带来的成本，并且也为了实现更好的传播效果，这家公司设计了新的方式：他们用胶水将这个商品的广告与试用装粘在一起。尤其是化妆品的试用装，便是通过这种方式分发的。这些能传遍全球、不占多少体积的传单展现了商品的多彩形象，通过在它上面贴上可以揭下来广告的商品小样，从而能够将那些收到传单和试用装的人们的需求牢牢地粘在这个小小的商品试用品上。（在这里请参照 *Blick durch die Wirtschaft*, 22. September 1971, S. 1: »Duftende Anzeigen«。）

47. Horst Zimmermann, »Bewusstseinstörung im Selbstbedingungsladen. Lockendes Angebot und persönliche Konflikte als häufigste Ursache für Ladendiebstähle«, *Der Tagesspiegel*, 25. Juli 1971. 这里和后面的资料来自卡尔施泰特商城在齐根召开的会议上提供的关于商店窃贼的会议记录。也可以参照伊丽莎白·特伦克（Elisabeth Trunk）隐晦地表达了肯定之意的文章《诱惑的殿堂：商店里的盗窃》( Tempe der Versuchung. Diebstähle im Kaufhäusern, in: *Frankfurter Rundschau*, 4. September 1971, S. 11）。与从民法的角度出发不同，特伦克采用了宽容的论调兴致勃勃地追踪了商店盗窃行为，后来，这位作者在得到文章中所涉及商店的允许后，自己扮演商店窃贼，从而找到商店里的监控系统效率低下的原因，并且引起了商店的重视。这篇文章认为不是商品的装潢，而是丰裕的商品和顾客动摇不定的意志——并不是"左派的意识形态"——导致了偷窃行为发生，在这个时候，人们暂时忘记了社会关系中的购买者与商品世界之间应有的关系。作者因此问道，小偷应该被看作"是常规意义上的罪犯，还是只能算是一个经不起诱惑——他在看到大量的（！）商品时产生了无法控制的强大驱动力——的人呢"？事实上，在那个时候，匮乏的感觉和那些充满承诺的外观表象所带来的丰富感之间形成了张力，而偷窃者则承受着这种张力所造成的紧张感。

48. 特伦克（E. Trunk，a. a. O.）的文章也指出了这种关联，她讨论了商品美学和商店失窃之间的关系："精美的商品外形如此强烈地引起了拿取的冲动，在这些商品前，顾客甚至难以挪步。'商品必须装扮得让顾客想去偷走它'，包装人士的这句话展示了，商品外观在引起被普遍预期的购买驱动力之外，还导致了第二步，也就是从购买驱动力发展到偷盗驱动力。这是在玩火。""这是在玩火"这句话在这里的用法堪称如何混淆视听教科书级的经典范例了，它使得作者的角度和立场发生了迅如闪电般的转移，作者不再讨论商品外观所产生的影响，而是顺从地应和了资本被乔装打扮了的需求，由此所产生的这种诱惑机制理所当然应该受到警察的保护，即便没有司法机构的制约，每个个体也应该有对自我的纪律约束；与此同时，这种说法也将公众的视线转移开来。"这是在玩火，商店里的盗窃行为与商业领域中可靠守信的代言人无关。由此，人们应该将把商店盗窃看作是犯罪，应该被送上法庭审问。"这与广告无关，广告的成功效果被宣告无罪。

49. "偷走我"（*Klau mich*）是描写第一公社（Kommune 1）的一本书的书名，描摹了这种矛盾心理。这样的矛盾心理是由各种各样商品美学手段所共同引起的矛盾号召带来的：商品美学既促使人们购买商品，同时又驱使人们去偷盗。"偷走我"这个标题只是从偷盗者的角度进行表达，而不再考虑与购买行为之间的相互关系，从而使得题目本身就发挥了广告的作用，并且我们可以从中发现，偷盗呼吁其实是更加强烈的购买号召。

50. Baran/Sweezy, *Monopolkapital*, S. 131.

51. 刺激消费的技术包括人为过时、系统变化、互补产品，以及通过对"设计造型"的改变。Vgl. Chup Friemert, »Design und Gesellschaft«, in: *Funktionen bildender Kunst in unserer Gesellschaft*, hg. v. Arbeitsgruppe Grundlagenforschung I der Neuen Gesellschaft für Bildende Kunst, Berlin/West 1970(2. Aufl. 1971).

52. 参照柏林市采伦多夫镇（Zehlendorf）民政局副局长吕贝克（Lübke）博士发来的读者来信，载：*Test*，Nr. 10, 1971，那里也提到到了三种包装的横截面测量。

53. Kulischer, *Allgemeine Wirtschaftsgeschichte*, Bd. II, S. 147. 库利舍引用了路易斯·拜恩所提出的规则，Louis Bein, *Die Industrie des sächsischen Vogtlandes*, Bd. II, Die Textilindustrie, Leipzig 1884, S. 536。

54. *Die Welt*, 26. Mai 1970.

55. *Der Spiegel*, 27. November 1967；以下相关信息也来自这个出处。

56. 制鞋业没有在一旁袖手旁观。这个行业也加强了周期性的美学革新和美学变化，包括在男鞋领域（请参照前面文章中所提到的"广告诗歌"的第四部分第五段），有关男士皮鞋的广告称："旧鞋子让人看上去穷酸！"紧接着这句口号的是具体的做法，这也是对前面口号所制造的恐吓效果的加强："男人们，扔掉那双可怜的旧鞋子吧。放上一双新鞋子在鞋柜里！每身套装都要搭配合适的新鞋子。新鞋子能给你带来享受。而旧鞋子却做不到。"（诸如此类的例子可参见 *stern*, Nr. 39, 1970, S. 164。）

57. 世界上最大的"包装食品"生产商卡夫食品公司（Kraftco Corporation）——其1970年的营业额为27.5亿美元——一直在进行革新。"1969年底，该公司57%的营业额是由约400种近十年里上市的商品所创造的"，相应的营业额是由这些商品的外观、名称、包装设计和每个单位的使用价值所对应的价格上涨所带来的。（Vgl. *Tagesspiegel*, 1. Oktober 1971, S. 25: »Wachstum durch Neuheiten«）

## 第二部分

1. Platon, *Politeia*, über setzt von Friedrich Schleiermacher, *Platons sämtliche Werke*, Bd. III, Reinbek 1958, S. 224.

2. »Putabo [...] cunctaque externa nihil aliud esse quam ludificationes somniorum, quibus insidias credulitati meae tetendit: considerabo meipsum tanquam manus non habentem, non oculos, non carnem, non sanguinem, non aliquem sensum«. René Descartes, *Meditationes De Prima Philosophia*, Amsterdam 1642, Meditatio Prima, S. 13 f.

3. A. a. O., S. 24: »nisi jam forte respexissem ex fenestra homines in platea transeun tes, quos etiam ipsos non minus usitate quam ceram dico me videre: quid autem video praeter pileos & vestes, sub quibus latere possent automata«.

4. 请参见笛卡尔第二沉思，a. a. O., S. 23。

5. 民法判决中认为，纯粹表现形象的可分解性和被分解出来的部分可以用于欺骗的目的，这样的判决是非常有说服力的；因此在民法判决中拒绝将通过伪造的复印件进行诈骗的活动判作是证件伪造。根据德国联邦法院第一刑事审判团的判词，复印件原则上不具备证明或证件的性质，因此伪造的复印件不能被当作证件伪造。这一判词的根据是，证件是"形象化的解释"，其具备法律效力，是对持有者的承认；而复印件只传达了"有一定可信度的写照"——类似于复写，只是翻版而已，复印与复写之间的差别在于，复印是图像化地复制已有的形象化的解释（Vgl. *Tagesspiegel*, 13. Oktober 1971: »Fotokopien gelten nicht als Urkunden«）。在使用物权法来反驳民法中的这个判决时，有人提出了对私有物品其形象化外观加以保护的要求，因为商品生产的另一方面是系统化地抽象了物品的外形。

6. 光鲜闪亮的外观和引人注目的外貌，这些通过包装所打造的外表都可以转化为经济收益，这一点类似于在广告市场上的情形，换言之，外观便是可售品。"适合任何物品，"这是弗赫海姆锡箔纸生产有限公司（Folienfabrik Forchheim GmbH）在 1964 年打出的广告，"通过锡箔包装来赢利：这就如同……使商品有了能够唤起购买的面孔。"这家公司生产的产品尤其是用于"夹心巧克力糖和点心的包装，还有香烟包装，在特价产品的大包装上也很出色……，商品将通过高品质的外观而变得非常具有购买诱惑性"。（这是刊登在 1964 年 5 月 6 日《明镜周刊》第 77 页上的广告；同一刊物在 1964 年 4 月 1 日也刊登了类似的广告。）

7. 邮购商店这类销售渠道就是通过传播商品五彩缤纷的外观而实现销售的，即通过邮购商品目录展示商品的外观。仅客万乐（Quelle）公司（欧洲最大的百货邮购集团）就有大约 1.3 亿马克是用在邮购商品目录的制作上（Vgl. *Tagesspiegel* vom 19. September 1971, S. 12: »Der Katalog enthält 40000 Artikel«）。这些费用主要是用在技术设备和人力资源上。"有 200 名分别负责插画、文字、照片、修图、商务管理的工作人员，他们用大约 7 个月的时间，忙于准备一期 700 多页的精美的商品目录。76 名平面模特为此在摩洛哥、楚格峰、法兰克福和苏格兰等地参加拍摄，然后要从大量照片中不多不少选出 10001 张。有 12 台大型印刷机在四到五个星期的时间里将 560 吨颜料印刷用在 8500 吨纸张上。"（*Frankfurter Allgemeine Zeitung*, 10. August 1971）通过卓越高超的技术手段生产出来的极其完美的商品目录起到了广告宣传的作用，而这些被再现的外形其实与商品实体本身无关。

8. *Die Erzählungen aus den tausendundein Nächten*, Übersetzt von Enno Littmann, Bd. IV, Wiesbaden 1953, S. 233-255.

9. 通过殷勤的服务来对顾客进行控制的原则通常会导致传统被排斥，甚至促使传统逐渐消失，因此总会出现这样的时刻：即便是受益匪浅的资本代理者也会满怀忧郁地感慨光阴的流逝，追忆旧时的美好时光。欧特克（Oetker）集团公司经过四年的外观开发工作后将新的啤酒品牌投放市场，一位讽刺性小品文作者在 1971 年 9 月 8 日的《法兰克福汇报》经济版上发表了自己的思索："我们再一次明白了自己生活在什么样的世界里。今天啤酒是在绘图版上设计出来的，并且它像洗衣粉或收音机那样也被'建构'了。随着时间的流逝，今天能干的啤酒坊主人不再遵循老父亲的传统酿造啤酒了。当我们在小酒馆向服务员点一杯啤酒的时候，呈现在我们面前的是具有流水线造型特征的啤酒品牌。我们非常伤感地举起酒杯。"文章结尾说："为过去啤酒坊时代的饮酒而干杯，那时啤酒就是啤酒，而不是其他什么东西。"在欧特克集团开发出"面向全国的啤酒品牌"——"皮尔森王子牌"（Prinz Pilsener）时，从实验室研发阶段开始就对产品进行了所谓的"营销组合"设计，从而让人们对"即将面世的啤酒"流畅的设计造型产生印象，并且，与此同时，该公司也已经开始对广告传播攻势进行规划。在这位为《法兰克福汇报》写小品文的作者弄清了自己生活在什么样的世界之后，营销组合再次引起了他的伤感，因此他也再一次从他作为新闻工作者的日常工作——如果我们可以这样评论《法兰克福汇报》的新闻业务的话——转向对被大资本牢牢控制的社会颇有条理的去神秘化，这也是时常唤起一波又一波伤感情绪的起因。

10. Vgl. Sigmund Freud, *Vorlesungen zur Einführung in die Psychoanalyse*, in: Ges. Werke, Bd. XI, S. 419；弗洛伊德在那里指出恐惧不安如同"普遍通用的硬币，可以作为一切情绪的兑换品"。

11. 这里是对博达（Burda）出版社一条出版政策的解释——博达是一家倾向于德国基督教民主联盟和基督教社会联盟（CDU/CSU）右翼势力的出版集团，在我的理论首次发表出来后，这则出版政策可以算作是证明它的一个例证。我的那篇论文概括起来是说，发挥商品美学作用的性欲望处于矛盾之中，而在通过资本提供者实现的资本主义控制当中，这样的矛盾会持续存在。博达出版社在 1970 年 6 月 26 日就对它刚刚上市一年的男性杂志《M》进行了调整，对外宣称的原因是为了适应市场的变化。由于画报市场的普遍性感化，因此该杂志的编辑为了保证杂志的生存而不得不调整路线，尽管这与出版社的风格不符。现在由赢利驱动力所激发出来的改变至少得谨慎对待两个方面：一方面是只有在市场形势非常困难的情况下，才可以不再坚持"出版社的风格"，但是仍然要保持传统；另一方面则如同一枚硬币的反面，在性占主导地位时，自由变得非常微弱，并且总是被当作与性对立的矛盾，因此可以预见，在某些时候获得自由要比获得收益更为重要的情况不再会出现了。

## 第三部分

1. Werner Sombart, *Der moderne Kapitalismus*, Bd. II. l., a. a. O., S. 464.

2. Bernard Mandeville, *Die Bienenfabel*, Berlin/Ost 1957, S. 313-317(in der Ausgabe Frankfurt am Main 1968: S. 380 ff.). 关于这段场景我受到了瑞图斯（H. O. Riethus）的提示。

3. Peter Jessen, »Der misstrauische Kunde. Wie man ihn erkennt und wie man mit ihm umgeht«, in：*Außendienst-Informationen, Schriftlicher und programmierter Trainingskurs für Verkäufer*, hg. v. Dipl.-Kaufmann Norbert Müller, München, o. J., Nr. 48.

4. Wolfgang Menge, *Der Verkaufte Käufer. Die Manipulation der Konsumgesellschaft*, Wien/München/Zürich, 1971, S. 334.

5. 引用来自门格（Menge）上一个出处的第 334 页和第 336 页。门格在他的书中所全面展示的销售对话体系，是以这些经过加工处理的资料为基础的，他对这些资料进行了严谨深入的分析。关于如何将语言和认知进行系统性地模糊化处理这方面的技术指导，没有比这本书表述得更清晰了。门格的这部著作也并不缺乏理论支撑，正如他将"消费社会"（Konsumgesellshaft）这个具有意识形态意味的概念放进这本书的副标题所显示出来的，该书以一种令人震惊的方式提出了这种模糊化的处理系统，而门格反对这种系统所带来的不可避免的表现形式，尽管在这里他可能只是提出了异议。正因为如此，他的书被德国《德意志民族和士兵报》（*Deutschen National-und Soldatenzeitung*）的推荐书单收录，并且通过为他的书做订购广告的方式作为对他的奖励。

6. A. a. O., S. 344.

7. 《广告联合会教区报》（*Werbegemeinschaft Bistumspresse*）（科隆）用来招揽广告的广告展现了其用非常清晰的语言进行表述的优点。这个优点使它超越了其他教区报纸。"教区报纸的读者基本上都是天主教徒。这是毋庸置疑的。那么这意味着什么？"在这个惹人注目的问题下紧跟着答案："这意味着相当精明能干的消费者，比如乐于采购的母亲，愿意消费的父亲，沉醉于买东西的十几二十几岁的孩子……"，并且这家教区报纸将这种与其他事物相连的极大的幸福感进行拍卖，一家大型公司进行了以下计算："根据民意调查，比起当地的日报，在教区报纸的读者中有 82% 的人更相信'自己教区的报纸'！教区报纸是做广告的好地方，因为广告非常需要信任！"（*werben verkaufen*, Nr. 28/1969）这份教区报纸在此之前刊登的一则广告解释了他们是如何销售与信仰相连的极度幸福感的:"所有人都信任教区报纸。高度的读者集中度。无边无际的信誉。广告因此从中获益。是的,没有什么环境比这里更适合一条诚实的广告信息了……"(*werben verkaufen*, Nr. 18/1968)

在对极大的幸福感进行出售这方面,新教也没有落后。他们在招揽广告的广告中将这种关系表述得无以伦比得直白。"通过在这里刊登广告,圣经中的话和您的广告联系起来了,沉思冥想和您的广告连接起来了。因而读者不可避免地将他对某一事物的信任转移到另一个事物上!"这就是"在莱茵兰(Rheinland)发行量最大的新教周日报纸"《道路》(*Der Weg*)的广告(*ZV+ZV*, Nr. 16/1968)。相应地,《精彩》(*Bravo*)杂志、《新世界》(*Neue Welt*)杂志和《父母》(*Eltern*)杂志这类媒体,也刊登了诸如此类的广告,将他们的编辑内容所引起的特效转化为读者的行为。私有经济体制下的大众媒体喜欢在内容中设置不同的导向,而在招揽广告的广告中,他们将内容与盈利统一起来。我在克里斯汀·格勒纳(Christian Gellner)所执导的电影中注意到了有关《广告销售》(*werben verkaufen*)和《ZV+ZV》杂志中的上述案例,这部电影是图像、印刷和广告学院(Akademie für Grafik, Druck und Werbung)(西柏林)的学生在信息图像课上的考试作业。

8. 对销售人员进行的销售谈话修辞培训通过这些参加培训的人对大众流行文化产生影响,与此同时,正是通过这些销售人员所掌握的相应的修辞能力,使我们能够将他们与其他社会成员区分开来。

9. 由于生产和销售都隶属于资本方,因此销售谈话是一种拥有一定社会地位的谈话艺术,从而被归类为职业分工的一个种类,销售于是也变成一种特定的职业了,而销售能力只是这种职业的特别标志。但是由于领取工资的劳动者一方和资本方之间不断生成新的阶级对立关系,于是随之而来的是销售人员与顾客的对话越来越少。在"前台"出现的命令和信息无法构成对话。顾客个体在超级市场的商品美学背景下活动,不再需要讨价还价,只是作出购买或是不买的行为,此外都是沉默,在这个过程中,对于顾客而言,仿佛是混合着吸引力的水在嘴巴里流动着,从而将心中的怀疑一起吞了下去,并且将它吃掉。讲述能力和谈话中的修辞能力在整个社会都消失了,只是偶尔在广播节目、电视节目和电影的生产制作中还可以用得上。另外,如果我们认识某一位销售代表、地毯销售商或者房地产掮客,他的谈话能力远远超出普通的销售人员,那么我们就足以从他的谈话技巧中发现,他们在谈话中只是运用了非常肤浅的心理学原理。而在政治领域则不是这样，对于政治工作来说，交谈能力一直占有中心位置，当大众在政治方面被说服时，那位说服者一定动用了与商业销售人员差别巨大的游说能力。不过，在商业和政治这两个领域中，谈话能力所实际发挥的社会功能都在衰落，或者它们将发展出新的形式。

10. Bertolt Brecht, *Der Tui-Roman*, in: Bertolt Brecht, Gesammelte Werke, Frankfurt am Main 1967, Bd. 12, S. 694.

11. Ebd., S. 678.

12. Siegfried Kracauer, *Schriften*, Bd. 1, Frankfurt am Main 1971, S. 222-224.

13. 此外，毫无疑问，我们还可以观察到另外一层功能，这种功能只是间接地与销售功能人格化联系在一起的，即通过对办公室进行美学层面的革新，从而形成开放式的办公室布置，这一点与办公室职员在穿衣打扮上变得时髦这类变革相互联系。下面这段话选自《透视经济》杂志（*Blick Durch die Wirtschaft*, 6. November 1971, S. 1），它显示了资本的经营者注意到这种关联，并对此感到满意，或者甚至是有意识地推动它：

> 霍恩林姆堡－施韦尔特－赫伊施工业股份公司（Hoesch Werke Hohenlimburg-Schwerte AG）董事会成员施密特哈尔茨（Schmithals）博士认为，新型的大开间办公室的布置有着特别的、令人愉快的附加作用，那里装饰得就像专业出版物的学术酒会现场一样，女性职员得到了极大的驱动力，让自己穿戴得尽可能时髦、优雅，因为她不再是一个人安静地坐在办公室的小隔间里，而是一下子出现在大开间办公室的展示台上了。
>
> 在搬进新的大开间办公室后，几乎所有的女性职员一下子都引人注目地换上了新颖时尚的服装。当然，尽管在大开间办公室里更换了颜色协调的办公椅，摆上了茂盛的阔叶植物，装饰了墙壁，还专门划分出谈话区域和能够让人们进行小憩的休息室，从而传递出一种"轻松明朗"的办公空间的印象，但是"大开间办公室抱怨者"的出现仍然是不可避免的，他们如今仍然整日戴着裹着脸的纱巾在办公室里走来走去。

14. Bertolt Brecht, »Der Dreigroschenprozeß. Ein soziologisches Experiment«, in: Bertolt Brecht, Gesammelte Werke, Frankfurt am Main, Bd. 18, S. 164.

15. Ebd. S. 174.

16. 我从 1969 年 12 月 6 日的《法兰克福评论报》(*Frankfurter Rundschau*) 中选摘了以下信息。

17. 克拉考尔在 20 世纪 20 年代末对公司雇员展开研究，他指出，销售地点的照明技术飞跃式的进步，体现了资本所要求的 "舒适的影响，换言之，光线不仅能够引起购买欲望，并且也会对员工发挥作用……与其说是灯光在发光，不如说它让一切都变得明朗，'从而保证了闪亮的形象'"(A. a. O., S. 284)。

18. *Frankfurter Rundschau*, 26. Februar 1970. 从同一个出处我还摘录了以下数据：从 1960 年到 1970 年，西德零售商店的卖场面积从 2300 万平方米增加到 3200 万平方米，对卖场空间的投资每年大约为 40 亿马克（1970 年）。根据较新的数据，1970 年在零售店的投资为 36 亿马克，较 1969 年下降了 5%，但是，根据德国经济研究所（Ifo）的调查，1971 年的投资比上一年度又大约增加了 10%。"投资的增长主要来自大型零售商，它们每年投入到零售商店的资金为 1000 万马克。"（*Frankfurter Allgemeine Zeitung*, 13. August 1971）

19. *Der Tagesspiegel*, 24. Februar 1970.

20. Ebd.

21. *Frankfurter Allgemeine Zeitung*, 4. August 1971, »Das Warenhaus als Erlebnisbühne. Nachbemerkungen zum Fall Globus«, von J. Jürgen Jeske. 后面关于哥伦布商店的其他引文和信息也出自该文。

22. 在精品商店获得成功的同一年，即 1967 年，商店美学革新也如火如荼地不断发展，我在本书第一部分的 "垄断的第二个效果：美学方面的革新" 中提到了这一点。而且由于男士时装业在经济衰退的压力下出现了销售额下降的现象，再加上对耀眼闪亮、只销售外国商品的精品商店的羡慕，于是在服装商店领域出现了美学革新的热潮。

23. *Frankfurter Allgemeine Zeitung*, 2. September 1971, S. 15. 那里刊载了有关商品世界最具传奇色彩的先驱的文章——1927 年，威尔特海姆购物村在莱比锡广场（Leipziger Platz）上建成。"商场的占地是国会大厦的两倍还要多……由梅索（Messel）教授设计建造的这座建筑用大量雕塑和著名雕刻家的黄铜雕刻加以装饰。里面有大理石镶嵌的工艺品和镀银的红陶制品可供欣赏。在地毯销售部，铺着意大利核桃木地板。在许多安装着玻璃顶棚的天井里飞溅着喷泉，这是用来自伊斯特拉（Istarska）的石灰石特别制成的。"

24. Ebd.

25. *Frankfurter Allgemeine Zeitung*, 20. August 1971, S. 15.

26. Ebd.

27. Zit. in *Der Tagesspiegel*, 24. Februar 1970.

28. 在对销售场所和销售活动进行全新设计的过程中，"消遣商店"这个新名称已经出现了（a. a. O.）。重新命名也往往是实施革新工作的一个部分，由此这也会导致商贸领域此前投放在固定设施上的一部分投资失效。

29. A. a. O.

30. 这是德国最大的奢侈品百货卡迪威商城（KaDeWe）在 1971 年 10 月 17 日的《每日镜报》上刊登的广告。

31. Zit n. Heidrun Abromeit, *Das politische in der Werbung. Wahlwerbung und Wirtschaftswerbung in der Bundersrepublik*，这是一篇未公开出版的博士毕业论文，Mannheim 1970, S. 341。补充例证来自布莱希特的《三分钱小说》（*Dreigroschenroman*）：乞丐王皮彻姆（Peachum）向乞讨者出售包装，通过包装向他们"出售"痛苦。他出售的是实际上与这些人内心相对应的外在表现。

32. *Twen*, Nr. 12/1969, S. 16 ff.; Zitiert nach Doris von Freyberg, Thomas von Freyberg, *Kritik der Sexualerziehung*, Frankfurt am Main, 1971, S. 124.

33. Marlies Nehrstede, »Den modischen Geschmck der Normalverbrauchering bestimmen hauptsächlich die Zeitschriften«, in: *Frankfurter Rundschau*, 13. September 1971.

34. Ebd. 文章继续说："威兹对于这种趋势"——通过时尚服装将作为商品的躯体包装起来，也就是一种类似乎卖淫的行为——"并没有不满意。他对此补充说，他的女性顾客最多也会在每隔六个星期之后，就希望自己从头到脚都换上新装束。而这大大提高了销售额。"

35. Laut *Frankfurter Allgemeine Zeitung*, 30. Juli 1971.

36. 这家集团委托一家市场调研机构进行了调查，从而得出了有关这个"成果"的中期结算数据：在对已经订婚或者刚刚结婚的女性展开的问卷调查显示，29% 的受访者拥有订婚钻戒，12% 的人有"婚戒三件套"（结婚对戒和相配的钻戒），另外有 6% 的人指出在婚礼上"无论如何"都会得到一个"婚戒三件套"，还有 21% 的人"预计"在婚礼上应该能得到"婚戒三件套"（ebd.）。

37. »Sind Diamanten wirklich eine gute Geldanlage?« In: *Blick durch die*

*Wirtschaft*, 20. September 1971, S. 1.

38. 根据第六次德国贵重矿藏大会（6. Deutscher Edelsteintag）筹备组所发布的报告，联邦德国珠宝业在 1971 年的前九个月销售额增加了 15%。报告上的其他信息证明了被戴比尔斯所利用的趋势："主要的增长来自 0.10 到 0.30 克拉的小钻石。"并且"在购买者的构成中，出现了明显的阶层变化。随着进一步的通货膨胀趋势，珠宝商从首饰与价值投资的组合中获益"。（*Der Tagesspiegel*, 21. September 1971）在这里我们可以看到，实际上有很多人从广告中得到安慰。

39. »Sind Diamanten wirklich eine gute Geldanlage?«, (A.a.O.).

40. Dorothee Backhaus, »Madames Gesicht wird bunt bemalt. Natürlichkeit nicht mehr gefragt ...«, in: *Frankfurter Rundschau*, 31. Juli 1971.

41. *Der Spiegel*, 4. März 1968, S. 78 ff. 在 1967 年，美容品业的营业额比 1960 年翻了两倍多。

42. 根据《法兰克福评论报》1968 年 12 月 12 日的报道，美容品业在 1968 年上半年的生产总值较 1967 年同期增加了 16%。如果去除 1967 年数据中所包含的营业额税金，那么增长率是 22%。位于阿莎芬堡（Aschaffenburg）的假日魅力化妆品有限公司（Holiday Magic Kosmetik GmbH）（德国）主营业务是销售进口商品，在这家公司所销售商品的售价中，有 65% 都将成为公司的收入——商品的最终销售价格是这家进口公司购买价格的 200%。在这里生产成本是不用纳入考虑的（vgl. *Frankfurter Rundschau*, 15. September 1971）。出售个人护理美容商品和药品的杂货商店也在美容品这个行业的增长中获利。它们的营业额在 1970 年增长了 7%。这个增长是在这类护理品及药品杂货商店的数量减少了 0.8% 的基础上实现的。根据基督教民主联盟党政治家、德国药品杂货商店店主联合会（Verbandes deutscher Drogisten）主席海恩里希·格望德（Heinrich Gewand）的说法，护理品及药品杂货店数量的减少，比起综合性零售商店的减少——1970 年这类商店减少了 2.5% 至 3%，"在近年来是非常非常少的"。（*Frankfurter Rundschau*, 18. September 1971）

43. 头发护理产品的零售额在 1967 年为 8.3 亿马克（*Der Spiegel*, 4. März 1968）。1968 年上半年护发产品的"产品总值"为 2.5 亿马克（比 1967 年上半年增加了 14%；*Frankfurter Rundschau*, 12. Dezember 1968）。

44. "新型产品，"庞氏公司董事长最近宣布，"将保障持续的增长。"（*Frankfurter Allgemeine Zeitung*, 14. August 1971）1968 年上半年，头

发护理产品中的"头发喷雾产品、发蜡、发油和头胶"商品品类展现出非同一般的增长率（大约是 20% 的增长率，而头发护理产品整体增长为 14%；*Frankfurter Rundschau*, 12. Dezember 1968）。这些增长强劲的商品品类其标志性特征一部分表现为技术上的新颖性（如头发喷雾剂），一部分体现为它们是时髦的量产商品。

45. *Der Spiegel*, 4. März 1968.

46. *Frankfurter Allgemeine Zeitung*, 13. August 1971.

47. *Frankfurter Allgemeine Zeitung*, 14. August 1971: »Lebensglück mit Kosmetike«.

48. Laut *Der Spiegel*, 4. März, 1968. 男士香水 1967 年的销售额为 5000 万马克。

49. Ernest Dichter, zitiert nach *Der Spiegel*, ebd.；后面的引文也出自这里。

50. *Frankfurter Allgemeine Zeitung*, 13. August 1971. 1970 年鲁宾斯坦集团在欧洲的销售额中只有 10% 来自男性美容产品（而这家公司的女性美容产品在欧洲市场上占有最大的市场份额："护理类产品"的市场份额将近 50%，化妆品为 35%）。

51. 德国纺织品销售联合会拥有 850 个成员企业，零售额总值达到 11 亿马克。这些成员中有 100 到 150 家公司或多或少只做男士服装业务（vgl. *Frankfurter Allgemeine Zeitung*, 18. August 1971）。

52. 地处杜塞尔多夫（Düsseldorf）的原子时尚销售有限责任公司是位于库尔（Chur）的定制服饰股份公司（Tailordress AG）旗下的一家子公司。在服装领域，原子时尚销售有限责任公司是阿勒尔斯集团（Ahlersgruppe）的"第二大销售渠道"，后者是西德最大的服装生产企业，拥有 5000 到 6000 名雇员。阿勒尔斯家族（Ahlers）拥有定制服饰股份公司的 25% 的股份（vgl. *Frankfurter Allgemeine Zeitung*, 18.8, 19.8, 6.9. 1971）。

53. *Frankfurter Allgemeine Zeitung*, 18. August 1971. 根据已经签订的合作合同，这个销售网络包括由"独立的"零售商经营的 65 家购物中心和仓储式商店。为了赢得零售商的加盟，这家公司允许零售商租用他们提供的商店设施，并且给予"租金资助"。此外，它还向零售商提供了有力的装饰服务和广告服务，以及面向销售人员和管理层的培训（vgl. *Frankfurter Allgemeine Zeitung*, 6. September 1971）。

54. 以下引文是我从 1969 年 12 月 9 日《每日镜报》上的卡尔施泰特商业集团公司广告中摘取的，它可以作为对套头卫衣革新的宣传的代表。

55. "宦官极端卑鄙无耻地讨好他的暴君，并且用下流得不能更下流的手段试图去刺激暴君那已经麻木不仁的享受能力，从而为自己骗取宠信；工业领域的宦官为了……从信仰基督教的邻居口袋中引诱走那只金鸟，他们的做法也如出一辙。"（Karl Marx, *Ökonomisch-philosophische Manuskripte*, MEW 40, S. 547）

56. 这类套头卫衣广告还宣传了另外两样商品："伪革命家风格"的靴子和"男性的伟岸气质"。对年轻的崇拜和美学力量融合为新的外貌图景。

57. 这是 1971 年 9 月 24 日《每日镜报》上刊登的一则卡尔施泰特集团公司的广告。

58. *Der Spiegel*, 14. September 1970.

59. 男士内衣品牌的广告不仅通过老套的呈现男性生殖器的方式体现"男人的活力"（喷射），而且在广告的背景或边缘部位直接出现裸体男子。1967 年 5 月，在法国的时尚杂志《赛利迈尔》（*Sélimaille*）上的一则黑带香水（Ceinture noire）的广告中出现了弗朗克·普罗托帕帕（Frank Protopapa）的裸体照片，他因成为商品世界中第一位公开展示男性裸体的模特而出名。当男性裸体照片被展现出来时，就像此前封面上的裸体女性一样立即抓住了观众的眼球。这样吸引人们视线的事物"作为'终结者'使得乳房不再拥有无可厚非的中心位置"，慕尼黑广告咨询顾问约尔格·尼默尔古特（Jörg Nimmergut）对此这样评价。但是，这些"天体广告的'诉诸本能冲动'（引自尼默尔古特）"使得画刊中的其他内容被淹没到大量裸体照片之中。"广告策略对此的回答是：赤身裸体的男人……半赤裸的先生诱惑人们去购买［朗森牌（Ronson）］打火机和让人舒服的［柏逸非牌（Prestige）］气味。在此之前，在法国已经有一位模特为皮尔·卡丹（Pierre Cardin）的男士香水拍摄过全裸广告，不过当时是用粗颗粒胶片拍摄，并在一定的距离之外。"（Vgl. *Der Spiegel*, 5. Juni 1967, S. 118）普罗托帕帕的裸体照片是近距离拍摄的，而且用的是细颗粒相纸复制。正是在一定的竞争环境下，资本追逐盈利的趋势将他的裸体展现了出来。总之，从现在开始男人的裸体第一次浮出水面了，并且从最初的背景变成了画报内容、戏剧和电影里的一部分。以前根深蒂固地烙印在中产阶级社会中的男人和女人之间的社会性别角色差异，即女人被固定为性客体，而男人是性主体，现在开始动摇了，尽管到目前为止只是出现了这样的征兆。

60. 这种发展趋势也把这股风吹向了普通老百姓："1970 年，伦敦牌（London）避孕套克服了媒体和公众的阻力，将一则面对终端消费者的广告分别刊登在《父母》《茉莉》《M》《明镜周刊》《精彩》等杂志上。"
为了克服各种阻力，公司花费了数额巨大的资金。但是由此"营业额
的增长超过了 18%，并且还有'与之相比更强劲的利润增长'，这些使
得这家公司在 1970 年到 1971 年的商业年度里，成为表现最佳的有限
公司"（*Blick durch die Wirtschaft*, 21. 10. 1971）。

61. Vgl. *Der Spiegel*, 24. Mai 1971, S. 190. 那里也刊载了广告图片。

62. 参照沃尔夫冈·弗里茨·豪格在《商品美学和恐惧》（Warenästhetik und
Angst）中关于"美学主义和商品美学"的段落，收录于：*Das Argument*
28, 6. Jg., 1964, S. 14-31, S. 15（在略微修改补充后收录于：*Warenästhetik,
Sexualität und Herrschaft*, Frankfurt am Main 1972, S. 46-67）。

63. MEW 40, S. 550.

64. 座落于汉堡的金尼音乐有限责任公司（Kinney Music GmbH）是美国的
金尼全国服务控股公司（Kinney National Service Holdinggesellschaft）
众多国家级子公司之一。"这家经营多种业务的集团公司其核心子公
司包括开展跨地区建筑物清洁业务的机构、一个覆盖地区非常广泛的
停车场网络和一系列殡葬服务公司。这家集团公司后来又锁定了杂
志出版市场，并且通过期刊出版销售公司（Vertriebsfirma Periodical
Publications）经营杂志业务。在这个业务领域，该公司出版了一份
杂志，并且管理着一些卡通形象，如超人和蝙蝠侠。这家集团公司
在娱乐市场最大的一步棋是在 1968 年购买了华纳兄弟公司（Warner
Bros.）。金尼全国服务控股公司在此之前已经开展电影业务，包括拍
摄影片、经营制片厂，现在收购了属于华纳兄弟集团的华纳兄弟唱片
出版公司（Warner Bros. Music），从而也将唱片业务补充进来了，例
如它握有着音乐人格什温（Gershwin）作品的版权。华纳兄弟唱片公
司曾经独立经营着再现唱片（Reprise Records）[之前由其创办人弗兰
克·辛纳屈（Frank Sinatra）所拥有]、大西洋唱片（Atlantic）和埃莱
克特拉唱片（Elektra）等公司。"

65. 这里所讲的是滚石乐队（Rolling Stones）发行的专辑《小偷小摸》
（*Sticky Fingers*）（有关于此请参考 *Der Spiegel*, 24. Mai 1971）。

66. Siegfried Kracauer, *Die Angestellten*, a. a. O., S. 247 f.

67. A. a. O., S. 246.

68. A. a. O., S. 248；本书第一卷第四部分第 6 节也讲到这个问题。

69. 康泰斯特调查公司（Contest Institut）在"科隆 1971 年国际时尚论坛准
备性报告"（Vorbericht zum internationalen Modetreffen Köln 1971）中

发表了他们的问卷调研结果。数据显示在 30 岁以上的男性中有 54% 的受访者表示"他们在家中经常与年轻人一起谈起有关时尚的话题。而且每四个男人中就有一个愿意完全听从比自己年轻的人在这个话题上的意见……27% 的 30 岁以上的男人拥有一件要么是在年轻人的陪同下、要么是在年轻人的推荐下购买的衣服,而且之所以会买这件衣服,就是因为穿上它显得年轻"。相应地,所谓的休闲装在成人男装和青少年男装的总销售额中总是占有较大的份额;在一些"在这个领域占有重要市场地位的生产商"那里,休闲装占有约 60% 的销售额。(Vgl. *durch die Wirtschaft*, 16. Oktober 1971)

70. 连胶卷生产公司阿克发(Agfa)也努力去赚"牛仔裤兜里的钱"了,也就是说,该公司为年轻人开发了一款能装照相机和附件的包,以便能够适时地拥有未来的市场——这再次显示了崇拜年轻的趋势又被加强了。一开始阿克发胶卷公司想让人们用牛仔布包裹相机,从而从字面上向牛仔裤兜里的钱靠拢。不过这个打算没有实现,因为对摄影师的联想首先是与技术设备联系在一起的。后来该公司推出了所谓的"全欧洲最热卖的相机包",它是根据年轻人的品味设计裁剪的"有把手的牛仔裤"。由于年轻人会把"摄影"(fotografieren)这个说法与年纪大联系在一起,于是在广告中这个词用"玩相机"(Bilder machen)来代替了。在大规模的销售活动中,照相机店的销售人员必须穿牛仔裤。在度过最初的困难阶段之后,这款商品终于被卖出去了——不过还是卖给了成年人。(请参照前文提到的门格的著作,a. a. O., S. 242 ff.)

71. 1970 年 12 月 30 日《每日镜报》的附刊。

72. 这是《每日镜报》上刊登的广告(*Tagesspiegel*, 3. Januar 1971)。这份报纸在几个月后刊登的美得丽(Musterring)家具公司的广告显而易见地将美学革新与社会性别角色领域普遍的易变性及游戏态度联系在一起。"家具意味着游戏"——"家具意味着变化、组合和尝试"——"居住活动就是一切"——"今天这样、明天那样、后天另一样——例如变成了这个样子……"每一个"变成了这个样子"都只是一个例子,就像从一组无尽的数字中随便选取的一个数字。资本在感官世界不断变化的任意性中为它们的行为创造了譬喻。

73. Vgl. *Blick durch die Wirtschaft*, 7. September 1971, S. 5:"人们对卧室抱以很大的期望,因而地毯销售在联邦德国仍有很大的增长机会(行业报道)。"在西德,地毯的"人均拥有量"排在欧洲前三。尤其是"人们认为卧室环境必须进行显著的改善,而能体现质量上的新提升的标志就是用动物皮毛来装饰。因此生产厂家在这个领域开发了有长绒毛的绳毛地毯，还有松软的丝绒、天鹅绒、有皱褶的密丝绒等"。

74. 有些读者会有理有据地提出反对：这种充满性感风景的房间比起老式的德国房间，也就是这些用塑料填充的家具比起那些被切成小块的橡木所装饰的家具来说，给人的感觉更好，是更能"再现"权威走向没落的建筑。不过，我在这里并不是要反对性活动，甚至也不是要反对所谓的"群交"。在这里是要分析、阐明在资本主义的变现过程中，有哪些机制同时也产生了在一定程度上对人类感知进行重新塑型的副产品。

75. Peter vom Riedt, »Ein Hund mit traurigen Augen und Schlappohren«, in: *Frankfurter Allgemeine Zeitung*, 14. August 1971, S. 17. 其他关于暇步士鞋的信息也出自此处。

76. A. a. O.

77. A. a. O.

78. "在一定程度上"，资本主义制度在附带出现的模式化过程中推动着它的商业发展，"而人类的愿望和需求必须持续不断地'翻耕'"。（Ernest Dichter, *Strategie im Reich der Wünsche*, München 1964, S. 283; zitert nach Abromeit, a. a. O., S. 341）

79. Bertolt Brecht, *Aufstieg und Fall der Stadt Mahagonny*, in: Bertolt Brecht, *Gesammelte Werke*, Frankfurt am Main 1967, Bd. 2, S. 526.

80. 在 1971 年出版的这本书的第一版里，我在这里继续写道："在所有理想价值的立场中——也就是历史上的中产阶级所代表的立场，所包含的固有批判是，从后期资本主义社会中不可能再会有其他的发展，而只会走上人类毁灭的道路。"在现实生活中，这体现为计算机为其胜利秘密地做好了准备，并且也准备好了凭借这样的胜利一举跳入高科技的资本主义社会。

81. Vgl. Karl Marx, *Das Kapital I*, MEW 23, S. 49.

82. 花朵的盛开要能够具有资本主义的变现功能，一定是当在自然界强大的驱动力背后，资本追逐利益这一更强大的驱动力和资本的竞争结合在一起了。事实上，养花在主要是从前工业生产基础上发展起来的资本主义国家中，例如荷兰，也是具有非常重要的经济作用的。"从发生在 17 世纪 30 年代'郁金香骗局'的狂热投机中，我们就可以找到令人印象深刻的表现。郁金香是从土耳其引入到欧洲的，很快在荷兰成为最受欢迎的植物。人们渴望培育出新颖、罕见、极其华丽的品种。与此同时，郁金香成了证券市场的博弈对象……投机客将郁金香球根作为股票，用任何可以想到的方式进行投机交易。在投机的高潮时期上，人们必须精确地称量郁金香球根的重量，然后用同等重量的黄金来计量其价格，直到 1637 年，这个投机交易市场才最终灾难性地崩溃了。"( Vgl. Josef Kulischer, *Allgemeine Wirtschaftsgeschichte*, Bd. II, S. 319 f. )

83. *Das Kapital I*, MEW 23, S. 85. —Vgl. *Faust*, Teil I, »Du übersinnlicher, sinnlicher Freier, /Ein Mägdelein nasführet dich. « (Mephisto zu Faust)

## 第四部分

1. Hermann Glaser, *Weshalb heißt das Bett nicht Bild? Soziolinguistische Paradigmata der Sprache der Gegenwart*, München 1973, S. 90 f.

2. Aristoteles, *Die Nikomachische Ethik*, 1095a, 18.

3. Siegfried Kracauer, a. a. O., S. 282.

4. David Ricardo, *Grundsätze der politischen Ökonomie und der Besteuerung*, hg. v. Fritz Neumark, Stuttgart 1972, S. 33.

5. 一位年轻的英国助理这样形容他的工作生活："一天中最糟糕的部分是在早上的 8:45 左右，这真的糟糕透了，你想想，还有多长时间才能下班……我开始干活，然后看表，还不到 9 点，而我觉得应该早就到 9 点半了，在这个时候你真觉得自己见鬼了。'亲爱的上帝'，你会想，'时间拖拖拉拉，我希望我不在这里，我希望我能够回家躺在床上'，这就是你在想的……而且你知道吗……10 年后……我可能还在这里永远做着这些工作，并且我不知道……　直做这些，一辈了一直做下去，我是不是会疯了，我想要有更好的生活……一周中比较好的部分是星期五的中午，当我得到工资的时候……他们把它放在托盘上拿过来——工资。我整个星期都在想，'星期五赶紧来吧，星期六我们就可以去城里了'，并且盼望着星期五，这样的确有些滑稽。然后，就是星期六了，我们去了城里面，而这个时候又会想'嗨，我到底盼望什么呢？'尽管如此，我每个星期还是会这样盼望，永远是同样的盼望。"( Zitiert nach Paul Willis, *Spaß am Widerstand*, Frankfurt am Main 1979, S. 175 f. )

6. Karl Marx, *Grundrisse der Kritik der politischen Ökonomie*, MEW 42, S. 213.

7. Gerhard Scherhorn, »Konsum«, in: René König (Hg.), *Freizeit-Konsum. Handbuch der empirischen Sozialforschung*, Bd. 11, 2. Aufl., Stuttgart

1977, S. 207.

8. Wolfgang Pohrt, in: *die tageszeitung*, 17. März 1981.

9. Klaus Holzkamp, *Grundlegung der Psychologie*, Frankfurt am Main 1983, S. 242.

10. A. a. O., S. 243.

11. Nach John H. Goldthorpe, »Klassenvorstellungen bei gutverdienenden Lohnarbeitern«, in: Karl-Heinz Hörning, *Der »neue« Arbeiter. Zum Wandel sozialer Schichtstrukturen*, Frankfurt am Main 1971, S. 122.

12. A. a. O., S. 144.

13. A. a. O., S. 127.

14. A. a. O., S. 144.

15. Karl Marx, *Das Kapital*, III, MEW 25, S. 623.《共产党宣言》(*Kommunistischen Manifest*) 中也谈到二次剥削，但是没有将它从概念上与资本主义制度在生产中的根本剥削区分开来："工人从工厂主那里所受的剥削并没有因此结束，因为他要把他的工资现金支付出去，还有资产阶级的其他人，如房东、食品零售商、抵押借贷者等人在控制着他。"( MEW 4, S. 469 )

16. *Frankfurter Allgemeine Zeitung*, 6. August 1971.

17. 同时也参照发表在《法兰克福汇报》1971 年 10 月 2 日经济版面上的讽刺杂文《错误广告》(Fehl-Anzeige)。在这篇文章中，作者对一则展现资本平和有序性的广告表示了他的反感态度。"为什么海尔加（Helga P.）又耽误了工作？"这则广告问道。回答是："因为她只是偶尔吃了某某牌子的巧克力。"这篇文章指出，人们是如何将资本的立场改头换面变成了自己的立场，"70 年来，在我们国家"，这种资方的立场成为被越来越多的"同事们"普遍接受的立场，于是这些所谓的同事们被迫"共同承担"被耽误的工作。文章继续总结道："某个巧克力品牌用这种方式做广告，完全是不可理喻的。"我们在这里并不是要讨论具体的广告内容方面的问题。对我们而言重要的是，某种资本的"自愿的自我控制"机制是如何在阶级政治问题中，以及在广告中发挥作用的。

18. Bertolt Brecht, »Der Dreigroschenprozeß. Ein soziologisches Experiment«, a. a. O., S. 161 f., S. 171 f. 布莱希特靠后的段落中，得出了对展现现实的艺术具有高度现实主义性的推论。"艺术"在科学中，在布莱希特的推论中，也需要变通，从而同样也可以像在狭义的"艺术"中一样，找到它的用途。"的确'有一些东西被构造出来'，一些'艺术的东西'，'竖立起来的东西'。的确艺术是必要的。但是艺术的旧有概念，从现在的经历来看，也因此不再成立了。因为人们从现实中只能感受他们所经历的，因此现实无法被再现。现实无法被全部体验。……于是，人们无法品尝到果实的滋味。"（Ebd.）

19. Karl Marx und Friedrich Engels, *Deutsche Ideologie*, MEW 3, S. 35.

20. Karl Marx, *Das Kapital*, I, MEW 23, S. 89.

21. Bertolt Brecht, *Die sieben Todsünden der Kleinbürger*, in: Bertolt Brecht, Gesammelte Werke, Bd. 7, Frankfurt am Main 1967, S. 2865 f.

22. Karl Marx, *Ökonomisch-philosophische Manuskripte*, MEW 40, S. 546 f.

23. Bertolt Brecht, *Die sieben Todsünden der Kleinbürger*, a. a. O., S. 2870, S. 2866.

24. Karl Marx, *Das Kapital*, I, MEW 23, S. 147.

25. Ebd.

26. A. a. O., S. 146 f.

27.《操控：国家垄断的意识工业》(*Manipulation. Die Staatsmonopolistische Bewußtseinsindustrie*, Berlin/DDR, 2. Aufl., 1969）一书的作者们借用了"文化工业"这个概念（请参照大约第 333 页）。同样他们也使用了"意识工业"这个概念，而后者是相对"文化工业"这一概念而挑衅地设计出来的，因此不能不加辨别地互换使用两个概念。恩岑斯贝格尔（Enzensberger）将这个概念用在极权主义理论中；面对将法西斯主义和共产主义相提并论，与将社会主义的"工业社会"和资本主义的"工业社会"相提并论，极权理论一直在这样两种态度之间摇摆不定。因此，意识工业这个概念与一个奇怪的"非物质剥削"概念联系起来，非物质剥削超过了对劳动者的物质剥削（Vgl. Hans Magnus Enzensberger, *Einzelheiten*, l, »Bewußtseins-Industrie«, Frankfurt am Main 1969, S. 717）。概况地说：概念工具需要批判地检验。为了实现这里所说的这个研究的目标，只要使用权宜性的概念"幻象工业"，也可以叫作"娱乐工业"，就足够了。

28. Wolfram Schütte, »Männerliebe und-leben«, in: *Frankfurter Rundschau*, 5. Dezember 1968. 这篇文章是在谈论电影《红河》(*Red River*）。

29. Jens-Ulrich Davids, *Das Wildwestromanheft in der Bundesrepublik*. 富有启发意义的是读者的构成：如《每日镜报》1971 年 5 月 30 日的一篇文章提到的，阅读这样的作品是"各个社会阶层的习惯，只是阶层越是'向上'，阅读的频率就略微减少一些。大部分读者年龄在 16 岁到 20 岁之间，之后是 11 岁到 15 岁的人群，21 岁到 30 岁的人群在阅读的频次上排第三，在 30 岁之后，对狂野的西部爱情的兴趣急剧下降。"

30.《操控：国家垄断的意识工业》的作者们强调了："帝国主义的大众文学特别具有公众效应"（S. 305）；但是他们没有继续分析这个效果，他们并没有将诸如"美好的梦幻世界"（S. 308）或者"才能"或者"对低级本能的兴趣"（S. 325）等诸如此类的关键词看作这种效果的体现。而且当这本书的作者强调了"伪文学"——"这不只是简简单单的'彻底欺骗'"（S. 311），这就更令人惋惜了。要抵制这些作品的影响，我们必须首先弄清楚它们可能产生的作用。

31. *Manipulation. Die staatsmonopolistische Bewußtseinsindustrie*, S. 331.

32. Walter Benjamin, a. a. O., S. 175.

33. A. a. O., S. 184.

34. A. a. O., S. 174 f.

35. 在一篇评论文章中，马克思在谈及欺骗的经济学和哲学问题时，指出了欺骗与自我欺骗之间的联系，欺骗只有通过自我欺骗，才可能发挥作用。在《资本论》第 2 卷中，我们可以读到："一个体系的标签"，它和今天它的高度发展的形态并没有本质差别，它们都是商品美学的装饰，"一个体系的标签与另一个物品的标签不同，借此，它不仅欺骗了购买者，也往往欺骗着销售者。魁奈（Quesnay）本人和他最亲密的学生都相信封建时代的招牌"。而这个招牌就是广告的另一种早期形式。"一直到我们现在的学校教育培训都是如此。"（MEW 24, S. 360）

36. 请参照第一卷第三部分第 7 节中的详细叙述。

37. Zitiert nach Wilhelm Genazino, »Lyrik, wo niemand sie vermutet. Die Literatursprache in der Werbung und das Selbstverstndnis der Dichter«, in: *Frankfurter Allgemeine Zeitung*, 23. Juli 1971, S. 24.

38. Wellershoff, a. a. O.

39. Ebd. "翻看我们今天报纸上满是插图的广告部分，可以震惊地确定，广告绑架了诗歌。"商品的抒情诗"迫不得已地动用了文学中到目前为止被排除在外的形式"。

40. 同样引自 Genazino, a. a. O.。

41. *Blick durch die Wirtschaft*, 6. Oktober 1971, S. 5: »Bei Salamander ist seit Jahren der Wurm drin« (Hauptversammlungs-Stenogramm).

42. Wellershoff, a. a. O.

43. Ebd.

44. Dieter Hüllsmanns und Friedolin Reske (Hg.), *Aller Lüste Anfang. Das 7. Buch derWerbung*, Stierstadt/Taunus, 1971.

45. 在 "布勒公司（Bührle）因为非法交易战争物资而被告上法庭" 之后，"由于这个原因带来了业务反弹"，这家大型公司的营业额——其主要、当然并不是所有的来自西德国防部（Westdeutscher Bundeswehr）的大宗订单，飞跃般地提高了 25.4%，也就是说 1970 年的武器交易（10.24 亿法郎）比 1969 年（8.17 亿法郎）有着不成比例的增长。战争产品在这家公司 1970 年的销售额中所占的比例为 27%，而前一年这个比例是 21.6%。其他业务领域的销售额估计是间接的战争物资所贡献的。此外，苏黎世欧瑞康-布勒股份有限公司（Oerlikon-Bührle Holding AG, Zürich）的一份财务报表显示，"这家集团公司的核心子公司是欧瑞康工具制造机器厂（Werkzeugmaschinenfabrik Oerlikon），但这家工厂的营业额并没有被统计进来"（Vgl. *Blick durch die Wirtschaft*, 12. November 1971, S. 5: »Das üstungsgeschäft ist immer noch ein starker Pfeiler bei Bührle«）。

46. Friedrich Dürrenmatt, *Grieche sucht Griechin. Eine Prosakomödie*, Berlin/West 1959, S. 49-51.

47. 这段述说被记录在约亨·缪勒（Jochen Müller）的一篇课程报告中。载于：*Neue Sammlung*, Heft 3/1969, S. 217-221。

48. *Frankfurter Rundschau*, 17. Mai 1971.

49. Ebd.

50. 当小股东在股东大会上提出反对意见时——从形式上来说他拥有这样的机会和权利，那么他可能会在打击乐中重新沉默，如同在费巴集团（VEBA Konzern）的股东大会上所发生的那样。"当普通股东与大股东的争论到达高潮的时候，比尔恩鲍姆（Birnbaum）——当时的监事会主席——动用了新武器。所有的扬声器里都发出了特别响亮的打击乐声。所有在上一秒钟还在和对手争论的人，现在都听着这首来自月球上的关于那不勒斯（Neapel）的歌曲。几分钟后，刚才还激动地手舞足蹈辩论着，现在则被扬声器震晕了的股东们放弃了争论。参会者重新又坐下来，还有人随着节拍摇摆。"（*Frankfurter Allgemeine Zeitung*, 21. August 1971）

## 第二卷　高科技资本主义社会中的商品美学

## 导言

1. Karl Marx, »Rede auf der Jahresfeier des ›People's Paper‹« am 14. April

1856 in London, MEW 12, S. 3 ff. 马克思在《人民报》周年庆的谈话中讲道："我们看到，机器有着令人惊诧的力量，凭借于此，人们的劳动减少了，同时人们却也更多产了，机器使得人们渐渐失去活力，直至非常虚弱。新的财富源泉通过罕见的魔力变成了使人困顿的源头。科学技术的胜利似乎是通过人格的损失而得到的……我们一切的发现和我们所有的进步看上去都朝着这样的方向：用物质力量来装饰人们的精神生活，并最终用物质的力量使人类的生活愚昧化。因而一方面是现代工业和科学，另一方面是现代的痛苦和没落，两者之间的对抗，以及生产力和我们这个时代的社会关系之间的对抗，都是明显的、令人瞩目的、无可置疑的事实。"（Ebd.）

2. 请参照：本书 1971 年版第 126 页，以及本版［2009 年］第 150 页的脚注［80］。

3. Bernd Guggenberger, »Schönheit ist alles, alles andere zählt nichtt«, in: *Frankfurter Allgemeine Zeitung*, 9. Dezember 1989.

4. Boris Groys, »El consume es hoy la gran ideologia«, in: El Pais, 26. Juli 2008, Babelia, S. 12. 这是对何塞·安德烈斯·罗霍（José Andrés Rojo）的采访。在《共产主义附言》（*Das kommunistische Postskriptum*, Frankfurt am Main, 2006）中，格罗伊斯指出："在苏联的共产主义社会中，每个商品都要向意识形态靠拢，如同在资本主义社会里，每种意识形态要向商品靠拢一样。"（S. 10）但是，这意味着，这里的语言"原本是无声的"（同一出处）。因此"在资本主义情况下的每个批判和每个反对从根本上都是没有意义的"（S. 8）。

5. Mario Vargas Llosa, »Caracas al vuelo«, *El Pais*, 24. August 2008, S. 33.

## 第一部分

1. Ignacio Ramonet, »Nouvelle économie«, in: *Le Monde diplomatique*, Nr. 533, April 2001, S. 1.

2. "类似的发展可以在像中国和印度这样的国家看到。"海德堡印刷机械股份有限公司（Heidelberger Druckmaschinen AG）的董事长于尔根·劳特尔特（Jürgen Rautert）这样说，这家公司是印刷机械领域里的市场领导者。»Heideldruck greift die deutsche Konkurrenz an«, in: *Frankfurter Allgemeine Zeitung*, 7. März 2008, 16. 生产包装物的印刷机器是这一领域的重要市场分支。

3. Fredric Jameson, *Postmodernism, or, The Cultural Logic of Late Capitalism*, Durham 1991, S. 275.

4. Karl Markus Michel, »Zierrat, Fetisch, Bluff«, in: *kursbuch* 106, 1991, S. 152.

5. Zit n. Norbert Bolz, *Das kontrollierte Chaos. Vom Humanismus zur Medienwirklichkeit*, Dösseldorf /Wien 1994, S. 75.

6. Wolfgang Welsch, »Zur Aktualität ästhetischen Denkens«, in: *Ästhetischen Denken*, Stuttgart 1990, S. 39.

7. Stuart Hall, »Das Lokale und das Globale: Globalisierung und Ethnizität«, in: *Ausgewählte Schriften*, Bd. II, Hamburg 1994, S. 56.

8. Wolfgang Kabisch, in: Angela Schönberger (Hg.), *Simulation und Wirklichkeit*, Köln 1988, S. 9 f.

9. 诺贝尔特·博尔茨（Nobert Bolz）不认为计算机图片处理技术能创作"瓦尔特·本雅明所说的通过技术手段进行再生产时代中在电影领域可以制作出来的顶尖产品"（*Eine kurze Geschichte des Scheins*, München 1991, S. 129）。他认为，计算机图片处理技术离开了坚实的地面——本雅明的分析是建立在这个基础之上的，也就是不再存在原始作品，而只有开发的过程、形成的过程，以及对继续开发的作品的使用，因此也不再会有再生产。在再生产这个环节出现的是复制。而且还会有对复制件的复制。现在充其量可以说原件短暂地在计算机的"缓存空间"里有过一个转瞬即逝的存在。它被存储下来意味着要将它复制到存储文档的载体上。

10. 在这里指的是"电影"（Kino）（来自希腊语的 *Kinesis*，即"运动"的意思）或英语里的 *movie*（来自 *move*，同样也是"运动"的意思）。

11. Horst Holzer, »Globalisierung per Musikvideo«, in: Johanna Klages und Peter Strutynski (Hg.), *Kapitalismus am Ende des 20. Jahrhunderts*, Hamburg 1997, S. 168.

12. *Frankfurter Allgemeine Zeitung*, 28. Oktober 1999, S. 28. "数字化"在这里是指技术，"虚拟"是指操控的无界限。

13. Norbert Bolz, *Das kontrollierte Chaos*, Düsseldorf 1994, S. 72.

14. 诺贝尔特·博尔茨通过这样的事实隐喻了高科技所传达的存在方式："在一个独一无二的巨大表面上，数字化技术将世界以数据的形式展开。"（A. a. O., S. 79）这只是一种字面上的表达方式。真正发生变化的是，对表象的生产和再生产的技术基础的变化。

15. Reinhold Bergler, »Werbung-Spiegelbild der Gesellschaft«, in: *Frankfurter Allgemeine Zeitung*, 15. Juni 1991, S. 15. "所有广告的基本功能"，根据

贝尔格勒（Bergler）的看法，都是为了在公众中产生"吸引力、潜力和建立在信任基础上的可信度。不被传播的事物，就是不存在的"。

16. Willi Schalk, »Werbung muss mehr Spaß machen«, in: *Der Spiegel*, 20. Oktober 1986, S. 134.

17. Ebd.

18. Fredric Jameson, *Spätmarxismus. Adorno oder Die Beharrlichkeit der Dialektik*, Hamburg 1991, S. 209.

19. Jean Baudrillard, *Pour une critique de leconomie politique du signe*, Paris 1972, S. 8.

20. John Harms und Douglas Kellner, »Critical Theory and Advertising«, in: *Current Perspectives in Social Theory*, 11. Jg., 1991, S. 51.

21. Johann Michael Möller, »Der Klan der Buchhalter«, in: *Frankfurter Allgemeine Zeitung*, 16. Dezember 1987, S. 23.

22. *Frankfurter Allgemeine Zeitung*, 29. September 1994.

23. AP-Meldung vom 5. März 1985. 有很多其他种类食品也同样展现出虚假的外表，于是人们忘记了食物原有的样子，因而有些食物即便经过了紫外线杀菌处理，人们也无法从外形上看出来。"人们无从区分被紫外线照射过的草莓……和没被照射过的"，尽管"经过紫外线杀菌处理的草莓其维生素的流失程度和被高温烹煮过一样"（*Frankfurter Allgemeine Zeitung*, 21. Dezember 1988, S. N1）。

24. Peter Ploog, »Das Ideal der Lüge. Food-Fotografie ist die Kunst, Papier zum Schmeckenzu bringen«, *Frankfurter Allgemeine Zeitung*, 2. November 2001, S. B 2；其他引文也出自于此。

25. Tim Höfinghoff, »Das Ohr isst mit«, *Der Spiegel*, 24. Mai 2004, S. 88.

26. Roberto Verzola, »Cyberlords: The Rentier Class of the Information Sector«, 1998. 这篇文章后来的版本题为《网络空间的地主：食利者的回归》（*Lords of Cyberspace: The Return of the Rentier*），由作者于2004年在孟买举行的世界社会论坛（Weltsozialforum）上宣读。这个版本也可以在线获得：http://www.forumonpublicdomain.ca/node/45（2008年12月）。

27. Wulff-Axel Schmidt und Carsten A. Senze, »Wenig Schutz für neuartige Marken«, *Frankfurter Allgemeine Zeitung*, 25. Mai 2005, S. 23.

28. 因为后续要进行利润分红，所以工业资本和贸易资本之间的联营并没有结束。贸易资本通过它的"贸易品牌"对利润负责，如果没有贸易商的品牌，就会出现无品牌的局面。

29. Naomi Klein, *No Logo! Der Kampf der Global Players um Marktmacht. Ein Spiel mit vielen Verlierern und wenigen Gewinnern*, Riemann Verlag 2001, S. 159.

30. Walter Benjamin, *Das Passagen-Werk, Gesammelte Schriften*, Bd. V.1, Frankfurt am Main 1982, S. 93.

31. "如果要对某个产品名称在各方面都给予相应的保护，则需要付出将近3万马克的成本；一旦这个名称要在全球范围内使用，那么成本就上升到9万马克了。"（»Mit Gottas Hilfe einen Produktnamen finden«, *Frankfurter Allgemeine Zeitung*, 21. September 1987）

32. Manfred Gotta, zit. n. Steffen Zimmermann, »*Mehr als Schall und Rauch*«, *Frankfurter Allgemeine Zeitung*, 1. Oktober 2007, S. 18.

33. »›Nix‹ und ›Irish Mist‹ wären in Deutschland kaum Verkaufsschlager«, *Frankfurter Allgemeine Zeitung*, 31. Oktober 1987, S. 18.

34. *Frankfurter Allgemeine Zeitung*, 19. Juni 1992.

35. »Marken machen sich gut in der Bilanz«, *Frankfurter Allgemeine Zeitung*, 6. Dezember 1988；以下内容也引自此处。

36. 从俄罗斯国际航空公司（Aeroflot）的案例中可以看到附着在品牌上的"商誉"是如何试图摆脱负面事实的影响的。俄罗斯北方航空公司（Aeroflot-Nord）有一架飞机坠毁后爆炸燃烧，这导致88名乘客丧生，事故发生后，其母公司俄罗斯国际航空公司指出，Aeroflot这个"品牌"代表着"国际化的高品质质量标准和安全标准"，因而从此以后这家航空集团公司旗下的16家子公司不允许再用"Aeroflot-Nord"这个名称和标志。（Karl Grobe, »Schall und Rauch«, *Frankfurter Rundschau*, 23. September 2008, S. 13）

37. "每个拥有强大品牌的企业都努力地构建与其顾客的关系，在顾客那里可以听到如此大的回声，他们……至少同意成为封建品牌领主的奴仆。"（Klein, a. a. O., S. 162）

38. Anna Loll, »Als ich mit Merkel essen war ...«, in: *Frankfurter Allgemeine Zeitung* 11./12. Oktober 2008, S. C 1.

39. »Das FAZ-Gespräch: Mark Zuckerberg, der Gründer und Vorstandschef des sozialen Netzwerks Facebook«, in: *Frankfurter Allgemeine Zeitung*, 15. Oktober 2008, S. 15；以下引文也出自于此。

40. Mark Siemons, »So geschieht der Wille der Träume«, in: *Frankfurter*

*Allgemeine Zeitung*, 2. November 1991.

41. Klein, a. a. O., S. 160.

42. Johann Michael Möller, »Der Klan der Buchhalter«, in: *Frankfurter Allgemeine Zeitung*, 16. Dezember 1987, S. 23.

43. »Konsumentenzucht«, in: *Frankfurter Allgemeine Zeitung*, 19. April 1995.

44. Karl Marx und Friedrich Engels, *Die deutsche Ideologie*, MEW 3, S. 21.

45. Pamela Laird, *Advertising Progress. American Business and the Rise of Consumer Marketing*, Baltimore 1998.

46. Monika Osberghaus, »Wie man die Kinder ins Netz steckt«, *Frankfurter Allgemeine Zeitung*, 10. April 2000.

47. Ebd.

48. Siemons, a. a. O.

49. 当谈到商业媒体对广告的依赖时，这最多只是展现了半个真相，事实上，广告是与"观众的愿望相隔离的"（Ben H. Bagdikian, *The Media Monopoly*, Bosten, 1983, S. 123）。1981 年美国的报纸、杂志和电视台一共从广告中获得 330 亿的进账，而只有 70 亿美元来自他们的观众（ebd.）。

50. Neil Postman, *Wir amüsieren uns zu Tode*, Frankfurt am Main 1985, S. 148.

51. Alfons Kaiser, »Gute Zeiten für Kommissar Rex, die Maus und die Schlümpfe«, in: *Frankfurter Allgemeine Zeitung*, 30. Juli 1996, S. 15.

52. Aristoteles, *Politik*, 1261a-b.

53. Vgl. José Luis Pardo, »¡Es el marco, imbecil!«, in: *El País*, 21. Juli 2007, Babelia, S. 8.

54. 参照在第一卷里有关戈培尔作为品牌专家的描写（第一卷第一部分第 5 节）。

55. Siemons, a. a. O.

56. Jorge Rodrigues de Gerada, zitiert nach Klein, a. a. O., S. 296.

57. Ebd.

58. A. a. O., S. 319.

59. A. a. O., S. 297.

60. A. a. O., S. 359 f. 克莱恩在她撰写的反对品牌世界的战斗檄文中，与那些"在'出卖'中成长的人"对峙，分析出了那个人群的一些弱点，并且提供了理想的知识分子的画像："知识分子不出卖自己，也不会让

除他之外的任何人（任何事物）告诉他，他应该穿什么、买什么和吃
什么。"（S. 310）抛开知识分子的神话，而将有批判精神的知识分子的
理想画像放到现实当中，这样可以让每个消费者能够告诉自己，他最
终应该保证自己购买到的是使用价值，这其实只是需要人们从商品美
学的使用价值承诺中走出来。只有这样，长远来看，当人们要购买食
品的时候，"是买东西还是吃东西"才不再是个选择。

61. Karl Marx, *Das Kapital*, I, MEW 23, S. 92 und S. 417, Fn. 120.

62. Karl Marx, *Das Kapital*, III, MEW 25, S. 827 f.

63. Christiane Harriehausen, »Von der Einkaufsmaschine zur Erlebniswelt«,
in: *Frankfurter Allgemeine Zeitung*, 26. September 2008, S. 51；以下的引
文也出自于此。

64. Bruno Glaus, »Ein amerikanisches Erfolgsrezept erobert die Welt«, in:
*Tages-Anzeiger Magazin*, 3. Januar 1987, S. 34 ff.

65. Bazon Brock, *Die Re-Dekade. Kunst und Kultur der 80er Jahre*, München
1990, S. 253.

66. Harriehausen, a. a. O.；以下引文也出自于此。

67. Katja Gelinsky, »Jeden Sonntag findet kein Gemeinschaftsausflug statt«,
*Frankfurter Allgemeine Zeitung*, 15. November 2004, S. 40；以下引文也
出自于此。

68. Michael Mönniger, »Der Bauch von Wien«, in: *Frankfurter Allgemeine
Zeitung*, 18. September 1990；以下的引文也出自于此。

69. *Welt Online Wirtschaft*, 21. September 2008.

70. 这是指商店里或电梯里的音乐。

71. Hans G. Helms, »Konsumanlagen«, in: *Werk, Bauen+Wohnen*, Heft 4,
1995, S. 32 f.

72. Gelinsky, a. a. O.

73. Helms, a. a. O., S. 16.

74. Helms, a. a. O., S. 33.

75. Karen Ruoff, »Kaufhaus-Wandern«, in: *Das Argument* 165, 29. Jg., 1987,
Heft 5, S. 631 ff.

76. Karen Ruoff, »Kaufhaus-Wandern (II)«, in: *Das Argument* 168, 30. Jg.,
1988, Heft. 2, S. 176；以下的引文也出自于此。

77. *Los Angeles Times*, 15. November 1987.

78. Karen Ruoff, »Kaufhauswanderungen durch die Mark Brandenburg«, in:

Christoph Kniest, Susanne Lettow und Teresa Orozco (Hg.), *Eingreifendes Denken. Wolfgang Fritz Haug zum 65. Geburtstag*, Münster 2001, S. 149.

79. *El País*, 14. September 2008, Negocios, S. 9.

80. Hannes Hintermeier, »Wir Preisverrckten«, Frankfurter Allgemeine Zeitung, 11. März 2003, S. 37；以下的引文也出自于此。在2008年，这对兄弟的排名分别在10位（卡尔）和第16位（西奥）。

81. Georg Diez, »Im Warenarsenal einer besseren Welt«, *Frankfurter Allgemeine Zeitung*, 11. März 2003, S. 44.

82. Klein, a. a. O., S. 48.

83. Klein, a. a. O., S. 49.

84. *El País*, 7. September 2008, Negocios, S. 14.

85. Carles Geli, Los grandes grupos editoriales extienden su poder a las librerías, *El País*, 20. September 2008, S. 35.

## 第二部分

1. Holger Schmidt, »dot.com-Zur neuen Gründergeneration im Internet«, in: *Frankfurter Allgemeine Zeitung*, 1. Februar 2000, S. 17.

2. "有形的"广告发送数量依然非常可观。2007年，德国邮政（Deutsche Post）投递的近200亿封信件中超过一半是广告邮件（114亿），这其中有70亿封有明确的收信人，其余的就是邮政盲投。私人信件和私人明信片的数量（在总体数量中占6.7%）比上一年减少了1.5%（*Frankfurter Allgemeine Zeitung*, 23. April 2008）。

3. 证券市场的股票买卖可以在网上通过自动化软件直接进行。在世纪之交时，证券交易领域的领导者——美国最大的综合理财平台嘉信理财集团（Chales Schwab Corp.）——利用线上交易软件管理着410万在线客户，日平均处理委托30.4万宗（»In Amerika streiten 170 Internet-Broker um Kunden«, in: *Frankfurter Allgemeine Zeitung*, 22. Juli 2000, S. 25 und 27）。

4. *Frankfurter Allgemeine Zeitung*, 10. Juli 2000, S. 24.

5. *Frankfurter Allgemeine Zeitung*, 10. Juli 2000, S. 24.

6. *Frankfurter Allgemeine Zeitung*, 13. Juli 2000, S. 25.

7. Ulrich Klotz, »Die Akteure des Korporatismus verhindern den Wandel«, in: *Frankfurter Allgemeine Zeitung*, 24. Juli 2000, S. 28.

8. "许多风险投资公司目前追求梦幻般的利润率，尽管其中一定会发生错误投资。"（Schmidt, a. a. O.）

9. "通过这样的孵化器，当时在全国，各种创意以电影里快动作一般的速度变成了公司。"（Schmidt, a. a. O.）

10. 1994 年，斯蒂芬·吕沃尔（Stefan Röver）在斯图加特（Stuttgart）成立了布罗卡特信息系统股份有限公司（Brokat Infosystem AG），并担任董事长，文中引用的是他与《法兰克福汇报》记者苏珊娜·普鲁士（Susanne Preuß）的对话（*Frankfurter Allgemeine Zeitung*, 13. Juli 2000, S. 30）。在与西门子（Siemens）和万事达卡（Mastercard）的战略合作伙伴关系中，布罗卡特公司"为亚洲市场开发了第一个完整的手机商务系统"。

11. 2000 年 6 月正值新经济泡沫的高峰，这家公司还收购了美国软件领域的宝石公司（Gemstone）和火焰公司（Blaze），而仅在一年之后，这家公司就解雇了 1450 名员工；而到 2001 年 7 月份的时候，公司公布了高达 8.24 亿欧元的季度亏损，收购进来的美国公司以低于收购价的价格再次被出售，同年秋天布罗卡特信息系统股份有限公司申请破产。（»Vom Börsenstar zum Kapitalvernichter«, in: *Frankfurter Allgemeine Zeitung*, 24. November 2001, S. 16）

12. Wolfgang Fritz Haug »Wert-*Abschöpfung* unterscheidet sich vom Standpunkt des Wieviel nicht von Wert-*Schöpfung.* «, in: *High-tech-Kapitalismus*, 2. Aufl., Hamburg 2005, S. 79.

13. Horst Wildemann, »In der Neuen Ökonomie wird sich die Hierarchie der Waren verschieben«, in: *Frankfurter Allgemeine Zeitung*, 2. Oktober 2000, S. 29.

14. 国际艺术市场在线服务商艺术网络公司（Artnet）的股票从 48 欧元（开盘价）跌落到 4 欧元。（*Frankfurter Allgemeine Zeitung*, 12. Juli 2000, S. 31.）

15. *Frankfurter Allgemeine Zeitung*, 13. Juli 2000, S. 17.

16. Hanno Mussler, »Von Panik keine Spur«, in: *Frankfurter Allgemeine Zeitung*, 1. April 2000, S. 25.

17. Robert W. McChesney, *Rich Media, Poor Democracy*, New York 1999, S. 45.

18. Vgl. Siegfried J.Schmidt und Brigitte Spieß, *Die Kommerzialisierung der Kommunikation*, Frankfurt am Main, 1996, S. 48.

19. A. a. O., S. 40.

20. *Advertising Age*, 18. November 1996, zitiert nach: Klein, a. a. O., S. 309.

21. "在表象泛滥的世界中，随着人们越来越冷静，他们开始以非常理性的态度参与消费活动已经变得随处可见了。"（Beat Wyss, »In der Kathedrale des Kapitalismus«, in: *Kursbuch* 107, 1991, S. 27）

22. Klaus Nientiedt, »Zeitalter der *bricolage*«, in: *Herder-Korrespondenz*，Nr. 3, 1990.

23. "美学的活力作为麻醉剂有双重含义：陶醉和麻醉。美学化导致了……麻醉。"（Welsch, »Zur Aktualität ästhetischen Denkens«, in: Wolfgang Welsch, *Ästhetisches Denken*, Stuttgart 1990, S. 14）

24. Wyss, a. a. O., S. 27.

25. Andrew Wernick, »The Promotional Condition of Contemporary Culture«, in: Martyn J. Lee (Hg.), *The Consumer Society Reader*, Oxford 2000.

26. 根据施密特和施皮斯（Schmidt/Spieß）（a. a. O., S. 26.）的看法，"广告人"一致认为"大规模营销的时代已经过去了，同样具有标志意义的大规模生产的时代也不会再回来了"。但是如果将这种看法到处套用则是错误的。举例来说，移动电话就是典型的标准化大规模生产的产品，而为它所做的广告也毫无疑问是根据大规模营销策略来开展的。

27. 有关顺应潮流和不顺应潮流的社会辩证关系可以参照托马斯·巴尔弗斯（Thomas Barfuss）的一部优秀的研究《一致性和怪诞的意识：20世纪文化中生活方式的普遍性和过时》（*Konformität und bizarres Bewusstsein. Zur Verallgemeinerung und Veraltung von Lebensweisen in der Kultur des 20 Jahrhundert*, Hamburg, 2002）。

28. Bolz, 1994, S. 89.

29. A. a. O.

30. A. a. O., S. 95.

31. Google（谷歌）这个名字是从"Googol"中而来的，后者被数学家用来表示非常巨大的数字。"10年前，雅虎（Yahoo!）大约雇佣了上百名编辑，他们的任务是对网页信息进行内容上的归类。谷歌公司和以概率论为基础的软件——那些做出数学上精确预计的工具——使得这些编辑失业了。"（S. B., »Der Triumph der großen Zahl. Zehn Jahre Google«, in: *Neue Zürcher Zeitung*, 25. April 2008, S. B 5）因而早在2008年初，就有上千名"雅虎人"被解雇了。同年10月，雅虎这个往日的互联网明星公司明确表示在年底，会对现有的15000名雇员继续裁员10%。"自从使用了自动搜索引擎，雅虎就远远落后了。"（Jakob Schlandt, »Yahoos langer Abstieg«, in: *Berliner Zeitung*, 23. Oktober 2008）

32. 对此两位市场营销专家彼得·哈勒尔（Peter Haller）和海宁·冯·费勒格（Henning von Vieregge）——后者在传播代理机构联合总会

（Gesamtverband Kommunikationsagenturen）担任会长一职——写道："困难时期的革新是成功的关键引擎。在 2001 年和 2002 年所调查的 700 个品牌中，有 100 个营业额增长了，600 个营业额下降了。100 个胜利者中有 63% 是在新产品的帮助下实现成长的。但是，今天快速消费品领域的消失率高达 70% 也是事实。有的全新品牌在一年后……却又再也找不到它们的名字。从世纪之交以来，品牌消失的比率提高了 20%。"（»Markenführung am Wendepunkt. Von der horizontalen zur vertikalen Integration«, in: *Frankfurter Allgemeine Zeitung*, 2. April 2007, S. 18）

33. *Frankfurter Allgemeine Zeitung*, 22. April 2008, S. 15；与之相较，宝马汽车公司（BMW）以 280 亿美元的品牌价值排名第 17 位。

34. S.B., a. a. O.; Gerald Reischl, *Die Google-Falle. Die unkontrollierte Weltmacht im Internet*, Wien 2008.

35. 在这里之所以用"估计"一词，是因为保守秘密是这家公司最高级的竞争手段。

36. 谷歌欧洲的副总经理尼克什·阿罗拉公布的 2008 年的数据，这个数字为 95%。（*El País*, 30. November 2008, Negocios, S. 22）

37. Gesine Hindemith, »Rezension von Lars Reppesgaard, *Das Google Imperium*« (Hamburg 2008), in: *Frankfurter Allgemeine Zeitung*, 20. Oktober 2008, S. 37.

38. 此处和后面的引文都出自 Katie Hafner, »De masajista de Google a millionaria«, in: *El País* (29. November 2007, S. 7)；这篇文章最早刊登在《纽约时报》（*New York Times*）。

39. 布朗后来将她的故事写下来并出版，题为 *Giigle-How I Got Lucky Massaging Google* (Nashville/TN 2007)。

40. »Stefan Röver im Gespräch mit Susanne Preuß«, in: *Frankfurter Allgemeine Zeitung*, 13. Juli 2000, S. 30.

41. *Frankfurter Allgemeine Zeitung*, 20. Juli 2000, S. 25；后面的内容也出自于此。

42. »›Permission Marketing‹ statt Werbeflut im Internet«, in: *Frankfurter Allgemeine Zeitung*, 20. Juli 2000, S. 25.

43. 以下内容引自 Alicia González, »Llamadas gratis a cambio de anuncios«, in: *El País*, 7. September 2008, Negocios, S. 13。

44. »Fernsehwerbung wandert ins Netz«, in: *Frankfurter Allgemeine Zeitung*,

27. Oktober 2008, S. 19.

45. 以下引文来自 Joseba Elola, »Túles montas el anuncio«, in: *El País*, 10. September 2006, S. 37。

46. »Cavalli entwirft für H&M«, in: *Focus Online*(20. Juni 2007), <http://www. focus.de/kultur/kunst/mode_aid_63895.html>(Stand: November 2008).

47. Brenda Strohmeier, »Mit 66 wird Cavalli H&M-Designer«, in: *Welt Online* (2. November 2007); <http://www.welt.de/lifestyle/article1325165/Mit_66_wird_ Cavalli_H_amp_M_Designer.html> (Stand: November 2008).

48. Sarah Stähli, »In der Roberto-Cavalli-Hölle«, *Tages-Anzeiger* (9. November 2007, S. 28).

49. 在《文化差异：由"展示的图景"所引起的有关文化和文化定义的最新讨论》( Die kulturelle Unterscheidung. ›Bilder einer Ausstellung‹ zur aktuellen Diskussion um Kultur und Kulturdefinitionen ) 一文中，我提出了作为历史唯物主义文化理论基本概念的"文化差异"这个概念，载于：*Tages-Anzeiger* (19. November 1986, S. 43 und 45)；也可以在以下网址中找到：http://www.wolfgangfritzhaug.inkrit.de/documents/kulturellenunterscheidung.pdf。

50. "买了一件时髦的套头卫衣的人……主要购买的是它与其他套头卫衣的不同之处"，古根伯格（Bernd Guggenberger）在他的文章中这样写道。( »Schönheit ist alles, alles andere zählt nicht«, in: *Frankfurter Allgemeine Zeitung*, 9. Dezember 1989 )

51. Andreas Jürgs, »Klassiker weiter auf Erfolgskurs«, in: *Frankfurter Allgemeine Zeitung*, 2. Juli 2008, S. 40.

52. *Frankfurter Allgemeine Zeitung*, 7. Oktober 2008, S. 1.

53. Klaus Dörre, Klaus Kraemer und Frederic Speidel, »Prekäre Arbeit«, in: *Das Argument* 256, 46. Jg., 2004, Heft 3/4, S. 381.

54. a. a. O., S. 379.

55. a. a. O., S. 380.

56. Christian Geyer, Besprechung von Kathrin Passig/Sascha Lobo, »Dinge geregelt kriegen-ohne einen Funken Selbstdisziplin« (Berlin 2008), in: *Frankfurter Allgemeine Zeitung*, 15. Oktober 2008, Literaturbeilage, S. 21.

57. Martin Kronauer, *Exklusion. Die Gefährdung des Sozialen im hoch entwickelten Kapitalismus*, Frankfurt am Main 2002, zitiert nach Dörre et

al., a. a. O., S. 381.

58. Dörre et al., a. a. O., S. 387.

59. Frigga Haug, Rezension von Joachim Zelter, *Schule der Arbeitslosen*, in: *Das Argument* 274, 50. Jg., 2008, H. 1, S. 141.

60. A. a. O., S. 142.

61. A. a. O., S. 141.

62. Ebd.

63. 吉尔·利伯维茨基（Gilles Lipovetsky）研究了"超级消费社会"（Gesellschaft des Hyperkonsums），这种类型的社会始于"20世纪70年代末期"，"商品体验的改变和在商品社会中生活方式的改变"隐晦地体现了这类社会的特征；在超级消费社会中人们都"逃跑似地向前奔去"，被人类永不满足的欲望驱动着："人们消费得越多，就越想消费。"（*Le bonheur paradoxal. Essai sur la société d'hyperconsummation*, Paris 2006, S.17, S.34）利伯维茨基认为资本的天性就是人类的天性。因为在资本中到处都是：积累得越多，就越必须积累。资本尽其所能，将人类的需要变成依赖于资本的变体形式。

64. Robert P. Harrison, »Brauchen wir einen Kaiser?«, in: *Frankfurter Allgemeine Zeitung* 14. November 2007, S. N5. 哈里森引用了但丁的"Cupiditas redix malorum est"，即"我们的消费世界的基础不是'我想（我思考）'，而是'我想要'。因此，如果没有占有的贪婪，我们不断增长的经济就无法变得繁荣，无法展现它说的那般美好"。

65. Georg Giersberg, »Preissignal«, *Frankfurter Allgemeine Zeitung*, 30. Mai 2008, S. 11.

66. *El País*, 30. August 2007, S. 49.

67. 德国政府从2009年开始，将参与分红所得收入的免税额从135欧元提高到了360欧元。投资是与企业的表现密切联系的。但是如果人们的投资全部亏损掉了，却不会得到相应的"强制性保护"。舍费尔斯（Manfred Schärfers）在他的文章《昂贵的合伙》（»Teure Teilhabe«, in *Frankfurter Allgemeine Zeitung*, 22. April 2008, S. 11）中评论了这个问题："这听起来非常不近人情，但是事实就是如此。它不仅与企业参与方式相矛盾，而且以利润为代价。"它硬是要与管理层"高得吓人"的年终奖金相提并论。年免税额只是最高昂的对冲基金经理2007年顺手而得收入的千万分之一。

68. Peter Haller und Henning von Vieregge, »Markenführung am Wendepunkt«,

in: *Frankfurter Allgemeine Zeitung*, 2. April 2007, S. 18.

69. Ebd.

70. Oliver Fahrni, »Der reale Krieg geht um die Vormacht im Islam«, in: *Freitag* (1. Februar 1991, S. 5).

71. Benjamin R. Barber, »Culture McWorld contre démocratie«, in: *Le Monde diplomatique* (August 1998, S. 14 f.).

72. Jean-Paul Sartre, *L'être et le néant. Essai d'ontologie phénoménologique*, 51. Aufl., Paris 1957 (1943), S. 612.

73. Wolfgang Fritz Haug, *Jean-Paul Sartre und die Konstruktion des Absurden*, 3., veränderte Aufl., Hamburg 1991, S. 97.

74. Wyss, a. a. O., S. 26.

75. Alexandre Kojève, *Hegel. Versuch einer Vergegenwärtigung seines Denkens*, herausgegeben von Iring Fetscher, Stuttgart 1958, S. 41.

76. Stuart Hall, »Das Lokale und das Globale: Globalisierung und Ethnizität«, in: *Ausgewählte Schriften*, Bd. II, Hamburg 1994, S. 45.

77. Ebd.

78. A. a. O., S. 58.

79. "资本首先创造了市民社会以及一些普遍的特性，例如仅是通过社会的成员就将社会整合为一个整体。由于资本发挥了不起的文明化的影响，由此产生了一个伟大的社会历史阶段，相对于这样的社会形态，过去所有的旧式生产方式下的社会发展都只能体现为人类的**地方性发展和对大自然的偶像崇拜**。"（MEW 42, S.323）

80. Hall, a. a. O., S. 58.

81. Hall, a. a. O., S. 60.

82. Héctor Díaz-Polanco, *Elogio de la diversidad. Globalizacion, multiculturalismo yetnofagia*, México D. F. 2006, 2. Auflage 2007, S. 167.

83. 与之相匹配的年轻人的照片都登载在无线通讯运营商威讯的求职网页上：www.verizon.com/careers（2008 年 11 日访问）。

84. Wyss, a. a. O., S. 30.

85. Hall, a. a. O., S. 64.

86. Dirk Schümer, »Märchen vom Fahren«, in: *Frankfurter Allgemeine Zeitung*, 22. März 1999, S. 49.

87. Ebd.

88. Markus Günther, »Phantom der Puppenstube«, in: *Frankfurter Allgemeine*

*Zeitung*, 19. Februar 1994；以下的引文也出自于此。

89. 这是克里斯托弗·古维埃在一次访谈中所说的，载于：*El País*, 7. September 2008, Negocios, S. 12。

90. George Ritzer, *Die McDonaldisierung der Gesellschaft*, Frankfurt am Main 1995.

91. Antonio Gramsci, *Gefängnishefte*, Heft 11, §17; ferner Wolfgang Fritz Haug, *Philosophieren mit Brecht und Gramsci* (1996), erweiterte Ausgabe, Hamburg 2006, Kap. 3.

92. Barber, a. a. O.

93. Alfons Kaiser, »Gleichsein in der Modewelt«, in: *Frankfurter Allgemeine Zeitung*, 18. April 1998, S. 1.

94. A. a. O., S. 30.

95. A. a. O., S. 25.

96. A. a. O., S. 30.

97. Hall, a. a. O., S. 58.

## 第三部分

1. Vgl. Fredric Jameson, *Postmodernism, or, The Cultural Logic of Late Capitalism*, Durham 1991, S. 6.

2. A. a. O., S. 275.

3. W.W., »Werbeverbot«, in: *Frankfurter Allgemeine Zeitung*, 13. Februar 2008, S. 33.

4. Jörn Kraft, »Die Medien im Treibhaus der Werbung«, in: *Die Zeit* (10. Februar 1995, S. 55)；以下引文也出自于此。

5. "促销性的消息是意义的复合体，它同时代表（代替……而行动）、倡导（为了……而行动）和期盼（向……而行动）流通的实体归于消息的指向。" Andrew Wernick, »The promotional condition of contemporary culture«, in: Martyn J. Lee〔Hg.〕, *The Consumer Society Reader*, Oxford 2000, S. 301；以下引文也出自于此。

6. Konrad K. Adam, »Autisten unter sich«, in: *Frankfurter Allgemeine Zeitung*, 10. März 2000, S. 41.

7. Jameson, a. a. O., S. 277.

8. Bertolt Brecht, »Die Amerikanische Umgangssprache«, in: Bertolt Brecht, Gesammelte Werke, Frankfurt am Main 1967, Bd. 20, S. 299.

9. Wernick, a. a. O., S. 307；此后其他引文也出自于此。

10. Brecht, a. a. O., S. 290. 布莱希特曾经澄清，人们 "获得认识，以便将它以尽可能高的价格继续卖出去，如果自己也要为获取知识付出很高的代价，就会出现榨取"，那么 "学习和自我享乐之间的矛盾就会尖锐，也会被看得很重"。"只有当生产力释放出来了，才可能出现在享受中学习和在学习中享受的相互转化。"（S. 289）

11. "Comment la fesse fait signe? Et comment le signe fait le desir?"（如何用臀部表达？这个符号是如何表达欲望的？）密歇艾尔·克拉斯卡德在其著作《诱惑的资本主义》(Le capitalisme de la seduction) 中提出了这个问题（Paris, 1981, S.10）。

12. Jameson, a. a. O., S. 275.

13. A. a. O., S. 276.

14. 使用价值这个问题令很多对它有一个标准概念的人感到困惑，我在后面还会回到这个问题来。

15. Manfred Bruhn und Jörg Tilmes，*Social Marketing*, Stuttgart 1989.

16. Hartmut Kreikebaum, »Marketing für Non-Profit-Organisationen. Lösung sozialer Aufgaben auf kommerzielle Weise«, in: *Frankfurter Allgemeine Zeitung*, 17. Juli 1989.

17. Jürgen Gaulke, »Die IBM ist nicht mehr der Nabel der Welt«, in: *Frankfurter Allgemeine Zeitung*, 29. April 1989；以下引文也出自于此。

18. Dieter Schöffmann, »Bürgerschaftliches Engagement durch Unternehmen und ihr Personal-eine Chance für soziale Verbände und Einrichtungen«(www.sozialbank.de/finale/inhalt/servicel/fachbeitragege29188.shtml) (Stand: Januar 2009)。

19. Siemons, a. a. O.

20. Anja Pinter, *Corporate Volunteering in der Personalarbeit: Ein strategischer Ansatz zur Kombination von Unternehmensinteresse und Gemeinwohl?* Lehrstuhl für Umweltmanagement, Universität Lüneburg, Oktober 2006, S. 77.

21. IBM Global Business Services, »IBM Global CEO Study—The Enterprise of the Future«, online verfügbar unter www.ibm.com/enterpriseofthefuture (Stand: Dezember 2008); das Folgende nach: Hans-Christoph Noack, »Der wissenshungrige Konsument«, in: *Frankfurter Allgemeine Zeitung*, 28. Mai 2008, S. 16.

22. 这里和以下的引文出自：Mercedes de la Rosa,»Si el refresco es solidario, lo compro«, in: *El País*, 29. August 2008, S.28f；在线地址：http://www.elpais.com/ articulo/sociedad/refresco/solidario/compro/elpepisco/20080829elpepisco_ I/Tes（Stand：November 2008）。

23. Cone Inc., *Cone Cause Evolution Study 2007*, online verfügbar unter http:// www.coneinc.com/files/2007ConeSurveyReport.pdf (Stand: Dezember 2008).

24. De la Rosa, a. a. O.

25. Hanno Beck, »Geld anlegen mit gutem Gewissen«, in: *forum* 1/2007, S. 45.

26. Ebd.

27. Nach: »Der wissenshungrige Konsument«, a. a. O.

28. Barbara Sommerhoff, »Hat Nachhaltigkeit eine wirtschaftliche Komponente?«, in: *Frankfurter Allgemeine Zeitung*, 20. Oktober 2008, S. 20；后面的引文也出自于此。

29. 对黑森州拿骚（Hessen-Nassau）教堂财政部门的负责人来说，"如果一家型企业集团其收入中只有不到20%是通过……售卖军备赚来的话……那么，这家企业就是值得赞赏的"。

30. Sommerhoff, a. a. O.；后面的引文也出自于此。

31. Horst Holzer, »Globalisierung per Musikvideo«, in: Johanna Klages und Peter Strutynski (Hg.), *Kapitalismus am Ende des 20. Jahrhunderts*, Hamburg 1997, S. 163-178.

32. Jameson, *Postmodernism*, S. 276 f.

33. Florian Flaig, »Finanzkrise bringt Fußballclubs in Bedrängnis«, *Focus Money online*, 19. September 2008.

34. Matthew McAllister, *The Commercialization of America*, Thousand Oaks 1996, S. 177.(zitiert nach Klein, a. a. O. S. 51)

35. Klein, a. a. O., S. 69.

36. A. a. O., S. 74.

37. A. a. O., S. 73.

38. Rubén Sánchez García, »El cine perjudica seriamente la salud«, *El país* (9. August 1998, S. 12).

39. Peter Kemper, »Der Kampf um das richtige T-Shirt«, in: *Frankfurter Allgemeine Zeitung*, 12. April 1995, S. 37；以下引文也出自于此。

40. Z 公司在因特网上这样招揽客户："宇宙空间市场营销是扣人心弦的，也是富于创新的环境，在那里有无限的机会来开展令人喜爱的和引起轰动的宣传活动，从简单的将商标喷涂在运载火箭和给养火箭上，到产品植入，再至系统的赞助措施。"（Ambient Media Online, Dezember 2008）

41. 这里和后面的引文都来自：Hubert Spiegel, »Gegenstrom«, in: *Frankfurter Allgemeine Zeitung*, 7. November 2007, S. 43；这个谈话也发表于：Ingo Schulze, *Tausend Geschichten sind nicht genug*, Frankfurt am Main 2008, S. 61-76。

42. *Deutschland Radio Kultur*, 12. Oktober 2008.

43. Armin Leidinger, »Wenn der Sponsor pleite geht«, in: *Der Tagesspiegel*, 5. Oktober 2008.

44. »Die Formel 1 und die Finanzkrise«, in: *Crédit Suisse Online*, 23. September 2008; online verfügbar unter: ⟨http://emagazine.credit-suisse.com/app/article/index.cfm?fuseaction=OpenArticle&aoid=242604<=DE⟩ (Stand: November 2008).

45. Swantje Karich, »Wer kann das bezahlen?«, in: *Frankfurter Allgemeine Zeitung*, 18. November 2008, S. 38.

## 第四部分

1. 恩岑斯贝格（Enzensberger）将"时代精神"描述为一种"矛盾的说法"。

2. Siemons, a. a. O.

3. Ebd.

4. 同样人们也可以对此进行抱怨，在销售某个东西的时候，为了美化其包装，货品本身会遭到指责，也就是说它的包装无意中泄露了全部的秘密。

5. Johann Michael Möller, »Der Klan der Buchhalter«, in: *Frankfurter Allgemeine Zeitung*, 16. Dezember 1987, S. 23.

6. Beat Wyss, »In der Kathedrale des Kapitalismus«, in: *kursbuch* 106, 1991, S. 28.

7. Wolfgang Welsch, *Ästhetisches Denken*, Stuttgart 1990, S. 19.

8. Wyss, a. a. O., S. 21.

9. A. a. O., S. 22.

10. Norbert Bolz, *Das kontrollierte Chaos. Vom Humanismus zur Medienwirklichkeit*, Düsseldorf /Wien 1994, S. 80.

11. Ebd.

12. Bazon Brock, *Der Barbar als Kulturheld. Gesammelte Schriften III*, 1991-2001, 2. Aufl., Köln 2004, S. 591. 标志性的例子就发生在布拉克的眼前：在柏林墙（Berliner Mauer）倒塌之后，仍然还是德意志民主共和国的居民喜欢那些出了名的味道不好的西红柿，而不是自己国家种出来的西红柿，因为后者"在供应时没有被预加工成好看的样子"（S. 552）。

13. A. a. O., S. 538.

14. A. a. O., S. 536.

15. Peter Lückemeier, »Ein Lebensgefühl lockt im Schaufenster der Vaci«, in: *Frankfurter Allgemeine Zeitung*, 19. Mai 1987, S. 18.

16. »Wachsende Aggressionen gegen West-Werbung in Ostdeutschland«, in: *Frankfurter Allgemeine Zeitung*, 19. Februar 1991, S. 25；以下引文也出自于此。

17. Gabriele Eckart, »Ich kam mir überflüssig vor«, in: *Der Spiegel*, 9. März 1987, S. 58.

18. Bazon Brock, *Der Barbar als Kulturheld. Gesammelte Schriften III*, 1991-2001, 2. Aufl., Köln 2004, S. 546.

19. A. a. O., S. 541.

20. A. a. O., S. 551.

21. Heinz Steinert, *Kulturindustrie*, Münster 1998, S. 191.

22. Axel Honneth, Vorwort zu Eva Illuoz, *Der Konsum der Romantik. Liebe und die kulturellen Widersprüche des Kapitalismus*, Frankfurt am Main 2003.

23. Karl Marx, *Das Kapital I*, MEW 23, S. 86.

24. Bolz, 1994, S. 81. 作者继续写道："与一个女人发生性关系是手淫活动的替代品，而且是一个比较次等的替代，关于这个说法就连卡尔·克劳斯（Karl Kraus）也不知该说什么好了。"（卡尔·克拉斯：20世纪上半叶最杰出的德语作家与语言大师之一。——译者注）

25. Siemons, a. a. O.

26. Vgl. Wolfgang Fritz Haug, *Vorlesungen zur Einführung ins »Kapital«, Neufassung*, Hamburg 2005, S. 60 ff.

27. Karl Marx, *Das Kapital I*, MEW 23, S. 50.

28. *Ein kurtzweilig lesen von Dyl Ulenspiegel*, 37. Histori (zitiert nach Deutsche Volksbücher in drei Bänden, Bd. 2, Berlin (DDR)/Weimar 1979, S. 61 f).

29. A. a. O., »86. Histori«, S. 141.

30. Richard McGregor, »Why China is a Copybook Case«, in: *Financial Times*, 2.-3. 12. 2000, S. 9.

31. Gernot Böhme, »Warenästhetik«, in: Kai Buchholz und Klaus Wolbert (Hg.), *Im Designerpark/Leben in künstlichen Welten*, Darmstadt 2004, S. 992.

32. "当然，"伯梅认为，"商品美学对于美学马克思主义者豪格来说是包装，是可以交换的。这样的包装有一天是会幻灭的……所以，豪格认为作为资本主义晚期现象和特征的商品美学会碰到它的局限……豪格和包括西奥多·阿多诺在内的其他人将晚期资本主义描述为，一个在其中消失了阶级差异或者至少是阶级意识的时代，在那里区隔的愿望将通过消费来确定。'晚期'显得，正如他们所认为的那样，资本主义似乎就要结束了。但是资本主义证明了它的灵活性和变化能力。资本主义并不是一个辩证的过程，而是一个演变着的和不断扩张的系统。而商品美学只是展示了资本主义制度在其发展过程中的一个阶段。"（A. a. O., S. 992 f.）这些表述既不符合事实，而且它们相互之间也不一致。商品美学不是发展阶段，而是资本主义一个功能性的伴随表象，只要资本主义制度一直存在的话。而且，资本主义制度作为"演变着的和不断扩张的系统"通过持续的变化而得以存在，恰恰是这种能力证明了资本主义的辩证性。由于商品美学的不稳定性，使得商品美学将不断受到失望的打击，最终对资本主义的结束不起作用。

33. 伯梅似乎充满感情地将它描述为"商品美学的这个最新进步"，而没有面对充满否定性的现实所展现出来的状况，去分析在对现实的幻想中到处充斥的矛盾的对抗性："到目前为止，生产现场都是与油渍和肮脏、与无产阶级和异化的劳动联系在一起的，而在这里生产出了豪华车型辉腾牌的汽车，这是展现在顾客面前的美学事件。"（A. a. O., S. 993）

34. Michael Jäger, »Die Sprache des Marktes«, Manuskript vom September 1990；以下引文也出自于此。

35. Karl Marx, *Das Kapital I*, MEW 23, S. 49.

36. Wolfgang Welsch, »Zur Aktualität ästhetischen Denkens«, Stuttgart 1990,

S. 16 f.

37. Holger van den Boom, *Digitale Ästhetik*, Stuttgart 1987, S. 185.

38. Ebd.

39. Janos A. Makowsky, »Computeranimation: High-tech-Trickfilm oder Aufbruch in neue Visualisierungsmöglichkeiten?«, in: Angela Schönberger (Hg.), *Simulation und Wirklichkeit*, Köln 1988, S. 155.

40. Wyss 1991, S. 31.

41. "拟像的世界吸收了幻象，并且将现实清理出去了。鲍德里亚将这些称为建立起了'没有幻象的现实'（1976，S. 83）。"（Bolz, *Eine kurze Geschichte des Scheins*, 1991, S. 104）

42. Bolz 1994, S. 80.

43. Bolz 1992, S. 103.

44. Michel Serres, *Der Parasit*, S. 148.

45. Ottmar John, »‹Einfühlung› in die Ware-Eine zentrale Kategorie Benjamins zur Bestimmung der Moderne«, in: *Concordia*, Nr. 21, 1992, S. 31.

46. Bolz 1991, S. 109.

47. Ebd.

48. Günter Mayer, »Visionen fürs 21. Jahrhundert?«, in: *Das Argument 207*, 36. Jg., 1994, Heft 6, S. 926.

49. Karl Marx, »Zur Kritik der Hegelschen Rechtsphilosophie. Einleitung«, MEW 1, S. 378.

50. 波尔茨认为，表象就是现实的替代物，因此表象的特征通过废除现实而被释放："在真实的世界里也有幻象，通过现实我们也会废除幻想。"（*Eine kurze Geschichte des Scheins*, S. 109）

51. Bolz 1994, S. 84.

52. Bolz 1990, S. 59.

53. Bernd Guggenberger, »Schönheit ist alles, alles andere zählt nicht«, in: *Frankfurter Allgemeine Zeitung*, 9. Dezember 1989.

54. Silvio Vietta, »Die Diskussion geht noch immer weiter«, in: *Frankfurter Allgemeine Zeitung*, 16. April 1987, S. 11.

55. Frederic Jameson, *Postmodernism, or, The Cultural Logic of Late Capitalism*, Durham 1991, S. 8.

56. A. a. O., S. 9.

57. Siemons, a. a. O.

58. Wyss, S. 100.

59. A. a. O., S. 102.

60. A. a. O., S. 104.

61. Christiane Fricke, »Der Wertschöpfer« (Takashi Murakami), in: *Handelsblatt*, 3. November 2008, S. 10.

62. John Seabrook, »The big Sellout«, in: *The New Yorker*, 20./27. Oktober 1997, zitiert nach Klein, a. a. O., S. 303.

63. Wyss, a. a. O., S. 68.

64. Jameson, a. a. O., S. 9 f.

65. Wyss, a. a. O., S. 109.

66. Jameson, a. a. O., S. 8.

67. Johannes Willms, »Jeff Koons in Versailles-Viel Lärm um ein Soufflé«, in: *Süddeutsch Zeitung*, 13. September 2008.

68. Wyss, a. a. O., S. 108.

69. Boris Groys, *Das kommunistische Postskriptum*, Frankfurt am Main 2006, S. 8.

70. Willms, a. a. O.

71. Willms, a. a. O.

72. Martin Seel, »Vor dem Schein kommt das Erscheinen. Bemerkung zu einer ästhetik der Medien«, in *Merkur*, 47. Jg., 1993, H. 9/10, S. 783; vgl. Günter Mayer, »Visionen fürs 21. Jahrhundert?«, in: *Das Argument* 207, 1994, S. 912-927.

73. Wyss, a. a. O., S. 24 f.

74. Bolz 1994, S. 79 f.

75. A. a. O., S. 83.

76. A. a. O., S. 86.

77. Eckhard Fuhr, »Ikonische Wende: Der Maler Anselm Kiefer erhält den Friedenspreis des Deutschen Buchhandels«, in: *Die Welt online*, 5. 6. 2008.

78. *Buchmarkt*, 21. 10. 2008.

79. Mark Siemons, »Das lebende T-Shirt«, in: *Frankfurter Allgemeine Zeitung*, 5. Juni 2001, S. 49.

80. 瑙弥·克莱恩看到了"强有力的反对浪潮"的产生，"它迎头针对跨国大型集团公司，而且尤其反对那些完全通过某个品牌进行身份定位的公司"（a. a. O., S. 17）。

81. A. a. O., S. 14.
82. A. a. O., S. 17.
83. A. a. O., S. 19.
84. Siemons, a. a. O.
85. Vgl. Wolfgang Ullrich, *Haben wollen. Wie funktioniert die Konsumkultur*, Frankfurt am Main 2006.
86. Dan Ariely, *Predictably Irrational. The Hidden Forces That Shape Our Decisons*, New York 2008.
87. Hanno Beck, »Amäsante Schwindeleien«, in: *Frankfurter Allgemeine Zeitung*, 26. Mai 2008, S. 14.
88. Judith Wilske und André Erlen, *Mein erstes Shopping-Buch*, Köln 2002.
89. »Kinderkonsum«, in: *Frankfurter Allgemeine Zeitung*, 24. November 2000, S. 41.
90. Judith Pfannenmüller, »Die Revoluzzer-Industrie«, in: *werben und verkaufen*, 25. Januar 2007, S. 26 ff.；以下引文也出自此处。
91. Josef Stiglitz, zitiert nach *El País*, 21. September 2008, Negocios, S. 12.
92. Nils Minkmar, »Und was ist nach dem Geld passiert?«, in: *Frankfurter Allgemeine Zeitung*, 8. Oktober 2008, S. 31.
93. »Dozent schlägt Geld als Werbefläche vor«, in: Frankfurter Allgemeine Zeitung, 18. November 2008, S. 9.
94. 根据广告协会的估计，德国在 2008 年的广告支出总额为 307.9 亿欧元，呈现下降的趋势。（*International Business Times Deutschland*, 6. Dezember 2008）

**图书在版编目(CIP)数据**

　　商品美学批判：修订译本 ／（德）沃尔夫冈·弗里茨·豪格著；董璐译. --上海 ：上海人民出版社，2025. -- ISBN 978-7-208-19386-4

　　Ⅰ. F76-05；B832.3

　　中国国家版本馆 CIP 数据核字第 2025FU3210 号


**责任编辑**　陈依婷　于力平
**封面设计**　零创意文化


**商品美学批判(修订译本)**

[德]沃尔夫冈·弗里茨·豪格 著
董　璐 译

| 出　　版 | 上海人民出版社 |
|---|---|
| | （201101　上海市闵行区号景路 159 弄 C 座） |
| 发　　行 | 上海人民出版社发行中心 |
| 印　　刷 | 上海商务联西印刷有限公司 |
| 开　　本 | 635×965　1/16 |
| 印　　张 | 23 |
| 插　　页 | 2 |
| 字　　数 | 246,000 |
| 版　　次 | 2025 年 4 月第 1 版 |
| 印　　次 | 2025 年 4 月第 1 次印刷 |

ISBN 978-7-208-19386-4/B·1814

| 定　　价 | 95.00 元 |
|---|---|

MINERVA

· 密涅瓦 ·

## 大师经典

《社会学的基本概念》　　　　[德] 马克斯·韦伯 著　　　　胡景北 译
《历史的用途与滥用》　　　　[德] 弗里德里希·尼采 著
　　　　　　　　　　　　　　　陈　涛　周辉荣 译　　　刘北成 校
《奢侈与资本主义》　　　　　[德] 维尔纳·桑巴特 著
　　　　　　　　　　　　　　　王燕平　侯小河 译　　　刘北成 校
《社会改造原理》　　　　　　[英] 伯特兰·罗素 著　　　张师竹 译
《伦理体系：费希特自然法批判》
　　　　　　　　　　　　　　　[德] 黑格尔 著　　　　　翁少龙 译
《理性与生存——五个讲座》
　　　　　　　　　　　　　　　[德] 卡尔·雅斯贝尔斯 著　杨　栋 译
《战争与资本主义》　　　　　[德] 维尔纳·桑巴特 著　　晏小宝 译
《道德形而上学原理》　　　　[德] 康　德 著　　　　　苗力田 译
《论科学与艺术》　　　　　　[法] 让-雅克·卢梭 著　　何兆武 译
《对话录》　　　　　　　　　[英] 大卫·休谟 著　　　张连富 译
《空间与政治》　　　　　　　[法] 亨利·列斐伏尔 著　　李　春 译
《人类理智研究》　　　　　　[英] 大卫·休谟 著　　　张连富 译

## 人生哲思

《论人的奴役与自由》　　　　[俄] 别尔嘉耶夫 著　　　张百春 译
《论精神》　　　　　　　　　[法] 爱尔维修 著　　　　杨伯恺 译
《论文化与价值》　　　　　　[英] 维特根斯坦 著　　　楼　巍 译
《论自由意志——奥古斯丁对话录二篇》（修订译本）
　　　　　　　　　　　　　　　[古罗马] 奥古斯丁 著　　成官泯 译

《论婚姻与道德》　　　　　[英] 伯特兰·罗素 著　　　　　汪文娟 译

《赢得幸福》　　　　　　　[英] 伯特兰·罗素 著　　　　　张　琳 译

《论宽容》　　　　　　　　[英] 洛　克 著　　　　　　　张祖辽 译

《做自己的哲学家：斯多葛人生智慧的 12 堂课》

　　　　　　　　　　　　　[美] 沃德·法恩斯沃思 著　　朱嘉玉 译


## 社会观察

《新异化的诞生：社会加速批判理论大纲》

　　　　　　　　　　　　　[德] 哈特穆特·罗萨 著　　　郑作彧 译

《不受掌控》　　　　　　　[德] 哈特穆特·罗萨 著

　　　　　　　　　　　　　郑作彧　马　欣 译

《部落时代：个体主义在后现代社会的衰落》

　　　　　　　　　　　　　[法] 米歇尔·马费索利 著　　许轶冰 译

《鲍德里亚访谈录：1968—2008》

　　　　　　　　　　　　　[法] 让·鲍德里亚 著　　　　成家桢 译

《替罪羊》　　　　　　　　[法] 勒内·基拉尔 著　　　　冯寿农 译

《吃的哲学》　　　　　　　[荷兰] 安玛丽·摩尔 著　　　冯小旦 译

《经济人类学——法兰西学院课程（1992—1993）》

　　　　　　　　　　　　　[法] 皮埃尔·布迪厄 著　　　张　璐 译

《局外人——越轨的社会学研究》

　　　　　　　　　　　　　[美] 霍华德·贝克尔 著　　　张默雪 译

《如何思考全球数字资本主义？——当代社会批判理论下的哲学反思》

　　　　　　　　　　　　　　　　　　　　　　　　　　蓝　江 著

《晚期现代社会的危机——社会理论能做什么？》

　　　　　　　　　　　　　[德] 安德雷亚斯·莱克维茨

　　　　　　　　　　　　　[德] 哈特穆特·罗萨 著　　　郑作彧 译

《解剖孤独》　　　　　　　[日] 慈子·小泽-德席尔瓦 著

　　　　　　　　　　　　　季若冰　程　瑜 译

《美国》（修订译本）　　　[法] 让·鲍德里亚 著　　　　张　生 译

《面对盖娅——新气候制度八讲》

　　　　　　　　　　　　　[法] 布鲁诺·拉图尔 著　　　李婉楠 译

《狄奥尼索斯的阴影——狂欢社会学的贡献》

　　　　　　　　　　　　　[法] 米歇尔·马费索利 著　　许轶冰 译